Q&Aでマスターする

相続法改正と司法書士実務

重要条文ポイント解説162問

東京司法書士会民法改正対策委員会 編

日本加除出版株式会社

はしがき

　2018（平成30）年7月6日，第196回通常国会において「民法及び家事事件手続法の一部を改正する法律」及び「法務局における遺言書の保管等に関する法律」が成立し，同月13日に公布されました。1980（昭和55）年に配偶者の法定相続分の引上げ及び寄与分制度の導入等の改正が行われて以来，38年ぶりとなる相続法制の大改正です。

　このたびの改正で新設あるいは変更された条項は多岐にわたりますが，相続登記の手続に関与する機会の多い司法書士にとって，新法が相続による不動産の承継について対抗要件主義の適用範囲を拡大したことは特筆すべきことです。この改正により，相続分の指定又は遺産分割方法の指定（相続させる旨の遺言）によって不動産を承継した者は，登記をしなければ法定相続分を超える部分の取得を第三者に対抗することができないものとされました。この対抗要件主義の適用範囲の拡大というテーマについては，改正作業における取扱いに興味深い変遷が見られました。民法（相続関係）部会最初期の部会資料１には部会で検討すべき課題が列挙されていますが，そこにはこのテーマは挙がっていませんでした。変化が現れたのは中間試案です。その中の「遺言事項及び遺言の効力等に関する見直し」という項目の冒頭に「権利の承継に関する規律」として取り上げられ（中間試案第３−２(1)），その後「共同相続における権利の承継の対抗要件」を含む「相続の効力等に関する見直し」が独立の項目となり，次第に比重を増していきます（法律案要綱第一　五１）。中間試案が取りまとめられたのは2016（平成28）年6月21日ですが，実は，同じ月の2日に注目すべき閣議決定が行われています。「経済財政運営と改革の基本方針2016」がそ

れで，その第2章では「空き家の活用や都市開発等の円滑化のため，土地・建物の相続登記を促進する。」と明記されています。部会資料は閣議決定と相続法改正とのかかわりについて何も言及していませんが，対抗要件主義の適用範囲の拡大には相続登記を促進する効果があることは明らかですから，上記の時期的符合は単なる偶然ではないように思われます。そして，閣議決定で示された方針を突き詰めれば民法第177条を改正して相続登記を義務化するところまで行き着くであろうことは想像に難くありません（この問題については本書のQ74でも取り上げていますのでご一読ください。）。このたびの改正は登記をはじめとする対抗要件制度の変革の先駆けとなるかもしれません。新法の施行を契機として実際に相続登記の件数が増えるのかということも含めて，今後の実務及び立法の動向を注意深く見ていく必要があります。

　また，司法書士の業務とかかわる改正としては，配偶者居住権の登記の創設も挙げられます。配偶者居住権の利用がどこまで普及するかは即断し難いところですが，司法書士としては制度の運用開始と同時に対応できるよう怠りなく準備しておくべきでしょう。登記手続の詳細については通達など登記先例の発出を待たなければなりませんが，本書では既存の用益権の登記手続から推し量った見解を交えながら，かなり踏み込んだ解説を試みています（Q15以下）。

　本書の構成は「民法及び家事事件手続法の一部を改正する法律案要綱」に依拠しています。したがって，民法の条文の順序とは異なり，配偶者の居住の権利を第1章に配置し，以下，遺産分割，遺言制度，遺留分，相続の効力，特別の寄与と続いています。また，法務局における遺言書の保管等に関する法律については，民法上の遺言制度に関する改正とともに第3章で取り上げています。なお，全162問のQ&A

のうち新法と対照し得る旧法の条文があるものについては，解説の冒頭に新旧対照表を掲載しています。非改正条文を含む民法第5編相続の全条文を巻末付録に掲載していますので，新旧対照表のないQ&Aについてはそちらで条文をご確認ください。

　2012（平成24）年10月に発足した東京司法書士会民法改正対策委員会は，債権法改正対策を第1期の研究テーマとして活動し，その集大成として2016（平成28）年8月に前著「Q&Aでマスターする民法改正と登記実務」を上梓しました。本書は相続法改正対策をテーマとして掲げた同委員会第2期の研究活動の成果であり，前著の姉妹編として位置付けられるものです。本書が読者の皆さんのお役に立つことを願ってやみません。

　2018（平成30）年11月

東京司法書士会 会長　　野　中　政　志

凡　　例

・　本書において，法令については，次のとおり表記した。

改正法　　　　→　民法及び家事事件手続法の一部を改正する法律
　　　　　　　　　　（平成30年法律第72号）

遺言書保管法　→　法務局における遺言書の保管等に関する法律
　　　　　　　　　　（平成30年法律第73号）

新法　　　　→　平成30年法律第72号による改正後の民法
旧法　　　　→　平成30年法律第72号による改正前の民法

・　その他，裁判例，出典，参考資料等については，次のとおり略記を使用した。

【裁判例】

最大決平成28年12月19日
→　最高裁判所大法廷決定平成28年12月19日

【出典】

民録　　→　大審院民事判決録
民集　　→　最高裁判所民事判例集
集民　　→　最高裁判所裁判集民事
家月　　→　家庭裁判月報

【法制審議会資料等】

第26回議事録　→　法制審議会民法（相続関係）部会第26回会議議事録
部会資料24-1　→　法制審議会民法（相続関係）部会第24回会議部会資料
　　24-1
中間試案　→「民法（相続関係）等の改正に関する中間試案」
中間試案補足説明　→「民法（相続関係）等の改正に関する中間試案の補足
　　説明」
追加試案　→「中間試案後に追加された民法（相続関係）等の改正に関する
　　試案（追加試案）」
追加試案補足説明　→「中間試案後に追加された民法（相続関係）等の改正
　　に関する試案（追加試案）の補足説明」
要綱案（案）→　民法（相続関係）等の改正に関する要綱案（案）

・　年号の表記について，本書執筆の時点では新しい元号が判明していないため，
本書では平成31年4月30日までの日付については和暦とし，同年5月1日以降
の日付については西暦とした。

目　次

序　章

Q1　相続関係の法改正の概要　　　1
今般の相続関係の法改正では，どのような改正が行われたか。

Q2　相続関係の法改正の理由　　　7
今般の相続法改正及び遺言書保管制度の創設は，なぜ行われたか。

Q3　相続関係の法改正に至るまでの経緯　　　9
「民法及び家事事件手続法の一部を改正する法律（平成30年法律第72号）」及び「法務局における遺言書の保管等に関する法律（平成30年法律第73号）」が成立するまで，どのような経緯を辿ったか。

Q4　相続関係の新法の施行日　　　18
成立した「民法及び家事事件手続法の一部を改正する法律（平成30年法律第72号）」及び「法務局における遺言書の保管等に関する法律（平成30年法律第73号）」の施行日はいつか。

Q5　近時成立した改正民法の施行日　　　20
相続関係を除いて，近時成立した民法の改正には何があるか。また，その施行日はどのようになるか。

第1章　配偶者の居住の権利

1　総　説　　　23

Q6　配偶者の居住の権利が創設された理由　　　23
新法の配偶者居住権及び配偶者短期居住権はいずれも，被相続人の配偶者が相続開始時に居住していた被相続人の建物に相続開始後も無償で居住し続けられる権利である。このような権利が創設された理由は何か。

Q7　配偶者居住権と配偶者短期居住権の成立パターン　　　25
新法の配偶者居住権及び配偶者短期居住権には，どのような成立パターンがあるか。

2　配偶者居住権　　　28

Q8　配偶者居住権と賃借権の比較　　　28

配偶者居住権は賃借権類似の法定債権であるとされるが，賃借権との主要な相違点は何か。

Q9 配偶者居住権の成立要件 ··· *32*
配偶者居住権の成立要件はどのようなものか。

Q10 遺言による配偶者居住権の取得 ······································ *34*
「配偶者居住権を相続させる」旨の遺言により，配偶者居住権を取得させることができるか。

Q11 遺贈による配偶者居住権の取得と特別受益 ····················· *36*
配偶者が遺贈により配偶者居住権を取得した場合に，特別受益との関係で注意すべき点は何か。

Q12 審判による配偶者居住権の取得 ······································ *37*
家庭裁判所が審判により配偶者に配偶者居住権を取得させることができるのはどのような場合か。

Q13 共有建物と配偶者居住権 ·· *40*
相続開始時に居住建物が被相続人の単独所有に属していなかった場合，配偶者居住権は成立するか。

Q14 配偶者居住権の成立が配偶者の相続分に及ぼす影響 ········· *42*
配偶者居住権の成立は配偶者の相続分にどのような影響を及ぼすか。

Q15 配偶者居住権の設定登記と登記の連続性 ························· *45*
配偶者居住権が成立した場合に必要となる登記及びその順序はどうなるか。

Q16 配偶者居住権の設定登記の申請人 ··································· *46*
配偶者居住権の設定の登記の申請人は誰か。

Q17 不動産登記法の改正 ·· *48*
配偶者居住権の登記の創設に伴い不動産登記法はどのように改正されたか。

Q18 配偶者居住権の設定登記の申請情報(1) ·························· *50*
配偶者居住権の設定登記の申請情報のうち，「登記の目的」「登記原因及びその日付」はどうなると想定されるか。

Q19 配偶者居住権の設定登記の申請情報(2) ·························· *52*
配偶者居住権の設定登記の申請情報のうち，「存続期間」はどのように記載されると想定されるか。

目次　*ix*

Q20　配偶者居住権の設定登記の申請情報(3)······················*53*
　　配偶者居住権の設定登記の申請情報のうち添付情報及び登録免許税はどうなると想定されるか。

Q21　配偶者居住権が消滅した場合の登記手続(1)·················*56*
　　配偶者居住権が消滅した場合に必要な登記及び申請人はどうなると想定されるか。

Q22　配偶者居住権が消滅した場合の登記手続(2)·················*57*
　　配偶者居住権の抹消の登記の申請情報はどのような内容になると想定されるか。

Q23　配偶者居住権の登記に関する事例問題(1)···················*59*
　　新法下で，次の事例における不動産登記の手続はどうなるか。

Q24　配偶者居住権の登記に関する事例問題(2)···················*61*
　　新法下で，次の事例における不動産登記の手続はどうなるか。

Q25　配偶者居住権の譲渡を禁止する理由·······················*63*
　　新法第1032条第2項が配偶者居住権の譲渡を禁止したのはなぜか。

Q26　配偶者居住権の譲渡禁止違反の効果·······················*65*
　　居住建物の所有者は，配偶者が譲渡禁止規定に違反して第三者に配偶者居住権を譲渡したことを理由として，配偶者居住権消滅の意思表示をすることができるか。

Q27　使用貸借・賃貸借の規定の準用·······························*66*
　　配偶者居住権に関する規律のうち，他の条文が準用されている事項は何か。

3　配偶者短期居住権 ———————————————————— *68*

Q28　新法の配偶者短期居住権と平成8年最判···················*68*
　　新法の配偶者短期居住権は下記の平成8年最判が土台となっているが，新法は判例理論をどのように修正しているか。

Q29　配偶者短期居住権の創設理由·································*71*
　　新法が相続人のうち配偶者に限って短期居住権保護制度を創設したのはなぜか。

Q30　配偶者短期居住権の法的性質·································*72*
　　新法が配偶者短期居住権を使用借権類似の法定債権としたのはなぜか。

Q31　配偶者短期居住権の発生障害事由(1)·······················*73*

新法第1037条第1項ただし書において「配偶者が，相続開始の時において居住建物に係る配偶者居住権を取得した」ことが配偶者短期居住権の発生障害事由とされているのはなぜか。

Q32 配偶者短期居住権の発生障害事由(2)･･････････････････････････ *74*
配偶者が欠格事由に該当し又は廃除されたことが配偶者短期居住権の発生障害事由とされているのはなぜか。

Q33 配偶者短期居住権の発生障害事由(3)･･････････････････････････ *75*
配偶者が相続の放棄をしたことが配偶者短期居住権の発生障害事由から除外されているのはなぜか。

Q34 配偶者短期居住権と配偶者居住権の共通点･･･････････････････ *77*
配偶者短期居住権と配偶者居住権の共通点は何か。

Q35 配偶者短期居住権と配偶者居住権の相違点(1)･･････････････････ *79*
配偶者短期居住権は，権利内容（使用収益権能）において配偶者居住権とどのように異なるか。

Q36 配偶者短期居住権と配偶者居住権の相違点(2)･･････････････････ *81*
配偶者短期居住権は場所的成立範囲において，配偶者居住権とどのように異なるか。

Q37 配偶者短期居住権の債務者･････････････････････････････････ *83*
配偶者短期居住権の債務者（使用貸借の貸主に相当する者）は誰か。

Q38 配偶者短期居住権に関する事例問題(1)･･･････････････････････ *86*
新法下で，次の事例における被相続人Aの配偶者Bの居住の権利はどうなるか。

Q39 配偶者短期居住権に関する事例問題(2)･･･････････････････････ *88*
新法下で，次の事例における被相続人Aの配偶者Bの居住の権利はどうなるか。

Q40 配偶者短期居住権に関する事例問題(3)･･･････････････････････ *90*
Q38及びQ39において，相続開始時から遺産分割協議が成立するまでの間に下記の費用が生じた場合，新法下では，誰がその費用を負担するか。

Q41 配偶者短期居住権に関する事例問題(4)･･･････････････････････ *91*
Q38において，相続開始時から遺産分割協議が成立するまでの間にBの体調が悪化し，姪のEが介護のために同居することとなった場合，Bの短期居住権に何らかの影響が及ぶか。なお，Eが同居す

目次　xi

ることについてC及びDの承諾は得られていないものとする。

Q42　使用貸借・賃貸借・配偶者居住権の規定の準用 ……………………… *92*
　　配偶者短期居住権に関する規律のうち，他の条文が準用されている事項は何か。

第 2 章　遺産分割に関する見直し

1　婚姻期間が20年以上の夫婦間における居住用不動産の遺贈又は贈与 - *95*

Q43　新法第903条第 4 項の概要 ……………………………………………… *95*
　　新設された新法第903条第 4 項はどのような規定か。

Q44　新法第903条第 4 項が新設された理由 ……………………………………… *97*
　　婚姻期間20年以上の夫婦の一方から他の一方に対する居住用不動産の遺贈又は贈与について，特別受益の持戻し免除の意思表示を推定する旨の規定（新法第903条第 4 項）が新設された理由は何か。

Q45　新法第903条第 4 項を適用した場合の具体例 ……………………… *99*
　　新設された新法第903条第 4 項を適用することで，居住用不動産の遺贈又は贈与を受けた配偶者がより多くの財産を最終的に取得できることになるというのは，具体的にはどういうことか。

Q46　配偶者の法定相続分引上げの議論 ……………………………………… *101*
　　今般の相続法改正では，配偶者の法定相続分が引き上げられると聞いていたが，どのような改正がなされたか。

Q47　婚姻期間の要件が「20年以上」とされた理由 ……………………… *103*
　　居住用不動産の遺贈又は贈与について特別受益の持戻し免除の意思表示を推定する旨の規定（新法第903条第 4 項）において，夫婦の婚姻期間の要件が「20年以上」とされた理由は何か。

Q48　居住用不動産のみが推定の対象とされた理由 ……………………… *105*
　　婚姻期間20年以上の夫婦の一方から他の一方に対する遺贈又は贈与について特別受益の持戻し免除の意思表示を推定する旨の規定（新法第903条第 4 項）において，対象となる相続財産が「居住の用に供する建物又はその敷地」に限定された理由は何か。

Q49　居住用要件の基準時 ……………………………………………………… *106*
　　新法第903条第 4 項の規定に基づき，特別受益の持戻し免除の意思表示が推定されるのは「居住の用に供する建物又はその敷地について遺贈又は贈与をしたとき」に限られているが，居住用要件はいつの時点で充足していることを要するか。

xii 目 次

Q50 居住の用に供する予定の不動産 ……………………………………………… *107*
　現に居住の用に供してはいないが，近い将来居住の用に供する建物又はその敷地について遺贈又は贈与をした場合に，新法第903条第4項の規定による特別受益の持戻し免除の意思表示は推定されるか。

Q51 店舗を伴う居宅 ……………………………………………………………… *108*
　居宅兼店舗である建物について贈与がされた場合，新法第903条第4項の規律は適用されるか。

Q52 効果を「推定」とした理由 ……………………………………………… *109*
　婚姻期間20年以上の夫婦の一方から他の一方に対する居住用不動産の遺贈又は贈与について，法律で一律に特別受益の持戻しを不要とするのではなく，被相続人の免除の意思表示を推定することとしたのはなぜか。

Q53 被相続人が推定を覆す方法 ……………………………………………… *110*
　婚姻期間20年以上の夫婦の一方Ａが他の一方Ｂに対して居住用不動産を遺贈する旨の遺言を作成した場合において，Ａが持戻し免除の意思表示の推定を排除するにはその旨の意思表示を遺言で行う必要があるか。

Q54 持戻し免除の意思表示の推定と遺留分の関係 ……………………… *111*
　持戻し免除の意思表示の推定規定を適用した結果が他の相続人の遺留分を害する場合には，遺留分侵害額請求の対象となるか。

Q55 相続させる旨の遺言と新法第903条第4項の適用について⑴ …… *112*
　Ａは，Ｂとの婚姻期間が30年となったのを機に「自宅の土地及び建物の所有権全部をＢに相続させる」旨の遺言を作成し，その後死亡した。この遺言によるＢの不動産取得について，持戻し免除の意思表示の推定規定（新法第903条第4項）は適用されるか。

Q56 相続させる旨の遺言と新法第903条第4項の適用について⑵ …… *113*
　配偶者に対する「相続させる旨の遺言」があった場合に，持戻し免除の意思表示の推定規定（新法第903条第4項）が適用されるとして，対象となった居住用不動産の所有権移転登記の際の登記原因は「遺贈」でよいか。

Q57 持戻し免除の意思表示の推定に関する経過措置 ………………… *115*
　婚姻期間20年以上の夫婦の一方が他の一方に対して居住用不動産を贈与した後に贈与者が死亡した場合において，贈与契約後相続開始前に新法が施行されたときは，受贈者の特別受益について新法第903条第4項による持戻し免除の意思表示の推定の規定は適用されるか。

目次　*xiii*

2　仮払い制度等の創設・要件明確化 ———————— *116*

Q58　平成28年最大決の影響 ················· *116*
　下記の判例は，相続関係の法改正にどのような影響を及ぼしたか。

Q59　平成28年最大決が従来の判例を変更した理由 ············ *118*
　平成28年最大決が従前の判例を変更し，預貯金債権が遺産分割の
対象に含まれるとの判断を示したのはなぜか。

Q60　仮払い制度等の概要 ·················· *120*
　新設された仮払い制度はどのような制度か。

Q61　二つの仮払い制度を創設した理由 ············· *123*
　預貯金の仮払いについて，家事事件手続法と民法にそれぞれ内容
の異なる二つの制度を創設したのはなぜか。

Q62　新家事事件手続法第200条第3項における必要性の要件 ······ *125*
　預貯金債権の仮分割の仮処分の手続において，家庭裁判所はどの
ような場合に申立人又は相手方が「預貯金債権を行使する必要があ
ると認める」ことができるか。

Q63　新家事事件手続法第200条第3項ただし書の具体例 ········ *127*
　新家事事件手続法第200条第3項ただし書にいう「他の共同相続
人の利益を害するとき」とはどのような場合か。

Q64　預貯金の仮払いと本分割 ················ *129*
　新家事事件手続法第200条第3項により行われた預貯金の仮払い
（仮分割の仮処分）の内容は，その後に行われる遺産分割の調停又
は審判（本分割）においてどのように考慮されるか。

Q65　共同相続人の権利行使額の上限 ············· *131*
　遺産の分割前における預貯金債権の行使に関する新法第909条の
2が共同相続人の権利行使額に上限を設けているのはなぜか。

Q66　複数の預貯金債権がある場合の権利行使額の上限（概説） ····· *132*
　被相続人名義の預貯金口座が複数の金融機関にある場合，又は同
一の金融機関に複数ある場合には，共同相続人の権利行使額の上限
はどのように定められるか。

Q67　複数の預貯金債権がある場合の権利行使額の上限（具体例） ···· *133*
　相続人がA，B，Cの三人（法定相続分は各1/3）で，相続財産
がX銀行の預金600万円，Y銀行（α口座）の預金600万円，Y銀行
（β口座）の預金600万円である場合において，Aが生活費のために，
X銀行及びY銀行の預金債権を単独で行使する場合，Aは総額いく

xiv 目 次

らまで権利行使できるか。「法務省令で定める額」が仮に100万円と
定められたことを前提として検討するものとする。

Q68 新法第909条の2「債務者ごと」の根拠················*134*
遺産分割前に各共同相続人が行使することができる預貯金債権の
上限額について，新法第909条の2かっこ書が「債務者ごと」に定
めることとしたのはなぜか。

Q69 新法第909条の2後段の趣旨················*136*
新法第909条の2後段が「遺産の一部の分割によりこれを取得し
たものとみなす」と定めているのはなぜか。

Q70 遺産の分割前における預貯金債権の行使に関する経過措置·······*137*
新法施行日前に開始した相続において預貯金債権を承継した共同
相続人は，新法施行日以後に，新法第909条の2に基づいて預貯金
債権を単独で行使することができるか。

3 遺産の一部分割 ——————————————— *138*

Q71 遺産の一部分割を明文化した趣旨················*138*
新法第907条が遺産の一部の分割をすることができる旨を明記し
た趣旨は何か。

Q72 新法第907条第2項の規律対象················*140*
新法第907条では，第1項において共同相続人の協議による一部
分割が可能であることを，第2項において家庭裁判所による一部分
割の審判が可能であることを規律しているが，第2項は規律対象と
してどのような場合を想定しているか。

Q73 一部分割の制限················*142*
新法第907条第2項では，本文において家庭裁判所による一部分
割の審判が可能であることを規律し，ただし書において「他の共同
相続人の利益を害するおそれがある場合」の例外につき規律してい
る。ただし書の「他の共同相続人の利益を害するおそれがある場
合」とはどのような場合か。

Q74 一部分割の問題点················*143*
新法第907条に明記された遺産の一部分割について，今後生じる
ことが懸念される問題点は何か。

4 遺産の分割前に遺産に属する財産が処分された場合の遺産の範囲 — *145*

Q75 新法第906条の2の概要················*145*
新設された新法第906条の2はどのような規定か。

目次　xv

Q76　新法第906条の2が新設された理由……………………………*146*
　新法第906条の2が新設された理由は何か。遺産分割における本来的な考え方を踏まえて説明せよ。

Q77　新法第906条の2を適用した場合の具体例（1-1）……………*148*
　新設された新法第906条の2を適用することで，共同相続人の一人が遺産分割前に遺産に属する財産を処分した場合に，処分をしなかった場合と比べて，当該処分をした相続人の取得額が増えるといった計算上の不公平を是正できるというのは，具体的にはどういうことか。

Q78　新法第906条の2を適用した場合の具体例（1-2）……………*150*
　Q77で示した設例1を前提に，Bが新法第906条の2の適用を前提とする遺産分割の審判を家庭裁判所に求めた場合，どのような審判がなされるか。

Q79　共同相続人全員の「同意」を原則的な要件とした理由……………*151*
　新法第906条の2第1項では，処分された財産が遺産の分割時に遺産として存在するものとみなすための要件として，共同相続人の全員の同意を挙げている。その理由は何か。

Q80　新法第906条の2を適用した場合の具体例(2)……………………*153*
　相続人が配偶者Aと子B一人，遺産が預貯金（1,000万円）であった場合において，被相続人から生前に居住用不動産（評価額1,000万円）の贈与を受けていたAが，相続開始後に相続債務の弁済として預金500万円を引き出しこれに充てていた場合（以下「設例2」という。），相続債務の弁済は合理的な支出であるから，精算の対象としなくてもAB間の公平は図れるか。

Q81　財産を処分した相続人の「同意」を不要とした理由……………*155*
　新法第906条の2第2項では，財産を処分した者が相続人のうちの一人（又は数人）である場合には，その者の同意は不要であるとする。その理由は何か。

Q82　「同意」のタイミング………………………………………………*156*
　新法第906条の2第1項が規律する「同意」は，いつの時点でなされることが想定されているか。

Q83　「同意」の対象………………………………………………………*157*
　新法第906条の2第1項が規律する「同意」の対象は何か。

Q84　「同意」の撤回の可否………………………………………………*158*
　新法第906条の2第1項の規定に基づく同意は，同意後に撤回することができるか。

xvi　目　次

Q85　**相続人の中に被保佐人がいる場合における「同意」**……………*159*
　　　相続人の中に被保佐人がいる場合，当該被保佐人が新法第906条
の２第１項の規定に基づく同意をするには，保佐人の同意を得る必
要があるか。

Q86　**相続財産の処分をめぐる紛争の処理**……………………………*161*
　　　共同相続人Ａ，Ｂ，ＣのうちＡが遺産に属する動産を処分したと
してＢ，Ｃが当該動産を遺産分割の対象とすることについて同意を
したところ，Ａは「その動産を処分したのは自分ではなく第三者で
ある。」と反論した上で，当該動産以外の財産を対象として遺産分
割をすべきであると主張している。この紛争はどのような手続で解
決されるか。

Q87　**遺産分割前の相続財産の処分に関する改正法の全体像**…………*164*
　　　遺産分割前に遺産に属する財産が処分された場合に関する新法第
906条の２と，遺産の分割前における預貯金債権の行使に関する新
法第909条の２及び新家事事件手続法第200条第３項はどのような関
係にあるか。

第3章　遺言制度の見直し

1　自筆証書遺言の方式の緩和 ——————————————— *169*

Q88　**自筆証書遺言の方式を緩和する趣旨**………………………………*169*
　　　自筆証書遺言の方式は，なぜ，どのように緩和されるのか。

Q89　**財産目録の作成方法**……………………………………………*171*
　　　自筆証書遺言に添付する財産目録はどのように作成すべきか。

Q90　**自筆証書遺言の方式の緩和に関する経過措置**…………………*176*
　　　平成30年12月31日，Ａは特定の財産を特定の相続人に「相続させ
る」旨の遺言を自筆証書遺言の方式で作成し，その一部としてパソ
コンで作成した財産目録を合綴した。この遺言は有効か。

2　遺贈義務者の引渡義務等 ——————————————— *177*

Q91　**新法第998条の趣旨**………………………………………………*177*
　　　新法第998条の規定内容は旧法第998条とどのように異なるか。

3　遺言執行者の権限の明確化 —————————————— *179*

Q92　**遺言執行者の通知義務**……………………………………………*179*
　　　新法が相続人に対する通知義務を遺言執行者に負わせたのはなぜ
か。

目　次　*xvii*

Q93　遺言執行者の通知義務に関する経過措置⋯⋯⋯⋯⋯⋯*181*
　　新法施行日前に開始した相続について，新法施行日後に就職した
遺言執行者は，任務開始後遅滞なく遺言の内容を相続人に通知する
義務を負うか。

Q94　遺贈の履行に関する遺言執行者の権限⋯⋯⋯⋯⋯⋯*182*
　　遺贈の履行に関する新法第1012条第2項が新設された理由は何か。

Q95　遺言執行者がいる場合の遺贈の履行に関する経過措置⋯⋯⋯*184*
　　Aは「甲不動産をBに遺贈する。Cを遺言執行者に指定する。」
旨の遺言を作成した後，新法施行日前に死亡した。Cは，新法施行
日後に遺言執行者に就職した。C以外の者が上記の遺贈を履行する
ことはできるか。

Q96　新法第1014条第2項の趣旨⋯⋯⋯⋯⋯⋯⋯⋯⋯⋯*185*
　　新法第1014条第2項が特定財産承継遺言について対抗要件具備行
為を遺言執行者の権限としたのはなぜか。

Q97　特定財産承継遺言と遺言執行者の登記申請権限⋯⋯⋯⋯*187*
　　対抗要件具備行為を遺言執行者の権限とする新法第1014条第2項
の下で，特定の不動産を特定の相続人に相続させる旨の遺言に基づ
いて遺言執行者がその相続人のために相続登記の申請をすることが
できるようになるか。

**Q98　特定の動産を相続させる旨の遺言と遺言執行者の対抗要件具
備権限**⋯⋯⋯⋯⋯⋯⋯⋯⋯⋯⋯⋯⋯⋯⋯*190*
　　動産を目的物とする特定財産承継遺言（遺産分割方法の指定）に
ついて，遺言執行者は受益相続人に引渡しの対抗要件（第176条）
を具備させる権限を有するか。

Q99　新法第1014条第3項の趣旨⋯⋯⋯⋯⋯⋯⋯⋯⋯*192*
　　特定財産承継遺言の目的財産が債権である場合のうち，預貯金債
権については，対抗要件具備行為のほかに払戻請求や解約申入れの
権限を遺言執行者に付与した新法第1014条第3項の趣旨は何か。

Q100　遺言執行者の復任権⋯⋯⋯⋯⋯⋯⋯⋯⋯⋯⋯*193*
　　新法第1016条が遺言執行者に広範な復任権を付与したのはなぜか。

Q101　遺言執行者の復任権の拡大に伴う責任⋯⋯⋯⋯⋯*195*
　　遺言執行者は，第三者に任務を行わせることについて，相続人に
対してどのような責任を負うか。

Q102　遺言執行者の復任権に関する経過措置⋯⋯⋯⋯⋯*197*
　　Aは，新法施行日前に「甲不動産をBに遺贈する。Cを遺言執行

者に指定する。」旨の遺言を作成し，新法施行日後に死亡した。C
は，自己の責任で第三者に任務を行わせることができるか。遺言に
は遺言執行者の復任権に関する記述はないものとする。

4 法務局における遺言書の保管制度 ———————————— 198

Q 103 遺言書保管制度の創設理由 ·· 198
「法務局における遺言書の保管等に関する法律」が制定された理
由は何か。

Q 104 遺言書保管制度の対象となる遺言 ······························· 200
法務局における遺言書の保管制度の対象となる遺言が自筆証書遺
言に限られているのはなぜか。

Q 105 未成年者による遺言書保管申請の可否 ························· 202
未成年者は，遺言書保管官に対し，自ら作成した自筆証書遺言書
の保管の申請をすることができるか。

Q 106 遺言書保管申請の手続(1) ··· 203
遺言書の保管の申請はどこで行うか。

Q 107 遺言書保管申請の手続(2) ··· 205
遺言書の保管の申請を郵送で行うことはできるか。また，代理人
によって行うことはできるか。

Q 108 遺言書保管申請の手続(3) ··· 206
遺言書の保管の申請はどのような書類の提出が必要か。また，手
数料の納付は必要か。

Q 109 自ら出頭することを要する手続 ······························· 208
遺言書の保管の申請以外に，自ら遺言書保管所に出頭することを
要する手続にはどのようなものがあるか。

Q 110 保管されている遺言書に関する情報開示 ···················· 210
遺言書保管所で保管されている遺言書について，遺言者以外の者
に対する情報開示はどのような制度によって行われるか。

Q 111 遺言者本人による遺言書情報証明書の交付請求の可否 ··········· 213
遺言者本人は遺言書情報証明書の交付を請求することができるか。

Q 112 遺言書情報証明書と遺言書保管事実証明書の違い ············· 214
遺言書情報証明書と遺言書保管事実証明書の違いは何か。

Q 113 遺言書保管事実証明書の交付を請求できる時期 ············· 216
遺言書保管事実証明書の交付を請求することができる時期はいつ

目次　xix

か。

Q114　遺言書保管官による通知が行われる場合 ………………………… *217*
遺言書情報証明書を交付した場合，関係遺言書を閲覧させた場合
又は遺言書保管事実証明書を交付した場合のうち，遺言書保管官か
ら相続人等に対して通知が行われるのはどれか。

第4章　遺留分制度の見直し

1　総　説 ——————————————————————————— *219*

Q115　改正前の遺留分制度の問題点 …………………………………… *219*
改正前の遺留分制度にはどのような問題点があったか。

2　遺留分を算定するための財産の価額 ——————————— *222*

Q116　遺留分を算定するための財産の価額の算定 ……………………… *222*
遺留分を算定するための財産の価額はどのようにして導かれるか。

3　遺留分を算定するための財産の価額に算入する贈与の価額 ——— *225*

Q117　新法第1044条第3項の趣旨(1) ………………………………… *225*
相続人が受贈者である場合には，原則として「相続開始前の10年
間」にしたものに限り，その贈与の価額が遺留分を算定するための
財産の価額に算入される旨の規定（新法第1044条第3項）が新設さ
れたのはなぜか。

Q118　新法第1044条第3項の趣旨(2) ………………………………… *227*
新法第1044条第3項が「価額（婚姻若しくは養子縁組のため又は
生計の資本として受けた贈与の価額に限る。）」としているのはなぜ
か。

4　負担付贈与がされた場合における遺留分を算定するための財産
の価額に算入する贈与の価額等 ————————————— *229*

Q119　負担付贈与の取扱い ………………………………………………… *229*
負担付贈与によって遺留分が侵害された場合に関する新法第1045
条第1項の規定内容はどのようなものか。

Q120　不相当な対価による有償行為の取扱い ………………………… *231*
不相当な対価による有償行為によって遺留分が侵害された場合に
関する新法第1045条第2項の規定内容は旧法第1039条とどのように
異なるか。

xx 目次

5 遺留分侵害額の請求 ———————————————— 233

Q121 遺留分を侵害された相続人の権利 ················· 233
遺留分を侵害された相続人に与えられる権利は改正の前後でどのように変わったか。

Q122 遺留分侵害額請求権制度が導入されたことの波及効果 ············ 236
遺留分を侵害された相続人の権利が「遺留分減殺請求権」から「遺留分侵害額請求権」に変わったことにより民法の他の条文はどのような影響を受けたか。

Q123 受遺者・受贈者による現物給付の可否 ················ 238
遺留分権利者から遺留分侵害額に相当する金銭の支払を請求された受遺者又は受贈者は，その支払に代えて，遺贈又は贈与の目的財産のうちその指定する財産の給付（現物給付）をする権利を有するか。

Q124 遺留分侵害額の算定ルール ················· 241
遺留分侵害額の算定はどのように行われるか。

Q125 新法第1046条第2項第2号の趣旨 ················· 243
遺留分侵害額の算定について，「第900条から第902条まで，第903条及び第904条の規定により算定した相続分に応じて遺留分権利者が取得すべき遺産の価額」を遺留分から控除する旨を定めた新法第1046条第2項第2号の趣旨は何か。

Q126 遺留分額の算定ルール ················· 246
遺留分額の算定はどのように行われるか。

Q127 遺留分侵害額の算定に関する事例問題 ················· 247
相続人は，X（法定相続分1/2），Y（法定相続分1/4），Z（法定相続分1/4）の三人で，被相続人が相続開始時に有していた財産（遺贈分については除く。）は0円，相続人Yに対する30年前の生前贈与が1億円，第三者Aに対する遺贈が6,000万円あったものとする。遺産分割協議はないものとする。この場合，新法の計算方法による遺留分侵害額と各取得額は，旧規定と比較してどのような影響が出るか。

6 受遺者又は受贈者の負担額 ———————————————— 250

Q128 受遺者又は受贈者が相続人である場合の負担額(1) ··········· 250
受遺者又は受贈者の負担額を定めた新法第1047条第1項の第1かっこ書は何を表しているか。

Q129 受遺者又は受贈者が相続人である場合の負担額(2) ··········· 252

目 次　*xxi*

受遺者又は受贈者の負担額を定めた新法第1047条第1項の第3
かっこ書は何を表しているか。

Q130　新法第1047条第3項の趣旨 ·· *253*
新法第1047条第3項が遺留分権利者承継債務を消滅させる行為を
した受遺者又は受贈者に遺留分侵害額の支払債務を消滅させる権利
を付与したのはなぜか。

7　遺留分侵害額請求権の期間の制限 ─────────── *256*

Q131　遺留分侵害額請求権の消滅時効 ·································· *256*
遺留分侵害額請求権の期間の制限に関する改正点は何か。

第5章　相続の効力

1　共同相続における権利の承継の対抗要件 ───────── *257*

Q132　新法第899条の2第1項の趣旨 ································· *257*
新法第899条の2第1項の「遺産の分割によるものかどうかにか
かわらず」という文言が意味するものは何か。

Q133　遺贈による権利の承継 ··· *261*
新法第899条の2が遺贈による権利の承継を対象としていないの
はなぜか。

Q134　遺産分割による権利の承継 ·································· *262*
新法第899条の2が遺産分割による権利の承継を対象としている
のはなぜか。

Q135　対抗要件主義の適用対象を拡大する理由 ············· *263*
相続分の指定及び遺産分割方法の指定による権利の承継に対抗要
件主義を適用するのはなぜか。

Q136　対抗要件主義の適用範囲 ····································· *266*
新法第899条の2第1項が対抗要件主義の適用範囲を「法定相続
分を超える部分」に限定しているのはなぜか。

Q137　相続分の指定と登記に関する事例問題 ················ *267*
新法下で，次の事例におけるBとDの法律関係はどうなるか。

Q138　遺産分割方法の指定と登記に関する事例問題 ········ *269*
新法下で，次の事例におけるBとEの法律関係はどうなるか。

Q139　対抗要件主義と遺言執行者の権限 ····················· *271*

xxii　目　次

　　　新法第899条の２第１項による対抗要件主義の適用範囲の拡大は，
　遺言執行者の権限にどのような影響を及ぼしたか。

Q140　債権の相続と対抗要件主義の適用 ················ *272*
　　債権の承継について，新法の対抗要件主義はどのような場合に適
　用されるか。

Q141　債務者対抗要件の具備の方法 ···················· *273*
　　　法定相続分を超える債権の承継について，債務者対抗要件である
　債務者への通知は誰がどのようにして行うか。

Q142　受益相続人に関する特則の趣旨 ·················· *275*
　　　新法第899条の２第２項が受益相続人による単独通知を認めたの
　はなぜか。

Q143　受益相続人による単独通知の方式 ················ *276*
　　　受益相続人が単独で債務者に通知をする際に，遺言書等の書面の
　交付をする必要はあるか。

Q144　新法第899条の２第２項の効果 ·················· *278*
　　　新法第899条の２第２項の「共同相続人の全員が債務者に通知を
　したものとみなして，同項の規定を適用する。」とはどういう意味
　か。

Q145　債権の承継に関する事例問題(1) ················ *279*
　　　新法下で，次の事例におけるＣがＳに対する貸金債権の承継につ
　いて対抗要件を具備する方法には，どのようなものがあるか。

Q146　債権の承継に関する事例問題(2) ················ *281*
　　　Ｑ145の事例を前提として，次の各場合における受益相続人Ｃ，
　譲受人Ｅ及び債務者Ｓの法律関係はどうなるか。

Q147　債権の承継と対抗要件主義の適用に関する経過措置 ·········· *284*
　　　新法施行日前に開始した相続において遺産分割により債権を承継
　した相続人は，新法施行日後も通知又は承諾の対抗要件を具備する
　ことなく，債務者又は第三者に対抗することができるか。

２　相続分の指定がある場合の債権者の権利の行使 ────── *285*

Q148　新法第902条の２の趣旨 ························ *285*
　　　相続分の指定がある場合の債権者の権利行使について，新法第
　902条の２はどのような内容を定めているか。

Q149　新法第902条の２ただし書の解釈 ················ *288*
　　　相続債権者が，相続債務の一部について法定相続分の割合による

目次　*xxiii*

履行を請求し，相続人からその弁済を受けた後に，残債務について
指定相続分の割合による履行を請求することはできるか。できると
した場合，最初に受けた弁済の効力はどうなるか。

Q150　相続分の指定がある場合の債権者の権利行使に関する事例
問題 ………………………………………………………………… *290*
　新法下で，次の事例におけるC，D及びEの法律関係はどうなる
か。

3　遺言執行者がある場合における相続人の行為の効果等 ———— *292*
Q151　新法第1013条第2項・第3項新設の趣旨 ………………… *292*
　新法第1013条第2項及び第3項が新設された理由は何か。

Q152　遺言執行妨害行為の効力に関する事例問題(1) ………… *296*
　新法下で，次の事例におけるBとDの法律関係はどうなるか。

Q153　遺言執行妨害行為の効力に関する事例問題(2) ………… *298*
　新法下で，次の事例におけるC，E及びSの法律関係はどうなる
か。

第6章　特別の寄与

Q154　特別の寄与制度の創設理由 ……………………………… *303*
　新法第1050条において特別の寄与制度が創設されたのはなぜか。

Q155　特別寄与者の要件 ………………………………………… *305*
　被相続人の事業に関する労務の提供をした者は，新法第1050条第
1項の「特別寄与者」となり得るか。また，被相続人の療養看護の
費用を支払った者はどうか。

Q156　特別寄与者の遺産分割手続への参加 …………………… *306*
　特別寄与者は遺産分割の手続に参加することができるか。

Q157　特別寄与者のための裁判制度 …………………………… *307*
　特別寄与料の支払をめぐって相続人との間で紛争が生じた場合に，
特別寄与者はどのような裁判制度を利用することができるか。

Q158　特別寄与者による通常訴訟の可否 ……………………… *309*
　特別寄与者は相続人を被告として地方裁判所又は簡易裁判所に特
別寄与料債権の存在確認の訴えを提起することができるか。

Q159　特別寄与者と数人の相続人との関係 …………………… *310*
　特別寄与料を負担すべき相続人が二人以上いる場合に，特別寄与

xxiv 目　次

者と各相続人との法律関係はどうなるか。

Q160　特別寄与者の権利行使期間の制限 ………………………………… *311*
　新法第1050条第2項ただし書の「6か月」及び「1年」の期間制限の法的性質は何か。

Q161　特別寄与者に関する事例問題 …………………………………… *312*
　新法下で，次の事例1～5におけるB～Hのうち，特別寄与者として特別寄与料の支払を請求し得る者は誰か。なお，1～5の各事例は独立したものであり，相互の関連性はないものとする。

Q162　特別の寄与に関する経過措置 …………………………………… *318*
　新法の施行前に特別の寄与をした被相続人の親族は，その施行後に，相続人に対して特別寄与料の支払を請求することができるか。

付録①　改正後の相続法全条文 ……………………………………………… *319*
付録②　法務局における遺言書の保管等に関する法律 ………………… *353*

事項索引 ……………………………………………………………………… *359*
執筆者紹介 …………………………………………………………………… *363*

序　章

　相続関係の法改正の概要

今般の相続関係の法改正では，どのような改正が行われたか。

民法「第5編　相続」の改正を中心とする「民法及び家事事件手続法の一部を改正する法律（平成30年法律第72号）」が成立したほか，新たな制度として「法務局における遺言書の保管等に関する法律（平成30年法律第73号）」が創設された。概要は以下のとおりである。

◀ 解　説 ▶

(1) 民法及び家事事件手続法の一部を改正する法律の概要

改正法の概要は大きく六つの内容に整理することができる。

> ア　配偶者の居住権を保護するための制度の新設
> イ　遺産分割等に関する見直し
> ウ　遺言制度に関する見直し
> エ　遺留分制度に関する見直し
> オ　相続の効力等に関する見直し
> カ　相続人以外の者の貢献を考慮するための制度の新設

ア　配偶者の居住権を保護するための制度の新設

配偶者の居住権を保護するための方策として，「配偶者短期居住権」と「配偶者居住権」の規定が新設されている。

いずれも，配偶者の居住建物を対象として一定期間，無償にて，配偶者

2　序章

にその使用を認めるものであるが,「配偶者短期居住権」は,遺産分割が終了するまでの間といった比較的短期間に限り,使用を認めるものである。他方,「配偶者居住権」は,終身の使用が原則とされている。

イ　遺産分割等に関する見直し

ここではさらに,四つの内容が含まれている。

(ア)　配偶者保護のための方策（持戻し免除の意思表示推定規定）

夫婦間で生前行われた贈与は,相続の際,特別受益として持戻し計算の対象となる（新法第903条第1項）。

新設された新法第903条第4項は,婚姻期間が20年以上の夫婦間で,居住用不動産の遺贈又は贈与がされたときは,被相続人による持戻しの免除の意思表示があったものと推定することで,当該居住用不動産の価額を特別受益として扱わずに計算できるものとする制度である。被相続人の意思を尊重した遺産分割ができるようにすることが狙いである。

(イ)　仮払い制度の創設等

相続財産のうち,預貯金債権を対象として,生活費や葬儀費用の支払,相続債務の弁済などの資金需要に対応できるよう,遺産分割前にも払戻しが受けられる制度（仮払い制度）が創設される等の改正がなされている。

仮払いを希望する者は,新法のもと二つの方法を用いてこれを実現することができる。一つは,新設された新家事事件手続法第200条第3項の規定に基づく仮払いである。もう一つは,新設された新法第909条の2の規定に基づく仮払いである。後者は,家庭裁判所の判断を経ないで預貯金の払戻しが可能である反面,仮払いの範囲には制限がある。

仮払い制度の創設等には,従前の判例を変更した最大決平成28年12月19日民集70巻8号2121頁が大きく影響している。

(ウ)　一部分割

新法第907条では,従来から実務で認められていた遺産の一部のみを分割することができることが明文化されている。

(エ)　遺産の分割前に遺産に属する財産を処分した場合の遺産の範囲

新設された新法第906条の2は,相続開始後に共同相続人の一人が遺

産に属する財産を処分した場合に，計算上生ずる不公平の是正を図るものである。

　具体的には，「遺産の分割前に遺産に属する財産が処分された場合であっても，共同相続人は，その全員の同意により，当該処分された財産が遺産の分割時に遺産として存在するものとみなすことができる」ものとすることで，相続開始後に共同相続人がした財産処分により，処分をした者が処分をしなかった場合と比べて最終的な取得額が増えるという計算上の不公平を是正する。

ウ　遺言制度に関する見直し

　ここではさらに，四つの内容が含まれている。一つは，法務局における自筆証書遺言の保管制度の創設であるが，これについては「遺言書保管法」が創設されていることから，後記(2)で概説する。

㈦　自筆証書遺言の方式緩和

　全文の自書を要求している旧法の自筆証書遺言の方式を緩和し，自筆証書遺言に添付する財産目録については自書でなくてもよいものとする（新法第968条第2項）。たとえば，パソコン等で作成した目録を添付することや，コピーした銀行の通帳や不動産の登記事項証明書等を目録として添付して遺言書を作成することができるようになる。ただし，財産目録の各頁に，署名及び押印をしなければならないなど，緩和された方式を用いる場合には注意すべき点が存在する。

㈦　遺贈の担保責任等

　今般の債権法改正では，売買等の担保責任に関する規律が全般的に，根本から見直されている。こうした状況を踏まえ，新法第998条は，遺贈義務者の引渡義務につき，原則として「遺贈義務者は，遺贈の目的である物又は権利を，相続開始の時（その後に当該物又は権利について遺贈の目的として特定した場合にあっては，その特定した時）の状態で引き渡し，又は移転する義務を負う。」ものとする。旧法第998条，同第1000条の内容は削除された。

4 序 章

(ウ) 遺言執行者の権限の明確化

新法では，遺言執行者は，遺言の内容を実現することを職務とするものであり，その行為の効果は相続人に帰属することを明らかにしている（新法第1012条第1項，第1015条）。

遺言の内容を実現することを職務とするという点は，遺言執行者の法的地位を明確にする観点から，必ずしも相続人の利益のために職務を行うものではないことを明らかにするものである（最判昭和30年5月10日民集9巻6号657頁参照）。遺言者の意思と相続人の利益とが対立する場面でも，遺言執行者としてはあくまでも遺言者の意思を実現するために職務を行えば足りる。

行為の効果が相続人に帰属するとしている点は，前述の遺言執行者の法的地位に照らし，旧法第1015条の「相続人の代理人とみなす」という部分の実質的な意味を明らかにすることを意図したものである。

そのほか，遺贈又は特定財産承継遺言（いわゆる相続させる旨の遺言のうち，遺産分割方法の指定として特定の財産の承継が定められたもの）がされた場合における遺言執行者の権限等を明確化する等の改正が行われている（新法第1012条第2項，第1014条等）。

エ 遺留分制度に関する見直し

新法第1046条は，遺留分減殺請求権の行使によって当然に物権的効果が生ずるとされている旧法の規律を見直し，遺留分権の行使によって遺留分侵害額に相当する金銭債権が生ずるものとする。これに伴い，新法下では，「遺留分減殺」を原因とする登記の手続は観念し得なくなる。

旧法上の，減殺請求により当然に物権的効果が生ずることを前提にすると，遺贈又は贈与の目的財産が，減殺請求の結果，受遺者又は受贈者と遺留分権利者との共有になり得るが，このような帰結は共有関係の解消をめぐって新たな紛争を生じさせることになる等の問題点がある。こうした問題を解消する趣旨の改正である。

そのほか，減殺請求権者に対して遺留分侵害額を負担する受遺者等が裁判所に請求した場合に，金銭債務の全部又は一部の支払につき期限を許与

することができるようにする等の改正がなされている（新法第1047条等）。

オ　相続の効力等に関する見直し

ここではさらに，三つの内容が含まれている。

(ア)　相続による権利の承継に関する規律

新法第899条の2第1項では，従来の判例とは異なる結論を採用している。

従来の判例は，①相続分の指定による不動産の権利の取得については，登記なくしてその権利を第三者に対抗することができるとしているほか（最判平成5年7月19日家月46巻5号23頁等），②いわゆる「相続させる」旨の遺言についても，特段の事情がない限り，「遺産分割方法の指定」（民法第908条）に当たるとした上で，遺産分割方法の指定そのものに遺産分割の効果を認め，当該遺言によって不動産を取得した者は，登記なくしてその権利を第三者に対抗することができるとしている（最判平成14年6月10日家月55巻1号77頁等）。

これに対して，新法は，法定相続分を超える権利の承継については，対抗要件を備えなければ第三者に対抗することができないものとする。

(イ)　義務の承継に関する規律

新法第902条の2では，相続債務は，遺言によって相続分の指定等がされた場合でも，債権者との関係では，原則として法定相続分に応じて承継されるが，例外的に相続債権者の承諾があれば相続分の指定等の割合によって承継されることを明確にしている。

(ウ)　遺言執行者がある場合における相続人の行為の効果等

新法第1013条第2項では，従来の判例とは異なる結論を採用している。

従来の判例は，遺言執行の妨害行為がされた場合の取扱いについて，民法第1013条が「遺言執行者がある場合には，相続人は，相続財産の処分その他遺言の執行を妨げる行為をすることができない」と規定しているところ，相続人がこれに違反する行為をした場合は絶対無効であるとしていた（大判昭和5年6月16日民集9巻550頁）。

新法は，第三者保護規定を設け，絶対無効の帰結を採用していない。

6　序章

カ　相続人以外の者の貢献を考慮するための制度の新設

　旧法を前提にすると，相続人以外の者が被相続人の介護にどれほど尽くしても，遺贈の受遺者にならない限り相続財産を取得することができない。例えば，被相続人の長男の妻がどんなに被相続人の介護に尽くしていたとしても，相続人ではないため，被相続人の死亡に際し，相続財産の分配にあずかれない。他方で，相続人は，被相続人の介護を全く行っていなかったとしても，相続財産を取得することができてしまう。

　新設された新法第1050条は，相続人以外の被相続人の親族が，無償で被相続人の療養看護等を行った場合には，一定の要件の下で，相続人に対して金銭請求をすることができるものとする。

　特別の寄与の制度創設に伴い，家庭裁判所における手続規定（管轄等）も設けられている（新家事事件手続法第216条の2～第216条の5）。

(2)　遺言書保管法の概要

　法務局において自筆証書遺言に係る遺言書を保管する新たな制度である。

　法務局のうち法務大臣の指定する法務局（遺言書保管所）において，遺言書保管官として指定された法務事務官が遺言書の保管に関する事務を取り扱うこととされており（遺言書保管法第2条，第3条），遺言書の保管を希望する遺言者は，自ら管轄の遺言書保管所に出頭しなければならない（遺言書保管法第4条第6項）。

　遺言書保管所に保管されている遺言書については，遺言書の検認（民法第1004条第1項）が不要になるというメリットがある（遺言書保管法第11条）。

相続関係の法改正の理由

今般の相続法改正及び遺言書保管制度の創設は, なぜ行われたか。

相続法制が最後に大きく見直されたのは, 昭和55年の相続法改正時であるが, 今日までに我が国の平均寿命は伸び, 社会の高齢化が進展するとともに, 晩婚化, 非婚化が進む一方で, 再婚家庭が増加するなど, 相続を取り巻く社会情勢には大きな変化が生じている。このような変化を踏まえた見直しを行うべき時期に来ていることから行われた。

◀ 解　説 ▶

民法が規律している相続法制は, 配偶者の法定相続分の引上げ, 寄与分制度の新設等を行った昭和55年の改正以来, 大きな見直しはなされていなかった。

しかし, その間にも平均寿命は男女ともに7歳から8歳程度伸長し, 相続開始時における配偶者の年齢が70代, 80代に達している場合が多くなっており, 配偶者の生活保障の必要性が相対的に高まっている。一方, 相続開始時における子の年齢は40代, 50代に達しており, 既に親から独立して安定した生活を営んでいる場合が多くなっていることから, 子の生活保障の必要性は相対的に低下しているとの見方もある。

そのような中, 平成25年9月に, 嫡出でない子の相続分を嫡出子の2分の1と定めていた民法第900条第4号ただし書前半部分の規定が憲法に違反するとの最高裁の決定がなされた (最大決平成25年9月4日民集67巻6号1320頁)。これを受け, 当該規定の改正がなされるのであるが, これを契機に, 配偶者の死亡により残された他方配偶者の生活への配慮等の観点から相続法制を見直すべきではないかといった問題提起がなされた。

こうした状況を踏まえて, 次のとおり法務大臣から法制審議会に対して「民法（相続関係）の改正について（諮問第100号）」がなされ, 今般の相続法

8　序　章

改正が実現することとなった。

諮問第100号
　「高齢化社会の進展や家族の在り方に関する国民意識の変化等の社会情勢に鑑み，配偶者の死亡により残された他方配偶者の生活への配慮等の観点から，相続に関する規律を見直す必要がある」

なお，国会に法律案が提出された際の提出理由は，次のとおりである。

相続法改正
　「高齢化の進展等の社会経済情勢の変化に鑑み，相続が開始した場合における配偶者の居住の権利及び遺産分割前における預貯金債権の行使に関する規定の新設，自筆証書遺言の方式の緩和，遺留分の減殺請求権の金銭債権化等を行う必要がある」
遺言書保管制度
　「高齢化の進展等の社会経済情勢の変化に鑑み，相続をめぐる紛争を防止するため，法務局において自筆証書遺言に係る遺言書の保管及び情報の管理を行う制度を創設するとともに，当該遺言書については，家庭裁判所の検認を要しないこととする等の措置を講ずる必要がある」

序章　9

Q3 相続関係の法改正に至るまでの経緯

「民法及び家事事件手続法の一部を改正する法律（平成30年法律第72号）」及び「法務局における遺言書の保管等に関する法律（平成30年法律第73号）」が成立するまで，どのような経緯を辿ったか。

　平成27年2月に法務大臣から諮問がなされ，法制審議会民法（相続関係）部会の第1回会議が同年4月に開かれた。平成30年1月に開催された最後の会議を含め，全26回の会議が実施され，途中，2回のパブリックコメントが実施されている。

　平成30年の通常国会に法案が提出され，同年7月6日に可決成立した。

◀ 解　説 ▶

(1)　総　論

　平成29年に成立した新債権法（民法の一部を改正する法律（平成29年法律第44号））においては，法制審議会民法（債権関係）部会の会議が99回実施され，途中，2回のパブリックコメントを経て，法律案ができるまでにまる5年を超える時間が費やされた。異例に慎重な審議がなされたとの評価もある（平成27年1月10日実施　明治大学法科大学院寄付講座「民法（債権法）改正の動向」内田貴発言）。

　この度の相続法の改正項目は，債権法の改正項目の数の半分にも満たないにも関わらず，法律案ができるまでにまる3年に迫る時間が費やされ，債権法改正の時と同じく，2回のパブリックコメントが実施されていることからすれば，慎重な審議がなされたと評価して良いのではないだろうか。

　また，法制審議会民法（相続関係）部会が設置される前に，法務省内において「相続法制検討ワーキングチーム」（以下「ワーキングチーム」という。）が設置され，平成26年1月から平成27年1月までの間，合計11回にわたり会議が開催され，相続法制に関する問題点を洗い出し，考えられる見直しの方

10 序章

向性について検討が行われた。債権法改正の際には，こうした法務省内での事前準備は行われていなかった。

改正経緯

平成26年1月　　　　　相続法制検討ワーキングチームにおける調査審議開始

平成27年2月　　　　　法務大臣による諮問

平成27年4月　　　　　部会における調査審議開始

平成28年6月　　　　　中間試案（決定）

平成28年7月12日〜9月末日　パブリックコメント（中間試案）

平成28年12月　　　　判例変更（最大決平成28年12月19日）

平成29年7月　　　　　追加試案（決定）

平成29年8月1日〜9月22日　パブリックコメント（追加試案）

平成30年1月16日　　部会（第26回会議）における要綱案決定

平成30年2月16日　　総会における要綱決定・法務大臣への答申

平成30年3月13日　　「民法及び家事事件手続法の一部を改正する法律案」及び「法務局における遺言書の保管等に関する法律案」の閣議決定・国会提出

平成30年7月6日　　　参議院本会議における法案の可決・成立（7月13日公布）

---

(2)　事前の準備（ワーキングチームの活動）

　ワーキングチームが設置されるに至った直接の契機は，平成25年9月に，最高裁判所において嫡出でない子の相続分を嫡出子の2分の1と定めていた規定（民法第900条関係）が憲法に違反するとの決定がされたことにある（最大決平成25年9月4日民集67巻6号1320頁）。これを受けて，法務省は，違憲状態を速やかに是正し社会的混乱を回避する観点から民法第900条第4号ただし書を削除することを内容とする法律案を作成したが，これを国会に提出す

る過程で，各方面から，この改正が及ぼす社会的影響に対する懸念や配偶者
保護の観点からの相続法制の見直しの必要性など，様々な問題提起がなされ
た。こうした中，ワーキングチームが設置されるに至った。ここでは，主と
して次の項目につき検討された。

ワーキングチームが主とした検討項目（平成27年2月）

1　配偶者の一方が死亡した場合に相続人である他方の配偶者の居住権
　　を法律上保護するための措置

2　配偶者の貢献に応じた遺産の分割等を実現するための措置

3　寄与分制度の見直し

4　遺留分制度の見直し

　今般の相続法改正では，上記1に関連するものとして，配偶者の居住権を
保護するための方策として「配偶者短期居住権」と「配偶者居住権」の規定
が新設されている（新法第1028条以下）。ワーキングチームの活動成果がまと
められた「相続法制検討ワーキングチーム報告書」（以下「報告書」という。）
において，すでに短期・長期を分けた居住権の議論がなされているから，
ワーキングチームが土台を構築したと言ってよいであろう。

　上記2に関連するものとして，配偶者の死亡により残された他方配偶者の
生活保障を図るための持戻し免除の推定規定が新設されている（新法第903条
第4項）。中間試案までは一定の婚姻期間（20年ないし30年）を経過した夫婦
について配偶者の法定相続分を引き上げる方向での検討がなされていたが，
パブリックコメントで反対意見が多数を占めたため，この改正は見送られた。
これに代えて提案されたのが持戻し免除の推定規定である。

　上記3については，改正に結び付いていない。ワーキングチームでは，相
続人間の公平を図る観点から，共同相続人の間で療養看護に対する貢献に顕
著な差異がある場合，そのことを理由として寄与分による調整を図ることが
できるようにすることが検討された。寄与分が認められるためには，「被相
続人の財産の維持又は増加」について「特別の寄与」があったことが要件と

されている点に着目し，療養看護型の寄与について特則を設けることが提案されたのである。

しかし，このような考え方に対しては，以下のような問題点の指摘がなされ，これを解消ないし軽減する方策を見出すのは困難であると判断されたことから改正には至らなかった（部会資料12第5（後注）1）。

① 特定の相続人間で療養看護等の寄与の程度に関する主張及び立証が繰り返されることになる上，これが認められた場合には，寄与者の相手方とされた者のみがその相続分を減額されることになるため，相続人間の関係を悪化させる原因になる。

② 法律上の要件としては特定の相続人間の寄与の程度を比較することによって寄与分を認めることにするとしても，実際には相続人全員の寄与の程度が審理の対象とならざるを得ないのではないか。

上記4に関連するものとして，新法第1046条の改正などが実現している。ポイントは，遺留分減殺請求権の行使によって当然に物権的効果が生ずるとされている旧法の規律を見直し，遺留分権の行使によって遺留分侵害額に相当する金銭債権が生ずるものとする点にあるが，これに関する改正は，ワーキングチームが土台を構築したと言ってよいであろう。

(3) 改正作業前期（第1回会議から中間試案まで）

(2)で述べたとおり，ワーキングチームの活動が今般の相続法改正に大きく影響している。

もっとも，法制審議会民法（相続関係）部会の第1回会議において示された検討項目は以下のとおりであり，部会審議の中で新たに提案され，改正につながったものも多数ある。

民法（相続関係）部会の第1回会議において示された検討項目（平成27年4月）

1 配偶者の居住権の保護

2 配偶者の貢献に応じた遺産分割の実現

```
3  寄与分制度の見直し
4  遺留分制度の見直し
5  相続人以外の者の貢献の考慮
6  預貯金等の可分債権の取扱い
7  遺言（例えば，遺言の方式，遺言能力，遺言事項等）
8  その他
```

　例えば，上記5（相続人以外の者の貢献の考慮）は，相続人以外の被相続人の親族が，無償で被相続人の療養看護等を行った場合には，一定の要件の下で，相続人に対して金銭請求をすることができるものとする新法第1050条の新設として具体化されている。

　また，上記7（遺言）は，自筆証書遺言の方式緩和（新法第968条第2項），遺言書保管法の創設につながっている。

　上記6（預貯金等の可分債権の取扱い）は，この時点（平成27年4月）では「預金債権等の可分債権は，相続によって当然に分割され，原則として遺産分割の対象にはならないと解されてい」たことを前提に，「可分債権は，各自の相続分に応じて遺産を分配する際の調整手段として有用であり，これを遺産分割の対象から除外するのは相当でない」として検討課題となっていた（部会資料1第2‐6）。ところが，平成28年12月に，判例変更があり，検討の前提が大きく変わってしまう。これについては，後述する。

(4)　改正作業中期（中間試案から追加試案まで）

　中間試案の段階において示された検討項目は以下のとおりである。

```
中間試案において示された検討項目（平成28年6月）
第1  配偶者の居住権を保護するための方策
 1  配偶者の居住権を短期的に保護するための方策
 2  配偶者の居住権を長期的に保護するための方策
第2  遺産分割に関する見直し
```

14　序　章

　　1　配偶者の相続分の見直し

　　2　可分債権の遺産分割における取扱い

　　3　一部分割の要件及び残余の遺産分割における規律の明確化等

　第3　遺言制度に関する見直し

　　1　自筆証書遺言の方式緩和

　　2　遺言事項及び遺言の効力等に関する見直し

　　3　自筆証書遺言の保管制度の創設

　　4　遺言執行者の権限の明確化等

　第4　遺留分制度に関する見直し

　　1　遺留分減殺請求権の効力及び法的性質の見直し

　　2　遺留分の算定方法の見直し

　　3　遺留分侵害額の算定における債務の取扱いに関する見直し

　第5　相続人以外の者の貢献を考慮するための方策

　　1　甲案（請求権者の範囲を限定する考え方）

　　2　乙案（貢献の対象となる行為を無償の労務に限定する考え方）

　上記第2-3（一部分割の要件及び残余の遺産分割における規律の明確化等）は，一部分割を明文化する等の改正（新法907条）につながっている。

　上記第3-4（遺言執行者の権限の明確化等）は，遺言執行者は，遺言の内容を実現することを職務とするものであり，その行為の効果は相続人に帰属することを明らかにする改正（新法第1012条第1項，第1015条）等につながっている。

　平成28年7月12日から9月末日にかけて実施されたパブリックコメントを受けて，改正の検討項目から削除されたもの，新たに提案されたものも多数ある。前述した，配偶者の法定相続分の引上げの断念，これに代えて提案された持戻し免除の推定規定はその一例である。

　その後，改正議論の最中，預貯金債権の取扱いに関する判例が変更された（最大決平成28年12月19日）。

　預貯金債権については，本決定前は，相続開始と同時に当然に各共同相続

人に分割され，各共同相続人は分割により自己に帰属した債権を単独で行使することができるものと解されていたが，平成28年最大決後は，遺産分割までの間は，共同相続人全員が共同して行使しなければならないこととなった。これにより，①共同相続人において被相続人が負っていた債務の弁済をする必要がある，②被相続人から扶養を受けていた共同相続人の当面の生活費を支出する必要がある，などの事情により被相続人が有していた預貯金を遺産分割前に払い戻す必要があるにもかかわらず，共同相続人全員の同意を得ることができない場合に払い戻すことができないという不都合が生ずるおそれがあることとなった。

　平成28年最大決を受けて，新たに検討項目に加わり，創設されたのが仮払い制度である（新法第909条の2，新家事事件手続法第200条第3項）。

⑸　改正作業後期（追加試案以降）

　1回目のパブリックコメント及び平成28年最大決を受けて，中間試案の段階においては示されていなかった内容が多数に上った。追加された内容は以下のとおりである。こうした状況を受けて，今般の相続法改正では，2回目のパブリックコメントが実施された。

中間試案後に追加された試案（追加試案）（平成29年7月）

第2　遺産分割に関する見直し等
　1　配偶者保護のための方策（持戻し免除の意思表示の推定規定）
　2　仮払い制度等の創設・要件明確化
　　⑴　家事事件手続法の保全処分の要件を緩和する方策
　　⑵　家庭裁判所の判断を経ないで，預貯金の払戻しを認める方策
　3　一部分割
　4　相続開始後の共同相続人による財産処分
第4　遺留分制度に関する見直し
　1　遺留分減殺請求権の効力及び法的性質の見直し
　　⑴　遺留分侵害額の請求

⑵　受遺者又は受贈者の負担額

⑶　受遺者又は受贈者の現物給付

　最終的に，法律案要綱として示された項目は，以下のとおりである。なお，遺言書保管制度については，別の法律案として国会に提出され，成立した。

法律案要綱（平成30年３月）

第一　民法の一部改正

　一　配偶者の居住の権利

　　1　配偶者居住権

　　2　配偶者短期居住権

　二　遺産分割等に関する見直し

　　1　婚姻期間が二十年以上の夫婦間における居住用不動産の遺贈又は贈与

　　2　遺産の分割前における預貯金債権の行使

　　3　遺産の一部分割

　　4　遺産の分割前に遺産に属する財産が処分された場合の遺産の範囲

　三　遺言制度に関する見直し

　　1　自筆証書遺言の方式の緩和

　　2　遺贈義務者の引渡義務等

　　3　遺言執行者の権限の明確化

　四　遺留分制度の見直し

　　1　遺留分の帰属及びその割合

　　2　遺留分を算定するための財産の価額

　　3　遺留分を算定するための財産の価額に算入する贈与の範囲

　　4　負担付贈与がされた場合における遺留分を算定するための財産の価額に算入する贈与の価額等

　　5　遺留分侵害額の請求

6　受遺者又は受贈者の負担額

7　遺留分侵害額請求権の期間の制限

8　その他

五　相続の効力等に関する見直し

1　共同相続における権利の承継の対抗要件

2　相続分の指定がある場合の債権者の権利の行使

3　遺言執行者がある場合における相続人の行為の効果等

六　特別の寄与

七　その他

第二　家事事件手続法の一部改正（省略）

相続関係の新法の施行日

成立した「民法及び家事事件手続法の一部を改正する法律（平成30年法律第72号）」及び「法務局における遺言書の保管等に関する法律（平成30年法律第73号）」の施行日はいつか。

「民法及び家事事件手続法の一部を改正する法律（平成30年法律第72号）」の施行期日は，原則として，公布の日から1年以内（別途政令で指定）とされているが，自筆証書遺言の方式緩和については，平成31年1月13日から施行され，また，配偶者の居住の権利については，公布の日から2年以内に施行（別途政令で指定）されるなど，例外が存在するため注意を払う必要がある。

「法務局における遺言書の保管等に関する法律（平成30年法律第73号）」は，公布の日から2年以内に施行（別途政令で指定）される。

◀ 解　説 ▶

(1) 民法及び家事事件手続法の一部を改正する法律

成立した「民法及び家事事件手続法の一部を改正する法律（平成30年法律第72号）」は，原則として公布の日（平成30年7月13日）から起算して1年を超えない範囲内（2019年7月12日24時まで）において政令で定める日から施行される（附則第1条本文）。

もっとも，いくつかの例外があるので注意が必要である。

① まず，自筆証書遺言の方式緩和（新法第968条）については，平成31年1月13日から施行されることが確定している（附則第1条2号）。

② 次に，配偶者の居住の権利（新法第1028条～1041条）については，公布の日（平成30年7月13日）から起算して2年を超えない範囲内（2020年7月12日24時まで）において政令で定める日から施行される（附則第1条第4号）。

③　さらに，債権法改正と関連することから，新債権法（平成29年法律第44号）が全面施行される2020年4月1日から施行されることが確定しているものがある（附則第1条第3号）。遺贈の担保責任等につき規律する民法第998条の改正及び第1000条削除（法定責任説を否定し，契約責任説の観点から担保責任を見直したことに伴う改正である。），並びに撤回された遺言の効力につき規律する第1025条の改正（「錯誤」をただし書に加える改正である。）がこれに当たる。

④　最後に，債権法改正において，「第1016条第2項を削る。」旨の改正が成立しているが，相続法改正において第2項を含む第1016条の改正が成立したことから，民法の一部を改正する法律（平成29年法律第44号（債権法改正））を対象とした改正が成立している（附則第30条「第1016条第2項を削る改正規定を削る。」）。当該附則第30条は，平成30年7月13日に施行されている。

(2)　法務局における遺言書の保管等に関する法律

「法務局における遺言書の保管等に関する法律（平成30年法律第73号）」は，公布の日（平成30年7月13日）から起算して2年を超えない範囲内（2020年7月12日24時まで）において政令で定める日から施行される（附則）。

近時成立した改正民法の施行日

相続関係を除いて，近時成立した民法の改正には何があるか。また，その施行日はどのようになるか。

近時成立した相続関係以外の民法改正としては，(1)債権法の改正（2020年4月1日全面施行），(2)成年年齢関係の改正（2022年4月1日施行）が挙げられる。

◀ 解　説 ▶

(1) **債権法（民法の一部を改正する法律（平成29年法律第44号））**

債権関係の改正法の施行期日は，原則として，2020年4月1日である。ただし，次の二つの例外がある。

① 2020年3月1日施行の例外

保証人になろうとする者は，2020年3月1日から，新法第465条の6第1項（新法第465の8第1項において準用する場合を含む。）の公正証書の作成を嘱託することができる。

② 平成30年4月1日施行の例外

定型約款に関しては，施行日前に締結された契約にも，改正後の民法が適用されるが，施行日前（2020年3月31日まで）に反対の意思表示をすれば，改正後の民法は適用されないこととされている。この反対の意思表示に関する規定は平成30年4月1日から施行されている。

(2) **成年年齢関係（民法の一部を改正する法律（平成30年法律第59号））**

成年年齢等に関する改正民法の施行期日は，2022年4月1日である。なお，改正の概要は以下のとおりである。

① 成年年齢を20歳から18歳に引き下げる（新法第4条）。

② 女性の婚姻適齢を16歳から18歳に引き上げ，男女差を解消する（新法

第731条）。

③　未成年者の婚姻についての父母の同意の制度を廃止する（旧法第737条
　の削除）。これは，成年年齢と婚姻適齢が一致することとなったため，
　未成年者が婚姻をするという事態が生じなくなるからである。

④　婚姻による成年擬制の制度を廃止する（旧法第753条の削除）。これも，
　成年年齢と婚姻適齢の一致に伴う改正である。

⑤　養親となる者の年齢の見直しは行われておらず，20歳以上のままであ
　る（新法第792条）。

【図表01】改正民法及び遺言書保管法の施行日一覧

平成30年４月１日	債権法改正の一部施行（上記(1)②） 　定型約款に関する反対の意思表示
平成30年７月13日	相続法改正の一部施行（Q 4(1)④） 　債権法改正で改正対象となった条文（第1016条）が，相続法改正の対象にもなったことから，債権法改正を改正
平成31年１月13日	相続法改正の一部施行（Q 4(1)①） 　自筆証書遺言の方式緩和（新法第968条）
2019年７月12日24時までの政令で定める日	相続法改正の一部施行（Q 4(1)） 　1　遺産分割に関する見直し等 　2　遺言執行者の権限の明確化等 　3　遺留分制度に関する見直し 　4　相続の効力等（権利及び義務の承継等）に関する見直し 　5　相続人以外の者の貢献を考慮するための方策
2020年３月１日	債権法改正の一部施行（上記(1)①） 　保証における公正証書の作成
2020年４月１日	債権法改正の全面施行（上記(1)） 相続法改正の一部施行（Q 4(1)③） 　1　遺贈の担保責任等につき規律する第998条の改正及び第1000条の削除 　2　撤回された遺言の効力につき規律する第1025条の改正
2020年７月12日24時までの政令で定める日	相続法改正の一部施行（Q 4(1)②） 　配偶者の居住の権利（配偶者居住権・配偶者短期居住権） 遺言書保管法の施行（Q 4(2)）
2022年４月１日	成年年齢関係改正の施行（上記(2)）

第1章 配偶者の居住の権利

1 総説

Q6 配偶者の居住の権利が創設された理由

新法の配偶者居住権及び配偶者短期居住権はいずれも，被相続人の配偶者が相続開始時に居住していた被相続人の建物に相続開始後も無償で居住し続けられる権利である。このような権利が創設された理由は何か。

高齢化社会の進展に伴い，配偶者の生活保障の必要性が高まっていることが理由である。

◀ 解　説 ▶

新法は「第8章　配偶者の居住の権利」の下に，配偶者居住権（新法第1028条以下）及び配偶者短期居住権（新法第1037条以下）の二つの制度を新設した。その理由は以下のとおりである。

高齢化社会が更に進展して，相続開始時点での相続人（特に配偶者）の年齢が従前より相対的に高齢化していることに伴い，配偶者の生活保障の必要性が相対的に高まり，子の生活保障の必要性は相対的に低下しているとの指摘がされてきた（部会資料1第1）。

配偶者の一方が死亡した場合に，他方の配偶者は，それまで居住してきた建物に引き続き居住することを希望するのが通常であり，特にその配偶者が高齢者である場合には，住み慣れた居住建物を離れて新たな生活を始めることは精神的にも肉体的にも大きな負担になると考えられる。また，相続開始

の時点で，配偶者が高齢のため自ら生活の糧を得ることが困難である場合も多くなってきていることから，配偶者については，その居住権を保護しつつ，将来の生活のために一定の財産を確保させる必要性が高まっているものと考えられる（Q8解説(2)及びQ34解説(1)参照）。このような観点から，残された配偶者の居住権を保護するための方策を検討すべきであるとの指摘があり（部会資料1第2-1），今回の法改正で配偶者居住権及び配偶者短期居住権が創設されるに至った。

配偶者居住権と配偶者短期居住権の成立パターン

新法の配偶者居住権及び配偶者短期居住権には，どのような成立パターンがあるか。

配偶者居住権のみが成立するパターン，配偶者短期居住権のみが成立するパターン，及び配偶者短期居住権から配偶者居住権に移行するパターンがある。

◀ 解　説 ▶

　配偶者居住権及び配偶者短期居住権の成立要件及び消滅事由につき，新法の規律内容（新法第1028条第1項，第1037条第1項，第1039条）によれば，配偶者が相続開始と同時に配偶者居住権を取得し配偶者短期居住権は成立しないパターン（下記①），相続開始と同時に配偶者短期居住権を取得し配偶者居住権は成立しないパターン（下記②③），及び，相続開始と同時に配偶者短期居住権を取得した後配偶者居住権を取得する移行パターン（下記④）がある。なお，配偶者居住権と配偶者短期居住権の双方が同時に成立することはない。

① 配偶者居住権のみを取得するパターン

　被相続人が配偶者居住権を遺贈の目的としたときは，相続開始と同時に配偶者居住権が成立し（新法第1028条第1項第2号），配偶者短期居住権は成立しない（新法第1037条第1項ただし書）。

【図表02】配偶者居住権・配偶者短期居住権の成立パターン①

② 配偶者短期居住権のみを取得するパターン（その1）

　配偶者が加わる遺産分割の協議又は審判において配偶者居住権が成立しなかった場合であって，かつ，配偶者に配偶者居住権を取得させる旨の遺贈がないときは，配偶者は遺産の分割により居住建物の帰属が確定した日又は相続開始の時から6か月を経過する日のいずれか遅い日までの間，配偶者短期居住権を有する（新法第1037条第1項第1号）。

【図表03】配偶者居住権・配偶者短期居住権の成立パターン②

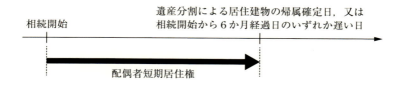

③ 配偶者短期居住権のみを取得するパターン（その2）

　上記②の場合以外の場合において，居住建物について配偶者以外の者が相続又は遺贈により所有権を取得し，相続開始後に当該取得者が配偶者に対して配偶者短期居住権の消滅の申入れをしたときは，配偶者は，その申入れから6か月を経過するまでの間，当該取得者に対して配偶者短期居住権を有する（新法第1037条第1項第2号）。

【図表04】配偶者居住権・配偶者短期居住権の成立パターン③

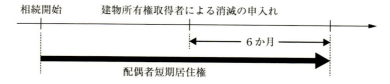

④ 配偶者短期居住権を取得した後配偶者居住権に移行するパターン

　配偶者に配偶者居住権を取得させる旨の遺贈がなかったため相続開始と同時に配偶者短期居住権が成立し（上記②又は③），その後遺産分割の協

議・調停の成立又は審判の確定により配偶者居住権が成立したときは，時間的間隔を空けずに，配偶者短期居住権から配偶者居住権に移行する（新法第1028条第1項第1号，第1039条）。

なお，配偶者に配偶者居住権を取得させる旨の遺贈に停止条件又は始期が付されている場合において，相続開始後に条件が成就し又は始期が到来したときにも，相続開始と同時に配偶者短期居住権が成立した後に配偶者居住権に移行するものと解される。

【図表05】配偶者居住権・配偶者短期居住権の成立パターン④

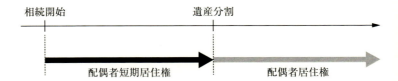

2 配偶者居住権

配偶者居住権と賃借権の比較

配偶者居住権は賃借権類似の法定債権であるとされるが、賃借権との主要な相違点は何か。

(1)発生事由（成立要件），(2)有償性，(3)存続期間，(4)第三者対抗要件，(5)登記請求権，(6)譲渡性，(7)第一次的修繕権者，(8)費用負担，(9)相続性が主要な相違点である。

◀ 解　説 ▶

配偶者居住権は，配偶者による居住建物の使用収益を内容とする点において賃借権に類似しているが，次のような相違点がある。

(1)　発生事由

配偶者居住権の発生事由は遺産分割又は遺贈であり（新法第1028条第1項，第1029条），賃借権のように居住建物の所有者との間の設定契約を必要としないという意味において法定債権である。

(2)　有償性

配偶者居住権は，配偶者の居住権を保護しつつ将来の生活のために一定の財産を確保させるために創設されたものであることから，無償で居住建物の使用収益をすることができる権利とされている（新法第1028条第1項）。この点において，賃借人が賃料支払義務を負うことを本質的要素とする賃借権（民法第601条）と異なる。

なお，Q14で述べるとおり，配偶者が配偶者居住権を取得した場合には，その財産的価値に相当する価額を相続したものとして相続分の算定が行われ

る。言い換えれば，配偶者居住権の評価額分だけ他の遺産について配偶者の取り分が減少することとなる。この取り分の減少は実質的には配偶者が配偶者居住権を取得するための対価であると解することができるのであれば，新法第1028条第1項の「無償」は居住建物取得者に対する賃料支払義務がないということを意味するにとどまり，配偶者短期居住権に関する新法第1037条第1項の「無償」が文字どおり対価を伴わないということを意味するのとは異なることとなる。

(3) 存続期間

配偶者居住権の存続期間は原則として配偶者の終身の間であり，例外的に遺産分割等で別段の定めをしたときは，その定めるところによる（新法第1030条）。これに対して，賃借権の存続期間は50年を超えることができない（平成29年改正民法第604条第1項）。

(4) 第三者対抗要件

配偶者居住権は第三者対抗力が認められている点において賃借権に類似するが，建物賃借権の対抗要件が登記（民法第605条）又は建物の引渡し（借地借家法第31条）とされているのに対して，配偶者居住権の対抗要件は登記に限られている（新法第1031条）。これは，配偶者居住権は配偶者が相続開始の時に居住建物に居住していたことを成立要件としているため（新法第1028条第1項），引渡しを対抗要件とすると常に権利成立と同時に第三者対抗力が備わってしまうからである。

(5) 登記請求権

配偶者は居住建物の所有者に対して配偶者居住権設定登記の登記請求権を有する（新法第1031条第1項）が，賃借人の賃貸人に対する登記請求権については判例により否定されている（大判大正10年7月11日民録27輯1378頁）。

30   第1章　配偶者の居住の権利

(6)　譲渡性

　配偶者居住権は譲渡することができないものとされており（新法第1032条第2項），債権の譲渡性の原則（民法第466条第1項本文）に対する例外となっている。これに対して，賃借人は賃貸人の承諾を得なければ賃借権を譲渡することができないものとされており（民法第612条第1項），限定的ながら譲渡性が認められている。

(7)　第一次的修繕権者

　配偶者は，居住建物の使用及び収益に必要な修繕をすることができる（新法第1033条第1項）。つまり，配偶者は第一次的修繕権者である。これに対して，賃貸借における第一次的修繕権者はあくまでも賃貸人であり，賃借人の修繕権は例外的に認められているにすぎない（平成29年改正民法第606条，第607条の2）。

(8)　費用負担

　居住建物の現状維持に必要な費用のうち，通常の必要費は配偶者が負担する（新法第1034条第1項）。例えば，固定資産税，経年劣化に伴う通常の修繕費などである。これは，配偶者は無償で居住建物の使用収益ができることを考慮したものである。また，不慮の風水害により家屋が損傷した場合の修繕費などの特別の必要費及びリフォーム工事の費用などの有益費は建物所有者が負担する（新法第1034条第2項，第583条第2項）。これに対して，賃貸借においては，その有償性から，必要費及び有益費の全部を賃貸人が負担する（民法第608条）。

(9)　相続性

　配偶者が死亡したときは，存続期間の満了前であっても，配偶者居住権は消滅する（新法第1036条，第597条第3項）。すなわち，配偶者居住権には相続性がない。いわゆる「一身専属権」である（民法第896条ただし書）。これに対して，賃借人が死亡したときは，賃借権は相続等により承継される（借地

借家法第36条第1項参照）。

【図表06】 配偶者居住権と建物賃借権の比較

	配 偶 者 居 住 権	建 物 賃 借 権
発 生 事 由	被相続人の財産に属した建物に相続開始の時に居住していた配偶者について，配偶者居住権を取得させる旨の遺産分割（協議・調停・審判）又は遺贈があること（新法第1028条第1項）	賃貸人（建物所有者）と賃借人が賃貸借契約を締結すること（民法第601条）
有 償 性	配偶者は無償で建物の使用収益ができる（新法第1028条第1項）。	賃借人は賃料支払義務を負う（民法第601条）。
存 続 期 間	原則：配偶者の終身の間（新法第1030条本文） 例外：遺産分割等で別段の定めをしたときは，その定めるところによる（新法第1030条ただし書）。	50年を超えることができない（平成29年改正民法第604条第1項）。
対 抗 要 件	登記に限られる（新法第1031条）。	①登記（民法第605条） ②建物の引渡し（借地借家法第31条）
登 記 請 求 権	配偶者は登記請求権を有する（新法第1031条第1項）。	賃借人は登記請求権を有しない（大判大正10年7月11日民録27輯1378頁）。
譲 渡 性	配偶者居住権は譲渡することができない（新法第1032条第2項）。	賃借権は賃貸人の承諾を得なければ譲渡することができない（民法第612条第1項）。
建 物 修 繕 権	配偶者に第一次的な修繕権がある（新法第1033条第1項）。	賃借人の修繕権は例外的に認められている（平成29年改正民法第607条の2）。
費 用 負 担 ① 必 要 費	通常の必要費：配偶者が負担する（新法第1034条第1項）。 特別の必要費：建物所有者が負担する（新法第1034条第2項，第583条第2項）。	必要費の全部を賃貸人が負担する（民法第608条）。
② 有 益 費	建物所有者が負担する（新法第1034条第2項，第583条第2項）。	賃貸人が負担する（民法第608条）。
相 続 性	配偶者が死亡したときは，存続期間の満了前であっても，配偶者居住権は消滅する（新法第1036条，第597条第3項）。	賃借人が死亡したときは，賃借権は相続等により承継される（借地借家法36条第1項参照）。

配偶者居住権の成立要件

Q9 配偶者居住権の成立要件はどのようなものか。

A 被相続人の配偶者が被相続人の財産に属した建物に相続開始の時に居住していたことに加えて、配偶者に配偶者居住権を取得させる旨の遺産分割、遺贈又は家庭裁判所の審判があったことが配偶者居住権の成立要件であり、被相続人が相続開始の時に居住建物を配偶者以外の者と共有していたことが発生障害事由である。

◀ 解　説 ▶

(1) 基本的要件

新法第1028条第1項によれば、配偶者居住権が成立するための基本的要件は、被相続人の配偶者が被相続人の財産に属した建物に相続開始の時に居住していたことである。配偶者短期居住権（新法第1037条第1項）のように「無償」で居住していた場合に限定されていない。

(2) 付加的要件

配偶者居住権が成立するためには、上記の基本的要件に加えて、次のいずれかに該当することを要する。

① 遺産の分割によって配偶者居住権を取得するものとされたこと（新法第1028条第1項第1号）

② 配偶者居住権が遺贈の目的とされたこと（新法第1028条第1項第2号）

③ 遺産の分割の請求を受けた家庭裁判所が配偶者に配偶者居住権を取得させる旨を定めたこと（新法第1029条）

なお、「民法（相続関係）等の改正に関する要綱案」の段階までは、被相続人と配偶者との死因贈与契約による配偶者居住権の取得も認められていた。この要綱案は法制審議会第180回会議（平成30年2月16日開催）において全会

一致で原案どおり採択され，法務大臣に答申されたが，「民法及び家事事件手続法の一部を改正する法律案要綱」及び「法律案」には盛り込まれなかった。

(3)　発生障害事由

　被相続人が相続開始の時に居住建物を配偶者以外の者と共有していたときは，配偶者居住権は成立しない（新法第1028条第1項ただし書）。この発生障害事由の趣旨及び適用範囲については，Q13の解説を参照されたい。

遺言による配偶者居住権の取得

「配偶者居住権を相続させる」旨の遺言により，配偶者居住権を取得させることができるか。

A
配偶者居住権の遺贈があったものと解すべき特段の事情がある場合に該当するものとして，取得が認められる場合があり得る。

◀ 解　説 ▶

　遺言により配偶者居住権を取得させる方法として，中間試案では遺贈のほかに遺産分割方法の指定も含まれていた（中間試案第1-2(2)①イ）が，パブリックコメントを経て遺産分割方法の指定は除外された。これは，配偶者の意思を尊重し，その利益を保護するためである。すなわち，配偶者居住権の取得を望まない配偶者は，遺贈による場合にはこれを放棄すれば足りる（民法第986条第1項）が，遺産分割方法の指定による場合には他の財産の承継も含めて相続そのものを放棄しなければならず，かえって配偶者の利益を害するおそれがあることを考慮したものである（部会資料15第1-2補足説明2(1)ウ）。

　ところで，「相続させる」旨の遺言の解釈について，判例（最判平成3年4月19日民集45巻4号477頁等）は，遺言書の記載から，その趣旨が遺贈であることが明らかであるか又は遺贈と解すべき特段の事情がない限り，遺贈と解すべきではなく，遺産分割方法の指定と解すべきであると判示している。この立場を前提とするならば，「配偶者居住権を相続させる」旨の遺言については，配偶者居住権を遺贈したものと解すべき特段の事情があると考えられる（部会資料15第1-2補足説明2(1)ウ）。その理由としては，以下のものが考えられる。

　第一に，配偶者居住権制度を創設して高齢配偶者の居住の利益の保護を図った新法の下では，遺贈と解すべき特段の事情があると認めるべき必要性

がある。

　第二に，遺産分割方法の指定が被相続人の所有に属する財産の具体的な帰属を被相続人自ら定めるものであるとするならば，配偶者居住権は被相続人の所有に属する財産ではなく相続開始以後に発生する権利であるから，そもそも遺産分割方法の指定の対象としてはふさわしくないといえるのに対して，遺贈の目的財産は必ずしも被相続人の所有に属する財産であることを要しないとされている（民法第996条ただし書）。このことから，当該遺言は配偶者居住権を遺贈する趣旨であるという解釈が成り立つ可能性がある。

遺贈による配偶者居住権の取得と特別受益

配偶者が遺贈により配偶者居住権を取得した場合に、特別受益との関係で注意すべき点は何か。

　婚姻期間が20年以上の夫婦の一方である被相続人が他の一方に対して配偶者居住権を遺贈した場合には、特別受益の持戻し免除の意思表示を推定する規定が準用されることに注意すべきである。

◀ 解　説 ▶

　Q6で述べたとおり、新法第8章の配偶者の居住の権利は高齢化社会の進展に伴い配偶者の生活保障の必要性が高まっていることから創設された制度である。しかしながら、法文上は配偶者の年齢について「何歳以上」といった要件は定められておらず、婚姻期間についても「何年以上」といった要件は定められていない。したがって、実際に配偶者居住権又は配偶者短期居住権を取得する配偶者の年齢や婚姻期間はケースごとに多様であり得る。そのうち、婚姻期間が20年以上の夫婦の一方である被相続人が、他の一方に対して配偶者居住権を遺贈した場合には、特別受益の持戻し免除の意思表示を推定する規定（新法第903条第4項）が準用されている（新法第1028条第3項）。持戻し免除の意思表示の推定も、配偶者居住権と同じく、高齢配偶者の居住の権利を保護するための制度であることに基づく準用である

【図表07】配偶者の居住の権利と特別受益の持戻し免除の意思表示推定

〇＝適用あり　×＝適用なし

	配偶者居住権 配偶者短期居住権	特別受益の持戻し 免除の意思表示推定
婚姻期間20年以上の夫婦間における相続	〇	〇
婚姻期間20年未満の夫婦間における相続	〇	×

審判による配偶者居住権の取得

家庭裁判所が審判により配偶者に配偶者居住権を取得させることができるのはどのような場合か。

A

家庭裁判所が遺産の分割の請求を受けた場合であって，共同相続人間に配偶者が配偶者居住権を取得することについて合意が成立しているとき，又は，配偶者が家庭裁判所に対して配偶者居住権の取得を希望する旨を申し出ており，居住建物の所有者の受ける不利益の程度を考慮してもなお，配偶者の生活を維持するために特に必要があると認められるときに限り，配偶者居住権を取得させることができる。

◀ 解　説 ▶

家庭裁判所の審判による配偶者居住権の取得（新法第1029条）の要点は次のとおりである。
(1)　配偶者居住権の取得の審判をすることができるのは「遺産の分割の請求を受けた家庭裁判所」である。つまり，この審判は遺産分割手続の一環として行われるのであって，配偶者居住権の取得のみを家庭裁判所に請求することはできない。
(2)　家庭裁判所が配偶者居住権の取得の審判をするためには，下記のいずれかに該当しなければならない。
　ア　共同相続人間に配偶者が配偶者居住権を取得することについて合意が成立していること。
　イ　上記アの合意が成立していない場合には，以下の要件を全て満たしていること。
　　(ア)　配偶者が家庭裁判所に対して配偶者居住権の取得を希望する旨を申し出ていること。
　　(イ)　居住建物の所有者の受ける不利益の程度を考慮してもなお配偶者の

38 第1章 配偶者の居住の権利

　生活を維持するために特に必要があると認められること。

　これらの要件のうちア及びイ(ア)は，配偶者居住権の取得の審判に配偶者の意思が反映されるようにする新法の趣旨の現れである。

　イ(イ)は，居住建物の所有者の利益に配慮した要件である。すなわち，配偶者居住権が成立する場合には，居住建物の所有者はその存続期間中（原則として配偶者の終身の間）その建物を使用することができないため，配偶者との間で紛争が生ずるおそれもある。そこで，居住建物の所有者の意思に反して裁判所が配偶者に配偶者居住権を取得させることができる場合を，配偶者の居住権保護の必要性が特に高い場合に限定したものである（中間試案補足説明第1−2説明2(2)）。

【図表08】配偶者居住権の成否を判断するためのフローチャート

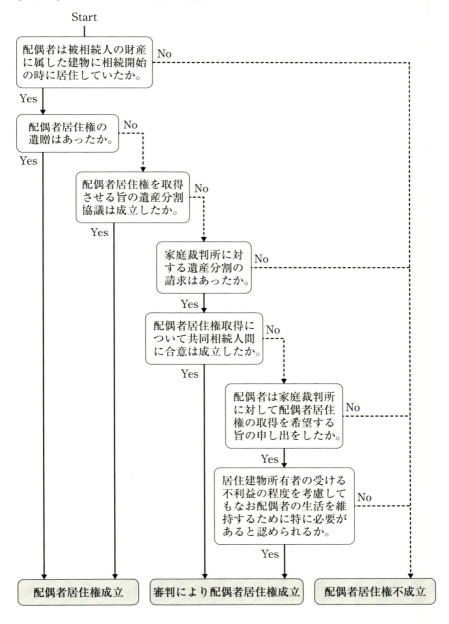

共有建物と配偶者居住権

Q13 相続開始時に居住建物が被相続人の単独所有に属していなかった場合，配偶者居住権は成立するか。

被相続人以外の共有者が配偶者であれば成立するが，配偶者以外の者が共有持分を有していた場合には成立しない。

◀ 解　説 ▶

　新法第1028条第１項ただし書は，共有建物について配偶者居住権の成立を除外する事由を「被相続人が相続開始の時に居住建物を配偶者以外の者と共有していた場合」に限ることにより，それ以外の場合には，混同の例外として，配偶者居住権の成立を認めることを明らかにしている。具体的には，相続開始前から配偶者が居住建物について共有持分を有していた場合や，配偶者が相続により居住建物の遺産共有持分を取得した場合である。

(1) 被相続人以外の共有者が配偶者である場合

　配偶者が居住建物の共有持分を有している場合には，共有者としての使用収益権能（民法第249条）を有することから，配偶者居住権の成立を認める必要性について疑問が生じ得るところである。しかし，他の共有者から使用料相当額の不当利得返還請求や共有物分割請求がされると配偶者が居住建物での居住を継続することができなくなるおそれがあるため，新法は配偶者居住権の成立を認めることとした（部会資料25-２第１-２補足説明１(2)ア）。

　なお，配偶者が共有持分を有する建物について配偶者居住権が成立する場合の債務者は，「配偶者以外の共有者」ではなく，「配偶者を含む共有者全員」である（部会資料25-２第１-２補足説明１(2)ア(注)）。配偶者を含めるべき理由は以下のとおりである。

　配偶者が共有持分を有する建物について配偶者居住権が成立する場合に，

配偶者以外の者を債務者とする権利のみを登記することができるとすると，配偶者以外の者がその共有持分を処分した場合には配偶者は新たな共有者に対してその居住に関する権利を対抗することができるが，配偶者自身が共有持分を処分した場合には，その相手方や相手方から更に共有持分の転売を受けた者に対抗することができないこととなり，配偶者の利益を害するおそれがある（部会資料25-2第1-2補足説明1(2)ア(注)①）。

(2)　配偶者以外の者が共有持分を有していた場合

　配偶者居住権は，配偶者が居住建物を物理的に占有して居住の用に供することを可能とするためのものであるから，共有持分のような観念的なものについて配偶者居住権を成立させることは相当でない。したがって，被相続人と第三者が建物を共有していた事例で配偶者居住権を成立させるとすれば，第三者についても配偶者居住権の債務者として扱わなければならないこととなる。しかしながら，被相続人の遺言や共同相続人間の遺産分割によって当該第三者に配偶者による無償の居住を受忍するという負担を生じさせることはできない。その第三者が同意した場合には配偶者居住権の成立を認めることも考えられないではないが，配偶者居住権は，被相続人が居住建物について有していた権利の一部を独立の権利と捉えて相続によって承継させようとするものであり，第三者の同意によって生じた権利を同質のものと扱うことはできない（部会資料25-2第1-2補足説明1(2)イ）。

配偶者居住権の成立が配偶者の相続分に及ぼす影響

配偶者居住権の成立は配偶者の相続分にどのような影響を及ぼすか。

配偶者が配偶者居住権を取得した場合には，その財産的価値に相当する価額を相続したものとして相続分の算定が行われる。

◀ 解　　説 ▶

(1)　改正の経緯

配偶者居住権の成立が配偶者の相続分に及ぼす影響については，要綱案（案）の段階まで「配偶者が配偶者居住権を取得した場合には，その財産的価値に相当する価額を相続したものと扱う。」等の改正案が繰り返し部会資料に示されていた（部会資料26-1第1-2(1)ア（注1）等）。これは，配偶者居住権の存続期間中，居住建物を使用することができない配偶者以外の相続人の負担を考慮した取扱いである。そして，この取扱いに不可欠な配偶者居住権の財産的価値の評価方法についてもルール化に向けて部会での検討が行われていた（部会資料19-1，部会資料19-2）。しかし，この取扱い及び評価方法に関する記述は国会に提出された法律案要綱には含まれておらず，法文化もされなかった。

この問題に関する新法の規定のあり方は，配偶者居住権の財産的価値に相当する価額を配偶者が相続したものと扱う旨を明記する代わりに，そのような取扱いが行われることを前提として特別受益に関する新設規定を準用するというものである。すなわち，Q11で説明したとおり，配偶者居住権の取得事由が遺贈であって，かつ，被相続人と配偶者の婚姻期間が20年以上である場合には，被相続人は，その遺贈による配偶者居住権の評価額について特別受益の持戻しを適用しない旨の意思を表示したものと推定される（新法第1028条第3項，第903条第4項）。

規定のあり方について以上のような変遷をたどったのは，配偶者居住権の財産的価値の評価方法を法文化することが困難であったためではないかと推察される。前記のとおり，部会では評価方法のルール化が検討されていたのであるが，そこで用いられていた計算式〔①建物所有権の価額＝②長期居住権の価額＋③長期居住権の負担付の建物所有権の価額〕に対して，「②及び③の価額の和は①の価額よりも低くなり，しかもその差額は無視することができない程度のものに達し得る。」旨の反対意見が寄せられた（部会資料19－1：参考人提出資料「『長期居住権についての具体例』についての意見」（公益社団法人日本不動産鑑定士協会連合会））。そのため，評価方法の法文化は見送られ，評価の問題と不即不離の関係にある配偶者の相続分については特別受益との関係のみを規定するという方法が採られたものと思われる。

(2) 新法の規定内容の整理

配偶者居住権の成立が配偶者の相続分に及ぼす影響について整理すると，次のようになる。

ア 原　則

特別受益の持戻し免除の推定規定が準用されない場合には，配偶者は，居住建物以外の遺産からは，自己の具体的相続分から配偶者居住権の財産評価額を控除した残額について財産を取得することになり，配偶者が配偶者居住権を取得しても他の相続人の具体的相続分は変わらないことになる（中間試案補足説明第1－2説明2(2)）。具体的には，以下の三つのいずれかの場合である。

① 配偶者居住権の取得事由が遺産分割である場合
② 配偶者居住権の取得事由が遺贈であって，かつ，被相続人と配偶者の婚姻期間が20年未満である場合
③ 配偶者居住権の取得事由が遺贈であって，かつ，被相続人と配偶者の婚姻期間が20年以上であるが被相続人が特別受益の持戻しを希望する旨の意思表示をしていた場合

イ　例外（特別受益の持戻し免除の推定規定が準用される場合）

　配偶者は，自己の具体的相続分から配偶者居住権の財産評価額を控除することなく居住建物以外の遺産からも財産を取得することになり，その分だけ他の相続人の具体的相続分は減少することになる。

　なお，配偶者居住権と異なり，配偶者短期居住権によって受けた利益については，配偶者の具体的相続分からその価額を控除することを要しないという考え方が部会資料で繰り返し示されていた（部会資料26‐1第1‐1⑴ア（注1）等）。これは，配偶者短期居住権の成立によって他の相続人が受ける負担が比較的軽微であることを考慮したものである。そして，この取扱いについても明文化はされなかったが，新法もこの考え方に基づいているものと解される。

⑶　今後の課題

　上述のとおり，配偶者居住権の財産的価値を評価するルールの明文化は見送られたが，実際の遺産分割の手続においては評価額の算定基準を確立することが不可欠である。明文化の見送りは，その算定基準の確立が家庭裁判所の手続をはじめとする実務の運用の積み重ねに委ねられたことを意味している。今後どのような算定基準が形成されるのか，実務の動向を注視する必要がある。

Q15 配偶者居住権の設定登記と登記の連続性

配偶者居住権が成立した場合に必要となる登記及びその順序はどうなるか。

「相続」「遺贈」等を原因とする居住建物の所有権移転登記を経由して，配偶者居住権の設定の登記をする必要がある。

◀ 解　説 ▶

　配偶者居住権の成立は，相続が開始したこと及び配偶者以外の者が建物の所有者となったことを前提としている。したがって，登記の連続性確保の観点から，配偶者居住権の設定登記（新法第1031条）の申請が受理されるためには，その登記に先行して（遅くとも配偶者居住権の登記の申請と同時に連件で），当該建物の登記記録の甲区において，「相続」「遺贈」等を原因とする配偶者以外の者への所有権移転登記が行われる必要がある（部会資料22-2第1-2補足説明2(3)）。その登記を経た上で，配偶者居住権の設定登記が所有権以外の権利に関する登記として登記記録の乙区で登記される（不動産登記規則第4条第4項）。

配偶者居住権の設定登記の申請人

配偶者居住権の設定の登記の申請人は誰か。

　配偶者と建物所有者の共同申請によるのが原則であるが，配偶者が遺産分割の審判により配偶者居住権を取得した場合には配偶者の単独申請が認められ得る。

◀ 解　説 ▶

　配偶者居住権は建物所有権を制限する賃借権類似の権利であるから，賃借権の設定の登記に準じて，配偶者居住権を取得した配偶者を登記権利者とし，建物の所有権登記名義人を登記義務者とする共同申請によるのが原則である（不動産登記法第60条）。

　ただし，次の要件をいずれも満たす場合には，判決による登記（不動産登記法第63条第１項）に準じて，配偶者が単独で申請することができるものと解される（部会資料22‐２第１‐２補足説明２）。

① 　配偶者が家庭裁判所の遺産分割の審判により配偶者居住権を取得した場合であること

② 　審判中で建物の所有権登記名義人に対して配偶者居住権設定の登記義務の履行を命ずる旨が明示されていること

　登記義務の履行を命ずる審判は，執行力のある債務名義と同一の効力を有するものとされている（家事事件手続法第75条）ことから，その確定により，登記申請の意思表示が擬制される（民事執行法第174条第１項本文）。したがって，上記の２要件を満たす審判は，不動産登記法第63条第１項の「確定判決」に準ずるものと評価することができるのである。

【配偶者居住権の設定を命じる遺産分割審判の例（家事事件手続法第196条）】

被相続人の遺産を次のとおり分割する。

1 配偶者Aに対し，別紙物件目録記載の建物（以下「本件建物」という。）につき存続期間を配偶者Aの終身の間とする配偶者居住権を設定する。

2 相続人Bは，本件建物の所有権を取得する。

3 相続人Bは，配偶者Aに対し，本件建物につき，第1項記載の配偶者居住権を設定する旨の登記手続をせよ。

4 （以下略）

48　第1章　配偶者の居住の権利

不動産登記法の改正

配偶者居住権の登記の創設に伴い不動産登記法はどのように改正されたか。

登記することができる権利（不動産登記法第3条）に配偶者居住権が加えられ，配偶者居住権の存続期間等が登記事項とされたこと（不動産登記法第81条の2）が改正点である。

◀ 解　説 ▶

【旧不動産登記法】	【新不動産登記法】
（登記することができる権利等） 第3条　登記は，不動産の表示又は不動産についての次に掲げる権利の保存等（保存，設定，移転，変更，処分の制限又は消滅をいう。次条第2項及び第105条第1号において同じ。）についてする。 一　所有権 二　地上権 三　永小作権 四　地役権 五　先取特権 六　質権 七　抵当権 八　賃借権 九　採石権（採石法（昭和25年法律第291号）に規定する採石権をいう。第50条及び第82条において同じ。） （新設）	（登記することができる権利等） 第3条　登記は，不動産の表示又は不動産についての次に掲げる権利の保存等（保存，設定，移転，変更，処分の制限又は消滅をいう。次条第2項及び第105条第1号において同じ。）についてする。 一　所有権 二　地上権 三　永小作権 四　地役権 五　先取特権 六　質権 七　抵当権 八　賃借権 九　配偶者居住権 十　採石権（採石法（昭和25年法律第291号）に規定する採石権をいう。第50条及び第82条において同じ。） （配偶者居住権の登記の登記事項） 第81条の2　配偶者居住権の登記の登記事項は，第59条各号に掲げるもののほか，次のとおりとする。 一　存続期間 二　第三者に居住建物（民法第1028条第

	1項に規定する居住建物をいう。）の使用又は収益をさせることを許す旨の定めがあるときは，その定め

　民法に配偶者居住権の登記に関する規定（新法第1031条）が新設されたことに伴い，不動産登記法のうち下記の二か条が改正された（改正法附則第26条）。

　第一に，登記することができる権利を定めた不動産登記法第３条が改正され，第九号として配偶者居住権が加えられた。

　第二に，配偶者居住権の登記の登記事項を定めた不動産登記法第81条の２が新設された。登記事項は次の二つである。

① 存続期間（絶対的登記事項）

　　配偶者居住権の存続期間は「配偶者の終身の間」を原則とし，遺産の分割の協議若しくは遺言に別段の定めがあるとき，又は家庭裁判所が遺産の分割の審判において別段の定めをしたときは，その定めるところによる（新法第1030条）。原則が適用される場合及び別段の定めがある場合のどちらであっても，存続期間が登記されるものと解される。

② 第三者に居住建物の使用又は収益をさせることを許す旨の定めがあるときは，その定め（相対的登記事項）

　　配偶者は，居住建物の所有者の承諾を得なければ，居住建物の改築若しくは増築をし，又は第三者に居住建物の使用若しくは収益をさせることができない旨の規定（新法第1032条第３項）を受けて，登記事項とされたものである。

配偶者居住権の設定登記の申請情報(1)

配偶者居住権の設定登記の申請情報のうち，「登記の目的」「登記原因及びその日付」はどうなると想定されるか。

　登記の目的は「配偶者居住権設定」，登記原因は「年月日設定」となり，原因日付は配偶者居住権の発生事由に応じて，①遺産分割の協議又は調停の成立日，②遺産分割の審判の確定日，③遺贈の効力発生日のいずれかになるものと想定される。

◀ 解　説 ▶

(1)　登記の目的

　不動産に関する権利が発生した場合の登記には，意思表示に基づいて権利が発生したことを表す「保存」の登記と，設定契約に基づいて権利が発生したことを表す「設定」の登記がある。Ｑ８で述べたとおり，配偶者居住権は賃借権類似の法定債権であって居住建物の所有者との設定契約に基づかずに発生する権利であるが，新法第1031条では「配偶者居住権の設定の登記」という文言が用いられていることから，登記の目的は「配偶者居住権設定」となるものと解される。

(2)　登記原因及びその日付

　登記原因は，上記の登記の目的「配偶者居住権設定」に対応して，「年月日設定」となるものと解される。
　原因日付は，配偶者居住権の発生事由に応じて次のように区別される。
①　配偶者居住権の発生事由が遺産分割である場合
　　遺産分割の協議若しくは調停の成立日又は遺産分割の審判の確定日を原因日付とすべきものと解される。なお，遺産分割の遡及効（民法第909条本文）を根拠として相続開始日を原因日付とする考え方もあり得るが，配偶

者短期居住権から配偶者居住権に移行する場合，相続開始日を原因日付と
してしまうと権利変動の過程を忠実に公示するという不動産登記制度の理
念に反することとなり，妥当ではないと解される。

② 配偶者居住権の発生事由が遺贈である場合

遺贈によって配偶者居住権が発生する場合には，遺贈の効力発生日を原
因日付とすべきである。すなわち，原則として相続開始日を原因日付とし
（民法第985条第1項），停止条件付遺贈の条件が相続開始日後に成就した場
合にはその成就日を原因日付とすべきものと解される（民法第985条第2項）。

Q19 配偶者居住権の設定登記の申請情報(2)

配偶者居住権の設定登記の申請情報のうち,「存続期間」はどのように記載されると想定されるか。

「存続期間　配偶者居住権者の死亡時まで」等の記載方法が考えられる。

◀ 解　説 ▶

新不動産登記法第81条の2により,配偶者居住権の設定の登記においては「存続期間」が登記事項とされる。この存続期間をどのように公示すべきかについては不動産登記に関する通達等の発出を待たなければならないが,配偶者居住権が賃借権類似の法定債権であることに着目するならば,次のような記載方法が考えられるであろう。

① 別段の定めがない場合(原則)

終身建物賃借権の設定の登記(不動産登記記録例301)に準じて「存続期間　配偶者居住権者の死亡時まで」と登記する。

② 別段の定めがある場合(例外)

定期建物賃借権の設定の登記(不動産登記記録例299)に準じて,「存続期間　○○(新元号)○年○月○日から○年」又は「○○(新元号)○年○月○日から○○(新元号)○年○月○日まで)」と登記する。

2 配偶者居住権　53

配偶者居住権の設定登記の申請情報(3)
　配偶者居住権の設定登記の申請情報のうち添付情報及び登録免許税はどうなると想定されるか。

賃借権の設定の登記に準じたものになると想定される。

◀ 解　説 ▶

　配偶者居住権は賃借権類似の法定債権であるから，設定登記の添付情報及び登録免許税も賃借権の設定の登記に準じて次のようになると想定される。

(1)　添付情報
ア　登記原因証明情報
　　配偶者居住権の発生事由は遺産分割又は遺贈に限られているので，それらを証明できる遺産分割協議書，遺産分割の調停調書謄本，遺言書などが登記原因証明情報となる。
　　この登記原因証明情報の適格性について留意しなければならないのは，配偶者が被相続人の財産に属した建物に「相続開始の時に居住していた」ことが配偶者居住権の成立要件とされていることである（新法第1028条第1項）。この要件の充足も登記原因証明情報の内容に含まれる必要があるが，遺産分割協議書等に配偶者が相続開始時に当該建物に居住していたことが記載されていれば足り，住民票の写し等でその記載を裏付けることまでは要しないものと解される。なぜなら，共同申請構造（不動産登記法第60条）の下における登記原因証明情報の証明力は，登記義務者がその内容を自認してこれを添付してきたことに根拠が求められるからである（清水響「新不動産登記法の概要について」登記研究編集室『平成16年改正不動産登記法と登記実務（解説編）』54頁（テイハン，2005年）参照）（注1）。
　　なお，配偶者が単独で申請する場合の登記原因証明情報は，建物の所有

権登記名義人に対して登記義務の履行を命じた遺産分割の審判書正本（確定証明書付）に限られる（注２）。

（注１）　遺産分割協議書等に相続開始時の居住の要件の充足がわかるような記載がないときはどうなるか。登記原因証明情報の証明力の根拠を登記義務者の自認に求める考え方からすれば，報告書形式のもので補うことにより，遺産分割協議書等と合わせて登記原因証明情報とする方法があり得るであろう。

（注２）　登記原因証明情報の証明力の根拠を登記義務者の自認に求める考え方は登記権利者である配偶者が単独で申請する場合には妥当しないから，遺産分割の審判書正本の記載から相続開始時の居住の要件の充足が分からないときに報告書形式のもので補うことは困難である。しかし，家庭裁判所が審判で配偶者居住権の設定の登記手続を命じた以上，その審判の手続において要件の充足を認定したはずであるという推定を働かせ，申請を受理する取扱いがなされる可能性があるのではなかろうか。

イ　登記識別情報

　遺産分割の審判書正本を添付して配偶者が単独で申請する場合を除き，登記義務者である居住建物の所有権登記名義人が登記名義を取得した際に通知を受けた登記識別情報を添付する。

ウ　印鑑証明書

　遺産分割の審判書正本を添付して配偶者が単独で申請する場合を除き，登記義務者が登記申請情報又は代理権限証明情報に押した印鑑について市区町村長が作成した証明書（作成後３か月以内のもの）を添付する。

(2)　登録免許税

　賃借権の設定の登記に準じて，課税価格は当該居住建物の固定資産税の課税評価額であり，税率は1,000分の10であると解される。

2 配偶者居住権　55

【設定の登記申請情報の例（審判書正本を添付して配偶者が単独で申請する場合）】

登 記 申 請 情 報

登記の目的　　配偶者居住権設定

原　　　因　　○○（新元号）○年○月○日設定

存 続 期 間　　配偶者居住権者の死亡時まで

権 利 者　　（申請人）
　　　　　　　○県○市○町一丁目１番１号
　　　　　　　　○○　○○

義 務 者　　○県○市○町二丁目２番２号
　　　　　　　　○○　○○

代 理 人　　○県○市○町三丁目３番３号
　　　　　　　　司法書士　○○　○○㊞

添 付 情 報　　審判書正本（確定証明書付）　代理権限証明情報

課 税 価 格　　金○円

登録免許税　　金○円

不動産の表示
　所　　在　　（省略）
　家屋番号　　（省略）
　種　　類　　（省略）
　構　　造　　（省略）
　床 面 積　　（省略）

配偶者居住権が消滅した場合の登記手続(1)

配偶者居住権が消滅した場合に必要な登記及び申請人はどうなると想定されるか。

　居住建物の所有者と配偶者の共同申請により，配偶者居住権の抹消の登記をするものと解される。

◀ 解　　説 ▶

　存続期間の満了又は配偶者の死亡によって配偶者居住権が消滅した場合には，賃借権の抹消登記に準じて，居住建物の所有権登記名義人を登記権利者とし，配偶者居住権の登記名義人である配偶者を登記義務者とする共同申請によって配偶者居住権の抹消の登記をするものと解される。

　なお，配偶者の死亡によって配偶者居住権が消滅した場合には，その相続人が登記義務者の相続人の資格で申請すべきものと解される（部会資料26－1第1－2(3)イ（注2）参照）。

2 配偶者居住権　57

配偶者居住権が消滅した場合の登記手続(2)

配偶者居住権の抹消の登記の申請情報はどのような内容になると想定されるか。

賃借権の抹消の登記に準じたものになると想定される。

◀ 解　説 ▶

存続期間の満了又は配偶者の死亡によって配偶者居住権が消滅した場合には，定期建物賃借権が存続期間の満了により消滅した場合や終身建物賃借権が賃借人の死亡により消滅した場合における抹消の登記に準じて，次のような申請情報になるものと想定される。

(1)　登記の目的

「○番配偶者居住権抹消」とすべきものと解される。

(2)　登記原因及びその日付

存続期間の満了によって配偶者居住権が消滅した場合には「存続期間満了」を登記原因とし，期間満了日の翌日を原因日付とすべきものと解される（不動産登記記録例271, 317参照）。

配偶者の死亡によって配偶者居住権が消滅した場合には，「配偶者居住権者死亡」を登記原因とし，死亡日を原因日付とすべきものと解される（不動産登記記録例270参照）。

(3)　添付情報

登記義務者である配偶者が，配偶者居住権の設定の登記の際に通知を受けた登記識別情報を添付すべきものと解される。

なお，配偶者の死亡によって配偶者居住権が消滅した場合には，義務者側

の申請人が配偶者の相続人であることを証する戸籍の全部事項証明書等を添付すべきものと解される。

⑷ 登録免許税

不動産1個について1,000円の定額課税である。

【抹消の登記申請情報の例（配偶者死亡の場合）】

登 記 申 請 情 報

登記の目的　　　○番配偶者居住権抹消

原　　　因　　　○○（新元号）○年○月○日配偶者居住権者死亡

権　利　者　　　○県○市○町二丁目2番2号
　　　　　　　　　○○　　○○

義　務　者　　　○県○市○町一丁目1番1号
　　　　　　　　　（亡）○○　　○○

上記相続人　　　○県○市○町四丁目4番4号
　　　　　　　　　○○　　○○

代　理　人　　　○県○市○町三丁目3番3号
　　　　　　　　　司法書士　　○○　　○○㊞

添 付 情 報　　　登記原因証明情報　登記識別情報
　　　　　　　　　相続証明情報　代理権限証明情報

登録免許税　　　金○円

不動産の表示
　　所　　在　　（省略）
　　家屋番号　　（省略）
　　種　　類　　（省略）
　　構　　造　　（省略）
　　床 面 積　　（省略）

2 配偶者居住権　59

配偶者居住権の登記に関する事例問題(1)

新法下で，次の事例における不動産登記の手続はどうなるか。

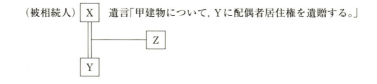

被相続人Xは単独で所有する甲建物（自宅）について，配偶者Yに配偶者居住権を遺贈したが，甲建物の所有権については何ら遺言をしないまま死亡した。相続人はY及び子Zである。

（被相続人）X　遺言「甲建物について，Yに配偶者居住権を遺贈する。」
　　　　　　　｜
　　　　　　　├──Z
　　　　　　　Y

「相続」を原因とするXからY及びZへの所有権移転登記を経由して，Yのための配偶者居住権の設定登記をすべきである。

◀ 解　説 ▶

本問においては，居住建物の遺産共有持分を取得した配偶者による配偶者居住権取得の可能性が実体上のポイントとなり，登記の連続性及び配偶者の申請手続への関与の仕方が手続上のポイントとなる。

(1) 実体上のポイント

本問において，Yは遺贈の効力により相続開始と同時に配偶者居住権を取得し，併せて共同相続人の一人として居住建物の遺産共有持分を取得することになる。新法第1028条第1項ただし書は，配偶者居住権の成立を除外する事由を「被相続人が相続開始の時に居住建物を配偶者以外の者と共有していた場合」に限ることにより，配偶者が居住建物の遺産共有持分を取得した場合などにも混同の例外として配偶者居住権の成立を認めることを明らかにし

ている（**Q13**参照）。

　なお，本問のような場合には，最終的には，遺産分割の遡及効により，配偶者は居住建物の所有権を取得しなかったことになるケースが多いと考えられるが，遺産分割が終了するまでの間に，配偶者が配偶者居住権について登記を備えることができるようにする必要がある（部会資料25-2第1-2補足説明1(1)）。

(2)　手続上のポイント

ア　登記の連続性

　配偶者居住権発生の前提である相続開始の事実を登記記録上に公示して登記の連続性を確保するために，「相続」を原因とするXからY及びZへの所有権移転登記を経由してから，Yのための配偶者居住権の設定登記をすべきである（**Q15**参照）。

イ　配偶者の申請手続への関与の仕方

　配偶者が共有持分を有する建物について配偶者居住権が成立する場合には，配偶者を含む建物の共有者全員が債務者となる（**Q13**参照）。したがって，配偶者居住権の設定登記の申請に当たり，配偶者Yは，登記権利者としてだけでなく，Zとともに登記義務者としても関与すべきものと解される。

配偶者居住権の登記に関する事例問題(2)

新法下で，次の事例における不動産登記の手続はどうなるか。

被相続人Xは単独で所有する甲建物（自宅）について配偶者Yに配偶者居住権を遺贈する旨の遺言を作成した後，子Zに甲建物の所有権の一部を生前贈与し，その旨の登記をした。その後Xは他の遺言を作成しないまま死亡した。

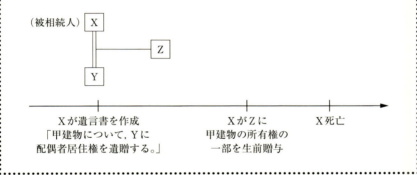

甲建物について「相続」を原因とするY及びZへのX持分全部移転登記をすることはできるが，Yのための配偶者居住権設定登記をすることはできない。

◀ 解　説 ▶

Q13で述べたとおり，被相続人が相続開始の時に居住建物を配偶者以外の者と共有していたことは配偶者居住権の発生障害事由となる（新法第1028条第1項ただし書）。本問では，XがZに対して甲建物の所有権の一部を生前贈与したことにより，この発生障害事由に該当することとなる。

また，当該生前贈与は遺言と抵触する遺言後の生前処分に当たり，これによってXは遺言を撤回したものとみなされる（民法第1023条第2項）。

62　第 1 章　配偶者の居住の権利

　したがって，本問では配偶者居住権の発生を妨げる事由が二重に存在することとなる。

　結局，甲建物についてＸが相続開始当時有していた共有持分は法定相続によってＹ及びＺに承継されることとなるから，「相続」を原因とするＹ及びＺへのＸ持分全部移転登記のみをすべきである。

Q25 配偶者居住権の譲渡を禁止する理由

新法第1032条第2項が配偶者居住権の譲渡を禁止したのはなぜか。

譲渡禁止の理由は，第一に配偶者居住権制度の趣旨との整合性を保つこと，第二に譲渡が実際上困難であること，第三に譲渡以外にも配偶者が投下資本を回収する方法があることである。

◀ 解　説 ▶

配偶者居住権の譲渡性に関する部会での議論の推移を見ると，要綱案のたたき台(4)（部会資料25-1）までは，居住建物の所有者の承諾を要件として配偶者居住権の譲渡を認めていたが，要綱案（案）の段階で方針が転換され，譲渡を全面的に禁止することとされた。その理由は以下のとおりである（部会資料26-2第1-2補足説明）。

(1) 制度趣旨との整合性

配偶者居住権は配偶者自身の居住環境の継続性を保護するためのものであるから，第三者に対する譲渡を認めることは，制度趣旨との関係で必ずしも整合的ではない。

(2) 譲渡の実際上の困難

配偶者居住権は配偶者の死亡によって消滅する債権であり，継続性の点で不安定であることから，実際に売却することができる場面は必ずしも多くないと思われる。

(3) 譲渡以外の方法による投下資本回収の可能性

要綱案のたたき台(4)の段階まで居住建物の所有者の承諾を要件として配偶

者居住権の譲渡を認めていたのは，配偶者が長期間居住することを前提に配偶者居住権を取得したにもかかわらず，予定していた期間を経過する前に介護施設への入所等の予期しない事情から転居せざるを得なくなったような場合に，配偶者の投下資本の回収を可能とすべきであるという考慮に基づくものであった（ここでいう「投下資本」とは，配偶者居住権の財産評価額が配偶者の具体的相続分から控除されることを意味する。）。しかし，居住建物の所有者の承諾を得た上で第三者に居住建物を賃貸すること等によっても投下資本の回収は可能であると考えられる（賃貸であれば短期間の需要もあり得る。）。

　なお，配偶者の投下資本回収を保障する方策として，中間試案の（後注）では，配偶者居住権（長期居住権）について，配偶者に買取請求権を認めるかどうかを検討課題として掲げていたが，制度化は見送られた。

配偶者居住権の譲渡禁止違反の効果

Q26 居住建物の所有者は，配偶者が譲渡禁止規定に違反して第三者に配偶者居住権を譲渡したことを理由として，配偶者居住権消滅の意思表示をすることができるか。

配偶者居住権の譲渡それ自体を理由とする消滅の意思表示はできないが，居住建物の所有者に無断で譲受人に居住建物の使用又は収益をさせたときは，消滅の意思表示をすることができる。

◀ 解　説 ▶

　新法第1032条は配偶者居住権を有する配偶者の自己使用収益義務として，①用法遵守義務・善管注意義務（同条第1項），②配偶者居住権の譲渡禁止（同条第2項），③居住建物の所有者に無断で改築・増築すること及び第三者に使用収益させることの禁止（同条第3項）を課し，①又は③に違反した場合には居住建物の所有者は意思表示によって配偶者居住権を消滅させることができるものとしている（同条第4項）。しかし，②の譲渡禁止に違反したことそれ自体は消滅請求の事由とはされていない。これは，配偶者居住権が賃借権類似の法定債権であることに鑑みて，賃借権の無断譲渡自体は賃貸人の解除権を成立させず，譲受人に賃借物の使用又は収益をさせてはじめて解除権が成立するという規律（民法第612条第2項）と平仄を合わせたものと解される。

使用貸借・賃貸借の規定の準用

配偶者居住権に関する規律のうち，他の条文が準用されている事項は何か。

(1)存続期間の満了による配偶者居住権の消滅，(2)配偶者の死亡による配偶者居住権の消滅，(3)配偶者に対する損害賠償請求等の期間制限，(4)第三者に居住建物を使用収益させた場合（転貸）の効果，(5)居住建物の滅失による配偶者居住権の消滅について準用が行われている。

◀ 解　説 ▶

　新法第1036条は，使用貸借に関する第597条第１項及び同条第３項，第600条，賃貸借に関する第613条並びに第616条の２の規定を配偶者居住権に準用している。それらの準用条文を配偶者居住権に適合するように読み替えたものを次に掲げる。

(1)　使用貸借に関する第597条第１項（平成29年改正）の準用
　当事者が配偶者居住権の存続期間を定めたときは，配偶者居住権は，その存続期間が満了することによって消滅する。

(2)　使用貸借に関する第597条第３項（平成29年改正）の準用
　配偶者居住権は，配偶者の死亡によってその効力を失う。

(3)　使用貸借に関する第600条（平成29年改正）の準用
　①　配偶者居住権の本旨に反する使用によって生じた損害の賠償及び配偶者が支出した費用の償還は，居住建物取得者が返還を受けた時から１年以内に請求しなければならない。
　②　前項の損害賠償の請求権については，居住建物取得者が返還を受けた

時から1年を経過するまでの間は，時効は完成しない。

(4) 賃貸借に関する第613条（平成29年改正）の準用

① 配偶者が適法に居住建物を第三者に使用収益させたときは，当該第三者は，居住建物取得者と配偶者との間の配偶者居住権に基づく配偶者の債務の範囲を限度として，居住建物取得者に対して配偶者との間の賃貸借等に基づく債務を直接履行する義務を負う。

② 前項の規定は，居住建物取得者が配偶者に対してその権利を行使することを妨げない。

③ 配偶者が適法に居住建物を第三者に使用収益させた場合には，居住建物取得者は，配偶者との合意により配偶者居住権を消滅させたことをもって当該第三者に対抗することができない。ただし，その消滅の当時，居住建物取得者が配偶者の債務不履行を理由として意思表示により配偶者居住権を消滅させる権利を有していたときは，この限りでない。

(5) 賃貸借に関する第616条の2（平成29年改正）の準用

居住建物の全部が滅失その他の事由により使用することができなくなった場合には，配偶者居住権はこれによって消滅する。

68　第1章　配偶者の居住の権利

3　配偶者短期居住権

新法の配偶者短期居住権と平成8年最判
　新法の配偶者短期居住権は下記の平成8年最判が土台となっているが，新法は判例理論をどのように修正しているか。

> **最判平成8年12月17日民集50巻10号2778頁**
> 　相続人の一人が被相続人の許諾を得て被相続人所有の建物に同居していた場合には，特段の事情のない限り，被相続人とその相続人との間で，相続開始時を始期とし，遺産分割時を終期とする使用貸借契約が成立していたものと推認される。

　権利の主体（保護の対象者），権利の法的性質及び権利の最低存続期間について判例理論を修正している。

◀ 解　　説 ▶

(1)　平成8年最判の判例理論

　新法第1037条以下で配偶者短期居住権が創設される契機となったのは，上記の平成8年最判によって高齢の相続人の居住権保護という課題が示されたことであった。この判例の理論面のポイントを整理すると，次のようになる。
　①　居住権保護の対象者は，相続開始前から被相続人の許諾を得て当該建物において被相続人と同居してきた共同相続人の一人である。
　②　居住権の法的性質は，使用借権である。
　③　使用貸借契約締結の合意は，被相続人と同居の相続人との間にあったものと推認される。
　④　使用貸借契約の存続期間は，相続開始の時から少なくとも遺産分割終

了までの間である。

⑤　使用貸借の貸主は，被相続人の地位を承継した他の相続人である。

⑥　使用貸借契約締結の合意があったものと推認することができる根拠は，被相続人及び同居の相続人の通常の意思に合致することに求められる。

⑦　貸主である他の相続人は，借主である同居の相続人に対して，賃料相当額の不当利得返還請求をすることができない。

(2)　配偶者短期居住権との違い

上記のポイントのうち，新法の配偶者短期居住権との主要な違いとして①～④を挙げることができる。

①　権利の主体（保護の対象者）

判例の事案は被相続人の配偶者の居住の権利が問題となったものであるが，判例理論としては居住権保護の対象者を配偶者に限定することなく「相続人の一人」としている。

これに対して，新法の配偶者短期居住権は「配偶者」短期居住権という呼称のとおり，被相続人と同居していた相続人のうち，配偶者のみが取得し得る権利とされている。

②及び③　権利の法的性質

判例が採用した居住権保護のための理論構成は，被相続人の生前における「通常の意思」から同居の相続人との間に相続開始後も無償使用させる旨の合意があったと推認した上で，実際には相続開始時に同居の相続人を借主としそれ以外の相続人を貸主とする使用貸借契約が発効するというものである。このような複雑な理論構成となったのは，判例の事案が被相続人の単独で所有する建物に相続人の一人が同居していた場合であったことが影響している。すなわち，当該相続人は被相続人の占有補助者の地位を有するにすぎないため，相続開始前に借主として地位を認めることが困難であり，同居の相続人以外の相続人が被相続人から貸主の地位を承継するという構成をとり得なかったものと解される。

これに対して，新法は配偶者短期居住権に使用借権類似の法定債権とい

う性質を付与している。したがって，被相続人の意思と無関係に成立が認められる。

④　権利の存続期間

　　判例は，相続人の居住権が保護される期間を「相続開始時から少なくとも遺産分割時まで」としている。

　　これに対して，新法の配偶者短期居住権には，相続開始後すぐに遺産分割協議が成立する場合があり得ることを考慮して，権利の最低存続期間として相続開始の時から6か月（遺産分割を行うべき場合でないときは居住建物取得者が配偶者短期居住権の消滅の申入れをした日から6か月）を経過する日までの間が設けられている。

【図表09】平成8年最判と配偶者短期居住権の比較

	平成8年最判	配偶者短期居住権 （新法第1037条第1項）
保護の対象者	被相続人の許諾を得て同人所有の建物に同居していた相続人の一人	相続開始の時に被相続人所有の建物に無償で居住していた配偶者
権利の法的性質	被相続人とその相続人との間で，相続開始時を始期とし，遺産分割時を終期とする使用貸借契約が成立していたと推認する。	配偶者に無償で居住建物の使用を認める権利（使用借権類似の法定の債権）を付与する。
保護の期間	相続開始時から少なくとも遺産分割時まで保護される。	居住建物について配偶者を含む共同相続人間で遺産分割をすべき場合には，遺産分割協議が早期に成立したときでも相続開始の時から6か月は居住権の最低存続期間として保障される（注）。

（注）　共同相続人間で遺産の分割をすべき場合以外の場合は，「居住建物の所有権を相続又は遺贈により取得した者が配偶者短期居住権の消滅の申入れをした日から6か月を経過する日までの間」が存続期間となる（新法第1037条第1項第2号）。

Q29 配偶者短期居住権の創設理由

新法が相続人のうち配偶者に限って短期居住権保護制度を創設したのはなぜか。

A

高齢化社会の進展及び夫婦の親族としての緊密性が理由である。

◀ 解　説 ▶

中間試案によれば，配偶者短期居住権の創設理由は次の二つである（中間試案補足説明第1－1説明2(1)）。

(1) 高齢化社会の進展

配偶者の一方（被相続人）が死亡した場合でも，他方の配偶者（生存配偶者）は，それまで居住してきた建物に引き続き居住することを希望するのが通常である。特に，生存配偶者が高齢者である場合には，住み慣れた居住建物を離れて新たな生活を立ち上げることは精神的にも肉体的にも大きな負担となるため，高齢化社会の進展に伴って配偶者の居住権を保護する必要性が高まっている。

(2) 夫婦の親族としての緊密性

夫婦は相互に同居・協力・扶助義務を負うこと（民法第752条），配偶者は一親等ですらないことなど，法律上最も緊密な関係にある親族であるとされていることを考慮すれば，配偶者に限ってこのような保護を与えることにも相応の理由があるものと考えられる。

なお，配偶者以外の相続人については，基本的には，改正法の方策による影響を受けることなく，従前と同様に，最判平成8年12月17日（**Q28**参照）等によってその居住権が保護されることになるものと考えられる。

Q30 配偶者短期居住権の法的性質

新法が配偶者短期居住権を使用借権類似の法定債権としたのはなぜか。

平成8年最判よりも配偶者の居住権保護を確実にするためである。

◀ 解　説 ▶

新法第1037条第1項によれば，配偶者短期居住権は，配偶者が被相続人の財産に属した建物に相続開始の時に無償で居住していたことによって成立するものであり，居住建物取得者等との合意を必要としないから，法定の権利である。また，配偶者短期居住権は，居住建物取得者という特定人に対する権利（居住建物取得者を債務者とする権利）とされているから，債権の一種である。

このように，新法が配偶者短期居住権を法定債権としたのは，最判平成8年12月17日の弱点を補うためである。すなわち，**Q28**で述べたとおり，判例理論は被相続人とその配偶者の合理的意思解釈として使用貸借契約の成立を推認するものであるため，被相続人が明確に異なる意思を表示していた場合には，配偶者の居住権が短期的にも保護されない事態が生じ得る。例えば，被相続人が配偶者の居住建物を第三者に遺贈した場合には，被相続人の死亡によって建物の所有権を取得した当該第三者からの退去請求を拒むことができないことになる。このような事態を回避するために，被相続人の意思に左右されない法定の居住権制度を創設することとした。

Q31 配偶者短期居住権の発生障害事由(1)

新法第1037条第1項ただし書において「配偶者が、相続開始の時において居住建物に係る配偶者居住権を取得した」ことが配偶者短期居住権の発生障害事由とされているのはなぜか。

配偶者短期居住権の成立を認める必要性に乏しいからである。

◀ 解　説 ▶

　配偶者短期居住権は、遺産の分割により居住建物の帰属が確定した日又は相続開始の時から6か月を経過する日のいずれか遅い日までの間しか存続しない（新法第1037条第1項第1号）など、文字どおり短期の権利である。これに対して、配偶者居住権は、配偶者の終身の間を原則的存続期間とする（新法第1030条本文）ため、配偶者の居住権を長期にわたって保護することができる。さらに、配偶者短期居住権には第三者対抗力が付与されないのに対して、配偶者居住権は登記をすることにより第三者対抗力が得られる（新法第1031条第2項、第605条）ため、配偶者の居住権を安定的に保護し得る点においても配偶者短期居住権を上回るメリットがある。したがって、配偶者が相続開始の時に被相続人の建物を無償で居住の用に供していた場合であっても、遺贈により配偶者居住権を取得したときには、配偶者短期居住権は成立しないものとされている。

　なお、同様の趣旨から、配偶者短期居住権が発生した後に配偶者が配偶者居住権を取得したときは、配偶者短期居住権は消滅するものとされている（新法第1039条）。

Q32 配偶者短期居住権の発生障害事由(2)

配偶者が欠格事由に該当し又は廃除されたことが配偶者短期居住権の発生障害事由とされているのはなぜか。

相続に関して不正な利益を得ようとしたり被相続人を虐待するなどの不相当な行為をした配偶者の居住権を保護する必要はないからである。

◀ 解　説 ▶

　新法第1037条第1項ただし書後段において、「配偶者が（中略）第891条の規定に該当し若しくは廃除によってその相続権を失ったとき」は、配偶者短期居住権は発生しないものとされている。

　典型的な欠格事由は、故意に被相続人を死亡するに至らせたために刑に処せられたことであり（民法第891条第1号）、廃除は遺留分を有する推定相続人が被相続人に対して虐待をしたときなどに認められる（民法第892条）。このように、欠格制度や廃除制度は不相当な行為をした推定相続人に対する制裁としてその相続権を剥奪するという性質を有するものである。被相続人の配偶者がそのような事由に該当した場合には、他の共同相続人又は居住建物の受遺者等に負担を掛けてまで、その居住を保障することは相当ではない（部会資料24-2第1-1補足説明1）。これが欠格事由該当・廃除が配偶者短期居住権の発生障害事由とされた理由である。

配偶者短期居住権の発生障害事由(3)

配偶者が相続の放棄をしたことが配偶者短期居住権の発生障害事由から除外されているのはなぜか。

(1)配偶者短期居住権の余後効的性質，(2)経済的事情から相続放棄をした配偶者を保護する必要性，(3)平成8年最判でも同様の結論に至ったであろう蓋然性が理由である。

◀ 解　説 ▶

新法は相続権を喪失した配偶者を一律に配偶者短期居住権の保護の対象から外すということはしておらず，相続の放棄をした配偶者については配偶者短期居住権の成立を認めている。その理由は以下のとおりである。

(1) **配偶者短期居住権の「余後効」としての性質**

配偶者短期居住権は，高齢化社会の進展に伴って配偶者の居住権保護の必要性が高まっていることや，夫婦が相互に同居・協力・扶助義務を負っていることを根拠に，夫婦関係の余後効（夫婦の一方が他方に対して生前に義務を負っていたことの効果が一方の死亡後に波及すること）として被相続人の財産処分を一定の範囲で制限するものであることを考慮すれば，配偶者が相続権を有することは必ずしも不可欠の条件ではない。

(2) **経済的事情から相続放棄をした配偶者を保護する必要性**

配偶者が自らの意思で相続放棄の申述を行ったからといって，当然にその居住を保護する必要性がないとはいえない。例えば，多額の債務を負っている被相続人が，居住建物を含む遺産の大部分を第三者に遺贈したために配偶者がやむを得ず相続放棄をしたという場合には，被相続人の財産処分権を一定の範囲で制限して配偶者の短期的な居住を保護する必要性が高い。

76 第 1 章 配偶者の居住の権利

(3) 平成 8 年最判でも同様の結論に至ったであろう蓋然性

　使用貸借契約の成立を推認する最判平成 8 年12月17日によれば，契約成立後に配偶者が相続の放棄をしたとしても遺産分割終了時までの間使用借権を有するものと考えるのが自然である（部会資料24- 2 第 1 - 1 補足説明 1 ）。そうであるとすれば，平成 8 年最判の判例理論を発展させた配偶者短期居住権についても同様に相続を放棄した配偶者の権利取得を認めるべきである。

【図表10】 新法における欠格事由該当者・被廃除者・相続放棄者の取扱い

○＝該当する　×＝該当しない

	配偶者短期居住権を取得できる者 （新法第1037条第 1 項）	特別寄与者となり得る者 （新法第1050条第 1 項）
欠格事由該当者	×	×
被廃除者	×	×
相続放棄者	○	×

配偶者短期居住権と配偶者居住権の共通点

配偶者短期居住権と配偶者居住権の共通点は何か。

　(1)無償の権利であること，(2)譲渡が禁止されていること，(3)配偶者が第一次的な建物修繕権を有すること，(4)通常の必要費を配偶者が負担すること，(5)配偶者の死亡又は居住建物の全部の滅失が権利の消滅事由とされていること等が共通点である。

◀ 解　説 ▶

　配偶者短期居住権は，配偶者居住権と同じく，高齢化社会の進展を背景として配偶者相続人の居住権の保護を図るという制度趣旨に基づいている。そのため，両者の間には以下のような共通点がある。

(1)　無償性

　配偶者短期居住権は，使用貸借契約の成立を推認した最判平成8年12月17日を発展させ，使用借権類似の法定債権として創設されたものであるから，居住建物を無償で使用することができる権利とされている（新法第1037条第1項）。

(2)　譲渡禁止

　配偶者短期居住権は，配偶者の居住建物における居住を短期的に保護するために創設された権利であり，また，配偶者に経済的負担を課すことなく当然に成立するものであるから，譲渡を認めて投下資本の回収を保障する必要に乏しい（部会資料26-2第1-1補足説明2）。したがって，配偶者居住権は譲渡することができない（新法第1041条，第1032条第2項）。

(3) 配偶者の第一次的修繕権

使用貸借契約における修繕義務は契約自由の原則に委ねられているが，配偶者短期居住権は法定債権であることから，その効力についても法律で規定する必要がある。その一環として，新法は配偶者に居住建物の第一次的修繕権を付与した（新法第1041条，第1033条第1項）。理由は次の四つである。

① 配偶者短期居住権は配偶者の居住を保護しようとするものであり，配偶者による即時の修繕を認める必要性が高い。

② 配偶者に通常の必要費を負担させることとのバランスから，配偶者において第一次的に修繕方法を決められるようにするのが相当である。

③ 他の共同相続人が第一次的な修繕権を有することとすると，紛争性のある事案では，配偶者を退去させる口実に使われるおそれがある。

④ 居住建物について遺産分割が行われる場合には配偶者自身も居住建物の共有持分を有しているのが通常であることから，共有物の保存行為に関する民法第252条ただし書の趣旨に照らし，他の相続人及び配偶者のいずれもが単独で修繕権を有することが相当である（部会資料23-2第1-1補足説明4）。

(4) 通常の必要費の負担

配偶者短期居住権を取得した配偶者は居住建物を無償で使用することができることから，通常の必要費を負担しなければならない（新法第1041条，第1034条第1項）。

(5) 配偶者の死亡又は居住建物の滅失による権利の消滅

配偶者短期居住権は，配偶者の居住を短期的に保護するために配偶者固有の権利として創設された権利である。この制度趣旨から，配偶者短期居住権は帰属上の一身専属権（民法第896条ただし書）とされており，配偶者の死亡によって消滅する（新法第1041条，平成29年改正民法第597条第3項）。また，居住建物が滅失したときは居住を保護する目的の実現が不能となるため，配偶者短期居住権は消滅する（新法第1041条，平成29年改正民法第616条の2）。

配偶者短期居住権と配偶者居住権の相違点(1)

Q35 配偶者短期居住権は，権利内容（使用収益権能）において配偶者居住権とどのように異なるか。

配偶者短期居住権の権利内容は居住建物の使用権のみであり，収益権がない点において配偶者居住権と異なっている。

◀ 解　説 ▶

　新法の配偶者短期居住権は使用借権類似の法定債権である。使用貸借においては，目的物の「使用及び収益」が本質的な要素とされている（民法第593条）。配偶者短期居住権を使用収益権能においても，使用借権と同様のものとすべきかどうかについては民法部会における議論に変遷があった。中間試案では「使用することができる」権利とされていたが，一旦部会資料21で「使用及び収益をすることができる」権利に変更された。その後，再び中間試案と同じく，配偶者短期居住権は居住建物を無償で「使用」することができる権利であり配偶者は収益権を有しないという構成に戻り，そのまま法文化された。その理由は以下のとおりである（部会資料22-2第1-1補足説明1）。
① 　配偶者短期居住権はあくまでも配偶者の短期的な居住権を保護するために新設する権利であり，このような目的に照らすと，配偶者にその収益権限や処分権限まで認める必要はない。
② 　配偶者短期居住権は，被相続人の生前には被相続人の占有補助者であった配偶者について，相続開始後に独自の占有権原を付与した上で，相続開始前と同一態様の使用を認めることを目的とするものであるが，配偶者が相続開始前に居住建物の一部について収益権限を有していた場合には，通常その部分については被相続人の占有補助者ではなく，相続開始前から，被相続人との間に使用貸借契約等の契約関係が存在する場合が多いものと考えられる。そうであるとすれば，その部分については，

相続開始後も従前の契約関係が他の相続人との間で継続するものと考えられるから，配偶者短期居住権による保護の対象とする必要はない。

③　被相続人が自ら相続開始前に居住建物の一部について収益をしていた場合（例えば自宅の上階を賃貸アパートとしていた場合）については，その部分まで配偶者短期居住権の対象とし，それによる収益を配偶者のみに帰属させるのは，配偶者短期居住権による保護の目的を超える。

なお，配偶者短期居住権は居住建物について成立する権利であるから，ここで議論されている「収益」とは，第三者に敷地を独占的に使用させることなく，建物自体から利益を上げる形態のものである。建物自体から利益を上げる例として，いわゆる民泊のように，第三者に独立の占有が移転しない形で，その使用の対価を得る場合等が考えられる（部会資料22‐2第1‐1補足説明1（注2））。

以上に対して，配偶者居住権は居住建物について無償で「使用及び収益」をすることができる権利とされているため，配偶者は収益権をも有する（ただし，第三者に居住建物を賃貸して使用・収益をさせるためには建物所有者の承諾が必要である（新法第1032条第3項)。)。

3 配偶者短期居住権　81

Q36 配偶者短期居住権と配偶者居住権の相違点(2)

配偶者短期居住権は場所的成立範囲において，配偶者居住権とどのように異なるか。

配偶者は必ずしも居住建物の全部を使用することができるわけではないことが異なっている。

◀ 解　説 ▶

　配偶者短期居住権は，配偶者が居住建物の全部を無償で使用していた場合は全部について成立し，居住建物の一部のみを無償で使用していた場合はその部分に限って成立する（新法第1037条第１項第３かっこ書）。

　これは，配偶者短期居住権の効力が及ぶ場所的範囲について，要綱案のたたき台(2)では「相続開始の時に配偶者が無償で使用していたのが当該建物の一部である場合にあっては当該部分に限る」としていたこと（部会資料23-1第１-１(1)ア）を引き継いだものである。具体的には，相続開始前に建物の一部を配偶者が居住用として使用し，残部を配偶者自身又は他の者が店舗など事業用として使用していた場合に，短期居住権の成立範囲を当該一部に限定するということである。

　部会における審議の過程では，建物の一部に限って短期居住権の成立を認めることについて，①居住部分とそれ以外の部分とで費用負担等の規律を変えると法律関係が複雑になる，②短期居住権の成立範囲をめぐって新たに紛争が生ずるおそれがある等の理由から反対する意見もあった（部会資料15第１-１補足説明１(1)ア(ア)）。

　しかし，配偶者が相続開始時に享受していた居住利益をその後も一定期間保護するという短期居住制度の目的に鑑みると，配偶者は従前と同様の形態で居住することができるにとどまり，それ以上の利益を享受し得るのは相当でないと考えられることから，建物の一部に限って成立を認める見解が採

用された。

　これに対して，配偶者居住権は常に居住建物の「全部について」成立する（新法第1028条第1項）。また，相続開始前には居住の用に供していなかった部分を居住の用に供することができる。例えば，居住建物の一部を店舗として使用していたり，間借人に賃貸したりしていた場合に，店舗の営業をやめたり，間借人との賃貸借が終了したりしたときは，配偶者は，全体について長期居住権を有しているのであるから，居住建物の所有者の承諾がなかったとしても，居住の目的の範囲内であれば，元々店舗として使っていた部分や，間貸しの目的となっていた部分を使用することが認められる（部会資料24-2第1-2補足説明2）。

配偶者短期居住権の債務者

配偶者短期居住権の債務者(使用貸借の貸主に相当する者)は誰か。

　配偶者以外の者が遺贈等により居住建物を取得した場合にはその取得者が債務者であり、それ以外の場合には共同相続人が債務者である。

◀ 解　説 ▶

　新法では、配偶者短期居住権の効力を当事者間に限定する旨の規律は設けられていないが、配偶者短期居住権は使用借権類似の法定債権である以上、債権の原則どおり、債務者との関係でのみ効力を有することを前提としている(部会資料21第1-1補足説明2(注1))。その債務者(使用貸借の貸主に相当する者)は基本的には建物の所有権を有する者であるから、配偶者以外の者が遺贈等により居住建物を取得した場合にはその取得者であり、それ以外の場合には共同相続人である。

　なお、配偶者短期居住権は、比較的短期間の居住利益を保護するために、配偶者に無償での使用を認める権利であるため、配偶者居住権とは異なり、第三者対抗力まで付与することとはしていない。

【図表11】配偶者短期居住権と配偶者居住権の比較

	配偶者短期居住権	配偶者居住権
権利の性質	使用借権類似の法定債権	賃借権類似の法定債権
有償性	配偶者に無償で居住建物を使用することを認める権利である。	同　左
成立要件	相続開始の時に被相続人所有の建物に無償で居住していたこと	相続開始の時に被相続人所有の建物に居住していた配偶者について、配偶者居住権を取得させる旨の遺産分割(協議・調停・審判)又は遺贈があったこと
対抗要件	第三者対抗力は付与しない。	登記を対抗要件とする。配偶者に登記請求権を付与する。

存続期間	① 居住建物について配偶者を含む共同相続人間で遺産の分割をすべき場合は，遺産の分割により居住建物の帰属が確定した日又は相続開始の時から6か月を経過する日のいずれか遅い日 ② 上記①以外の場合は，居住建物取得者が配偶者短期居住権の消滅の申入れの日から6か月を経過する日	原則：配偶者の終身の間 例外：遺産分割等で別段の定めをしたときは，その定めるところによる。
場所的成立範囲	居住建物の全部を無償で使用していた場合は全部について成立し，居住建物の一部のみを無償で使用していた場合はその部分に限って成立する。	居住建物の全部について成立する。
配偶者の建物修繕権	配偶者に第一次的修繕権を付与する。	同　左
必要費の負担	① 配偶者は，通常の必要費を負担する。 ② 配偶者が通常費以外の必要費を支出したときは，各相続人は，民法第196条の規定に従い，その法定相続分に応じてその償還をしなければならない。	同　左
有益費の負担	① 各相続人が負担する。 ② 配偶者が支出したときは，各相続人は，民法第196条の規定に従い，その法定相続分に応じてその償還をしなければならない。ただし，裁判所は，各相続人の請求により，その償還について相当の期限を許与することができる。	① 建物所有者が負担する。 ② 配偶者が支出した場合には，長期居住権が消滅した時に，民法第196条の規律に従ってその償還を求めることができる。
譲渡・転貸	① 配偶者短期居住権を第三者に譲り渡し又は居住建物を第三者に使用・収益させることはできない（注1）。 ② 配偶者が第三者に居住建物の使用・収益をさせたときは，他の相続人は，単独で短期居住権の消滅を請求することができる（注2）。	① 配偶者居住権を第三者に譲り渡し，又は建物を第三者に使用・収益させることはできない。 ② 無断で建物を第三者に使用・収益させたときは建物所有者による消滅請求の事由となる。

存続期間満了以外の権利の消滅事由	① 配偶者以外の相続人が短期居住権の消滅請求権を行使したこと ② 配偶者が死亡したこと ③ 建物が滅失したこと	① 建物の所有者が長期居住権の消滅請求権を行使したこと ② 配偶者が死亡したこと ③ 建物が滅失したこと

（注１）　ここでいう「第三者」は配偶者以外の者をいうが，履行補助者は含まれない（民法第594条第２項の「第三者」に関する一般的な解釈と同様）。したがって，例えば，配偶者を介護するために，その親族が新たに配偶者と同居を始めた場合は，「第三者に居住建物を使用させた場合」には該当しないことになる。

（注２）　この消滅請求について，中間試案では，配偶者以外の相続人が各自単独で行使することができることとしていたが，この点については，配偶者以外の相続人の共有持分の過半数をもって決することとすることも考えられる。

86　第1章　配偶者の居住の権利

Q38 配偶者短期居住権に関する事例問題(1)

新法下で，次の事例における被相続人Aの配偶者Bの居住の権利はどうなるか。

---

(1)　Aは遺言を残さずに死亡した。
(2)　相続財産は自宅の土地・建物及び銀行預金である。
(3)　Aは相続開始当時，自宅で配偶者Bと居住していた。子のC，Dは既に独立している。
(4)　相続開始から1年後にB，C，D間で次のような内容の遺産分割協議が成立した。
　①　自宅の土地・建物はBが単独で相続する。
　②　預金はC，Dが各2分の1の割合で相続する。

Bは，相続開始時から遺産分割協議が成立するまでの間は配偶者短期居住権を有し，それ以後は，建物の所有者として居住の権利を有する。

解　説

新法第1037条第1項によれば，配偶者は被相続人の財産に属した建物に相続開始の時に無償で居住していた場合には，その居住建物取得者に対し，配偶者短期居住権を取得する。その存続期間は，居住建物について配偶者を含む共同相続人間で遺産の分割をすべき場合は，遺産の分割により居住建物の帰属が確定した日又は相続開始の時から6か月を経過する日のいずれか遅い日までである。本問では，被相続人A所有の自宅にAと配偶者Bが居住していたのであるから，配偶者短期居住権の成立要件が満たされているものと解される。なお，本問ではAは遺言を作成していないから，相続開始時から遺産分割協議が成立するまでの間は，自宅の土地・建物についてB，C及びD

の遺産共有関係が存在している。配偶者が共有持分を有する建物について，配偶者居住権が成立する場合の債務者は「配偶者を含む共有者全員」であるという考え方（**Q**13参照）が配偶者短期居住権にも当てはまるとすれば，Bは，建物について，C及びDに加えてB自身を債務者とする使用借権類似の配偶者短期居住権を取得することとなる。ただし，配偶者居住権について配偶者自身を債務者に加えたのは主として第三者対抗力の取得に支障をきたさないようにするためであるから，第三者対抗力を有しない配偶者短期居住権についてそのような考慮は不要であるとして，配偶者以外の相続人が債務者になるという解釈も成り立つであろう。

　そして，本問では自宅の土地・建物はBが単独で相続する旨の遺産分割協議が成立しているので，それ以後，Bは建物の所有者として居住の権利を有することとなる。

88　第1章　配偶者の居住の権利

配偶者短期居住権に関する事例問題(2)

新法下で，次の事例における被相続人Ａの配偶者Ｂの居住の権利はどうなるか。

---

(1)　Ａは「店舗を兼ねる自宅の土地・建物は家業を継ぐＣに相続させる」旨の遺言を残して死亡した。
(2)　相続財産は自宅の土地・建物及び銀行預金である。
(3)　自宅にはＡ，Ｂが居住し，Ｃは近所から店舗に通っていた。
(4)　相続開始から１年後に次のような内容の遺産分割協議が成立した。
　①　預金はＢ，Ｃ，Ｄの法定相続分の割合で分割する。
　②　Ｂは，終身の間，無償で，自宅建物に居住することができる権利（配偶者居住権）を取得する。

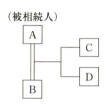

　Ｂは，遺産分割協議が成立するまでの間は配偶者短期居住権を有し，遺産分割協議成立以後は配偶者居住権を有する。

解　説

　本問では，Ａの「相続させる」旨の遺言の効力により，Ｃが新法第1037条第１項の「居住建物取得者」となっている。自宅建物に被相続人Ａとともに居住していたＢは，相続開始と同時に，Ｃに対する配偶者短期居住権を取得することとなる。その存続期間は，相続開始から１年後に遺産分割協議が成立するまでの間である（新法第1037条第１項第１号）。この遺産分割協議においてＢに配偶者居住権を取得させることが定められているので，Ｂは協議成立以後はＣを債務者とする配偶者居住権を有することとなる（新法第1028条

第1項第1号）。Bがこの権利を第三者に対抗するためには登記をする必要が
ある。なお，Bが配偶者居住権を取得することにより配偶者短期居住権は消
滅する（新法第1039条）。

配偶者短期居住権に関する事例問題(3)

Q38及びQ39において，相続開始時から遺産分割協議が成立するまでの間に下記の費用が生じた場合，新法下では，誰がその費用を負担するか。

(1) 自宅土地・建物の固定資産税
(2) 高齢のBのために自宅をバリアフリー化するリフォーム工事の費用

建物の固定資産税はBが負担する。土地の固定資産税は，Q38においてはB，C，Dが負担し，Q39においてはCが負担する。リフォーム工事の費用はQ38においてはB，C，Dが負担し，Q39においてはCが負担する。

解　説

固定資産税は通常の必要費である。新法第1041条が準用する第1034条第1項によれば，居住建物の通常の必要費は配偶者が負担する。したがって，建物については配偶者短期居住権を有するBが負担し，土地の固定資産税は土地の所有者が負担する。すなわち，**Q38**においては共有者であるB，C，Dが法定相続分の割合に応じて負担し，**Q39**においては土地・建物を単独で相続したCが負担する。

リフォーム工事の費用は有益費であるから，建物所有者が負担する。すなわち，**Q38**においては共有者であるB，C，Dが法定相続分の割合に応じて負担し，**Q39**においては土地・建物を単独で相続したCが負担する。ただし，その費用が高額である場合において一括償還が困難であるときは，C又はDの請求により，裁判所は相当の期限の許与をすることができる（新法第1041条，第1034条第2項）。

配偶者短期居住権に関する事例問題(4)

Q41 Q38において，相続開始時から遺産分割協議が成立するまでの間にBの体調が悪化し，姪のEが介護のために同居することとなった場合，Bの短期居住権に何らかの影響が及ぶか。なお，Eが同居することについてC及びDの承諾は得られていないものとする。

A
Eの同居はBの短期居住権に影響を及ぼさない。

解 説

新法第1038条第2項によれば，配偶者は居住建物取得者の承諾を得なければ，第三者に居住建物の使用をさせることができないものとされている（配偶者の自己使用義務）。そして，配偶者がこの規定に違反したときは，居住建物取得者は，配偶者に対する意思表示によって配偶者短期居住権を消滅させることができるものとされている（新法第1038条第3項）。ここでの「第三者」は配偶者以外の者であって，独立の占有主体の地位を有する者をいい，占有補助者は含まれない。配偶者を介護するために同居する親族等は配偶者の占有補助者であって，独立の占有主体の地位を有する「第三者」には該当しない（中間試案補足説明第1-1説明2(1)ウ(注)）。したがって，Eが介護のために居住建物取得者C，Dの承諾なく同居することとなっても，配偶者Bは新法第1038条第2項の自己使用義務に違反したことにはならず，C，DはBに対して配偶者短期居住権を消滅させる旨の意思表示をすることができない。

使用貸借・賃貸借・配偶者居住権の規定の準用

配偶者短期居住権に関する規律のうち、他の条文が準用されている事項は何か。

(1)配偶者の死亡による配偶者短期居住権の消滅、(2)配偶者に対する損害賠償請求等の期間制限、(3)居住建物の滅失による配偶者短期居住権の消滅、(4)配偶者短期居住権の譲渡禁止、(5)居住建物の修繕等、(6)居住建物の費用負担に関する条文が準用されている。

◀ 解　説 ▶

新法第1041条は、使用貸借に関する第597条第3項及び第600条、賃貸借に関する第616条の2、配偶者居住権に関する新法第1032条第2項、第1033条及び第1034条の規定を配偶者短期居住権に準用している。これらの準用条文を配偶者短期居住権に適合するように読み替えたものを次に掲げる。

(1) 使用貸借に関する第597条第3項（平成29年改正）の準用
　配偶者短期居住権は、配偶者の死亡によって、その効力を失う。

(2) 使用貸借に関する第600条（平成29年改正）の準用
　① 配偶者短期居住権の本旨に反する使用によって生じた損害の賠償及び配偶者が支出した費用の償還は、居住建物取得者が返還を受けた時から1年以内に請求しなければならない。
　② 前項の損害賠償の請求権については、居住建物取得者が返還を受けた時から1年を経過するまでの間は、時効は完成しない。

(3) 賃貸借に関する第616条の2（平成29年改正）の準用
　居住建物の全部が滅失その他の事由により使用することができなくなった

3 配偶者短期居住権　*93*

場合には，配偶者短期居住権は，これによって消滅する。

⑷　**配偶者居住権に関する新法第1032条第2項の準用**

　配偶者短期居住権は，譲渡することができない。

⑸　**配偶者居住権に関する新法第1033条の準用**

　①　配偶者は，居住建物の使用に必要な修繕をすることができる。

　②　居住建物の修繕が必要である場合において，配偶者が相当の期間内に必要な修繕をしないときは，居住建物取得者は，その修繕をすることができる。

　③　居住建物が修繕を要するとき（第1項の規定により配偶者が自らその修繕をするときを除く。），又は居住建物について権利を主張する者があるときは，配偶者は，居住建物取得者に対し，遅滞なくその旨を通知しなければならない。ただし，居住建物取得者が既にこれを知っているときは，この限りでない。

⑹　**配偶者居住権に関する新法第1034条の準用**

　①　配偶者は，居住建物の通常の必要費を負担する。

　②　配偶者が居住建物について前項の必要費以外の費用を支出したときは，居住建物取得者は，第196条の規定に従い，その償還をしなければならない。ただし，有益費については，裁判所は，居住建物取得者の請求により，その償還について相当の期限を許与することができる。

第2章 遺産分割に関する見直し

1 婚姻期間が20年以上の夫婦間における居住用不動産の遺贈又は贈与

Q43 新法第903条第4項の概要

新設された新法第903条第4項はどのような規定か。

　婚姻期間が20年以上である夫婦の一方配偶者が，他方配偶者に対し，その居住用建物又はその敷地（居住用不動産）を遺贈又は贈与した場合においては，新法第903条第3項の持戻しの免除（特別受益の持戻しの免除）の意思表示があったものと推定し，遺産分割においては，原則として当該居住用不動産について特別受益の持戻し計算を不要とする規定である。

◀ 解　説 ▶

【旧】	【新】
（特別受益者の相続分） 第903条　共同相続人中に，被相続人から，遺贈を受け，又は婚姻若しくは養子縁組のため若しくは生計の資本として贈与を受けた者があるときは，被相続人が相続開始の時において有した財産の価額にその贈与の価額を加えたものを相続財産とみなし，前三条の規定により算定した相続分の中からその遺贈又は贈与の価額を控除した残額をもってその者の相続分とする。 2　遺贈又は贈与の価額が，相続分の価額に等しく，又はこれを超えるときは，受	（特別受益者の相続分） 第903条　共同相続人中に，被相続人から，遺贈を受け，又は婚姻若しくは養子縁組のため若しくは生計の資本として贈与を受けた者があるときは，被相続人が相続開始の時において有した財産の価額にその贈与の価額を加えたものを相続財産とみなし，第900条から第902条までの規定により算定した相続分の中からその遺贈又は贈与の価額を控除した残額をもってその者の相続分とする。 2　（同左）

96   第2章　遺産分割に関する見直し

遺者又は受贈者は，その相続分を受けることができない。 3　被相続人が前二項の規定と異なった意思を表示したときは，その意思表示は，遺留分に関する規定に違反しない範囲内で，その効力を有する。 （新設）	3　被相続人が前二項の規定と異なった意思を表示したときは，その意思に従う。 4　婚姻期間が20年以上の夫婦の一方である被相続人が，他の一方に対し，その居住の用に供する建物又はその敷地について遺贈又は贈与をしたときは，当該被相続人は，その遺贈又は贈与について第1項の規定を適用しない旨の意思を表示したものと推定する。

　新設された新法第903条第4項は，婚姻期間が20年以上である夫婦の一方配偶者が，他方配偶者に対し，その居住用建物又はその敷地（居住用不動産）を遺贈又は贈与した場合については，新法第903条第3項の持戻しの免除（特別受益の持戻しの免除）の意思表示があったものと推定することで，当該居住用不動産の価額を特別受益として扱わずに計算をすることができるようするものである。特別受益の持戻し計算（新法第903条第1項）をする必要がなくなる結果，居住用不動産の遺贈又は贈与を受けた配偶者は，より多くの財産を最終的に取得できることとなる（追加試案補足説明第2‐1）。

1 婚姻期間が20年以上の夫婦間における居住用不動産の遺贈又は贈与　　97

新法第903条第4項が新設された理由

婚姻期間20年以上の夫婦の一方から他の一方に対する居住用不動産の遺贈又は贈与について、特別受益の持戻し免除の意思表示を推定する旨の規定（新法第903条第4項）が新設された理由は何か。

配偶者の死亡により残された他方配偶者の生活保障の必要性が高まっていること、遺贈等をした被相続人の意思を尊重した取扱いができるようにすることが理由である。

◀ 解　説 ▶

中間試案では、一定の婚姻期間（20年ないし30年）を経過した夫婦について配偶者の法定相続分を引き上げる改正案等が提示されていたが、パブリックコメントで反対意見が多数を占めたため、この改正は見送られた。

しかしながら、高齢化社会の進展等の社会情勢に鑑みるなら、配偶者の死亡により残された他方配偶者の生活について配慮すること自体は必要かつ有益である。

また、配偶者の貢献を相続の場面で評価することには限界があるため、生前贈与や遺贈を促進することが望ましい。そこで、相続分引上げの代替策として新設されたのが持戻し免除の推定規定である。すなわち、婚姻期間が20年以上の夫婦の一方である被相続人が、他の一方に対し、その居住の用に供する建物又はその敷地について遺贈又は贈与をしたときは、被相続人がいわゆる特別受益の持戻し免除する意思表示をしたものと推定することとされている（新法第903条第4項）。この推定規定により特別受益の持戻し計算（民法第903条第1項）をする必要がなくなる結果、居住用不動産の遺贈又は贈与を受けた配偶者は、より多くの財産を最終的に取得できることとなる（追加試案補足説明第2-1）。

これにより、配偶者の生活保障が厚くなり、老後の生活保障の趣旨で遺贈

等がなされた場合の被相続人の意思が尊重され，また，配偶者の長年にわた
る貢献に報いる趣旨で遺贈等がなされた場合の被相続人の意思が尊重される
結果となる。

1 婚姻期間が20年以上の夫婦間における居住用不動産の遺贈又は贈与　99

新法第903条第4項を適用した場合の具体例

新設された新法第903条第4項を適用することで，居住用不動産の遺贈又は贈与を受けた配偶者がより多くの財産を最終的に取得できることになるというのは，具体的にはどういうことか。

　例えば，相続人が配偶者と子二人（長男と長女），遺産が預貯金（6,000万円）であった場合において，配偶者が被相続人から生前に居住用不動産（評価額3,000万円）の贈与を受けていた場合（以下「設例」という。），特別受益の持戻し計算をする場合にあっては，配偶者は1,500万円しか取得できないが，持戻し計算が不要となれば配偶者は3,000万円を取得することができる。

◀　解　　説　▶

　旧法と同様，新法においても，各相続人の相続分を算定するに当たっては，原則として，相続人に対する贈与の目的財産を相続財産とみなした上で，相続人が贈与又は遺贈によって取得した財産は特別受益に当たるものとして，当該相続人の相続分の額からその財産の価額を控除することとされている（民法第903条第1項）。

　設例では，配偶者が被相続人から生前に居住用不動産（評価額3,000万円）の贈与を受けているため，配偶者の取り分は，原則として次のとおり計算することとなる。

　　（6,000万円＋3,000万円）×1/2－3,000万円＝1,500万円

　生前の贈与分についても相続財産とみなされる結果，最終的な取得額は4,500万円（生前の贈与分3,000万円＋相続時取得分1,500万円）となり，結局，贈与があった場合とそうでなかった場合とで，最終的な取得額に差異がないこととなってしまう。

　婚姻期間が長期にわたる配偶者の一方が他の一方に対し居住用不動を贈与

した場合，当該贈与は配偶者の長年にわたる貢献に報いるとともに，老後の生活保障の趣旨で行われる場合が多いと思われるが，配偶者が最終的に取得する財産額が結果的に贈与がなかった場合と同じになってしまうのでは，被相続人が贈与を行った趣旨が遺産分割の結果に反映されず問題である。

　こうした問題意識を踏まえ，新法第903条第4項が新設されたが，当該規定が適用されることを前提にした場合，設例における配偶者の取り分は次のとおり計算することができる。

　　(6,000万円＋0円)×1/2－0円＝3,000万円

　このように，特別受益の持戻し計算を不要とすれば，配偶者がより多くの財産を取得することができるのである。

Q46 配偶者の法定相続分引上げの議論

今般の相続法改正では、配偶者の法定相続分が引き上げられると聞いていたが、どのような改正がなされたか。

配偶者の法定相続分の引上げは実現しなかった。

社会情勢の変化に伴い、従来の相続制度では実質的公平を欠く場合が増えてきていることから、配偶者の法定相続分の引上げが検討されていたが、これに対しては被相続人の財産形成に貢献し得るのは配偶者だけではなく、それ以外の相続人や、さらには内縁関係にある者にも貢献が認められることがあり得るのであって、配偶者の相続分のみを一律に増加させることは相当でないなど、見直しの方向性自体に反対する意見が多数を占めたことから改正は見送られている。

◀ 解　説 ▶

従来の相続制度では、配偶者の具体的な貢献の程度は寄与分の中で考慮され得るにすぎず、基本的には法定相続分によって形式的・画一的に遺産の分配を行うこととされている。しかし、相続人となる配偶者の中には、婚姻期間が長く、被相続人と同居してその日常生活を支えてきたような者もいれば、老齢になった後に再婚した場合等婚姻期間が短い者もおり、また、形式的には婚姻期間が長期にわたる場合であっても、別居期間が長く実質的な婚姻生活はそれほどなかったような者もいるなど、被相続人の財産の形成又は維持に対する寄与の程度は様々であると考えられる。そして、近時の高齢化社会の進展や、高齢者の再婚の増加に伴い、寄与の程度に関するこれらの差異は拡大する傾向にあるものと考えられることからすると、配偶者の貢献の程度を現行制度以上に反映させることを可能にする方策につき検討すべきであるといえる。これが、配偶者の法定相続分を引き上げることが検討された理由である（中間試案補足説明第2-1参照）。

102　第2章　遺産分割に関する見直し

　しかし，パブリックコメントの結果，配偶者の相続分を見直すことについては，①配偶者の相続分を現行制度以上に引き上げなければならないとする立法事実が明らかでない，②被相続人の財産形成に貢献し得るのは配偶者だけではなく，それ以外の相続人や，さらには内縁関係にある者にも貢献が認められることがあり得るのであって，配偶者の相続分のみを一律に増加させることは相当でない，③夫婦の関係や配偶者の貢献の程度は様々であって，そのような差異を過不足なく反映する制度を設計することは困難であり，配偶者の貢献を相続において考慮するためには，一律に配偶者の相続分を引き上げるのではなく，遺言や寄与分制度など，他の方法による方が妥当である，などの反対意見が多数を占めた。そのため，配偶者の法定相続分を引き上げる改正は見送られることとなった（部会資料14第2-1）。

　もっとも，配偶者保護のための方策を検討するという方向性自体は必要かつ有益であり，配偶者の相続分の引上げに代わる別の方策を含めて検討すべきであるという指摘が相次いでなされたことや，配偶者の貢献を相続の場面で評価することには限界があるため，生前贈与や遺贈を促進する方向での検討もされるべきではないかといった指摘を踏まえ，特別受益の持戻しの免除の意思表示があったものと推定する規定（新法第903条第4項）が置かれることとなった（追加試案補足説明第2-1）。

婚姻期間の要件が「20年以上」とされた理由

居住用不動産の遺贈又は贈与について特別受益の持戻し免除の意思表示を推定する旨の規定（新法第903条第4項）において，夫婦の婚姻期間の要件が「20年以上」とされた理由は何か。

長期間婚姻関係にある夫婦については，通常，一方配偶者が行った財産形成における他方配偶者の貢献・協力の度合いが高いものと考えられたことによる。また，相続税法上の贈与税の特例に倣い「20年以上」とされた。

◀ 解　説 ▶

長期間婚姻関係にある夫婦については，通常，一方配偶者が行った財産形成における他方配偶者の貢献・協力の度合いが高いものと考えられ，そのような状況にある夫婦が行った贈与等については，類型的に，当該配偶者の老後の生活保障を考慮して行われる場合が多いといえ，民法上も特段の配慮をする必要があるといえることから婚姻期間の要件が設けられることとなった（追加試案補足説明第2-1説明2）。

ところで，現行相続税法上の贈与税の特例として，婚姻期間が20年以上の夫婦の間で，居住用不動産又は居住用不動産を取得するための金銭の贈与が行われた場合，基礎控除（110万円）のほかに最高2,000万円まで配偶者控除ができるという特例が設けられている（相続税法第21条の6）。これは，①夫婦の財産は夫婦の協力によって形成されたものであるという考え方から夫婦間においては一般に贈与という認識が薄いこと，②配偶者の老後の生活保障を意図して贈与される場合が多いことなどを考慮して設けられたものであると説明されている（部会資料15第2-2（注3））。この制度は，高齢化社会の進展等の社会情勢に鑑み，配偶者の死亡により残された他方配偶者の生活について配慮するものといえるが，民法上も，配偶者に対して行われた居住用不動産の遺贈又は贈与について，贈与税の特例と同様の観点から一定の措置

を講ずることは，贈与税の特例と相まって配偶者の生活保障をより厚くすることに資するものと考えられる。

　以上の観点から，相続税法上の贈与税の特例に倣い「20年以上」とされた。

　なお，贈与税の特例は居住用不動産の生前贈与を対象としたものであるが，居住用不動産の遺贈についても高齢配偶者の生活保障の観点からされる場合が多いものと考えられることから，新法第903条第4項では遺贈も持戻し免除の推定の対象としている（追加試案補足説明第2-1）。

Q48 居住用不動産のみが推定の対象とされた理由

婚姻期間20年以上の夫婦の一方から他の一方に対する遺贈又は贈与について特別受益の持戻し免除の意思表示を推定する旨の規定（新法第903条第4項）において，対象となる相続財産が「居住の用に供する建物又はその敷地」に限定された理由は何か。

居住用不動産については老後の生活保障という観点で特に重要なものであるといえること，他方で，その他の財産も含めるとすると配偶者以外の相続人に与える影響も大きいこと等から，居住用不動産に限定することとされた。

◀ 解 説 ▶

部会における審議の過程では，対象財産を居住用不動産に限定することの是非についても議論されたが，結局限定する案が採用された。その理由は以下のとおりである（部会資料18第2－1補足説明1）。

① 居住用不動産については老後の生活保障という観点で特に重要なものである。
② その他の財産も含めるとすると，配偶者以外の相続人に与える影響が大きい。
③ 居住用不動産以外の財産を贈与する場合というのは様々なケースが考えられ，長期間婚姻関係にある配偶者が，他方配偶者にこれらの財産を生前贈与したとしても，持戻し免除の意思表示を有しているとは一概に言い切れない。

なお，①と関連するものとして，成年被後見人の居住用不動産を成年後見人が処分する際には家庭裁判所の許可を要するものとされている（民法第859条の3）など，既に民法においても居住用不動産については生活保障の観点から特に重要な財産であるという位置付けがなされている。

居住用要件の基準時

Q49 新法第903条第4項の規定に基づき，特別受益の持戻し免除の意思表示が推定されるのは「居住の用に供する建物又はその敷地について遺贈又は贈与をしたとき」に限られているが，居住用要件はいつの時点で充足していることを要するか。

贈与等の時点で居住の用に供していれば足り，相続開始時に居住の用に供していることを要しない。

◀ 解　説 ▶

　新法第903条第4項は，贈与等を行った被相続人の持戻し免除の意思を推定する規定であるから，その要件の充足の判断についても被相続人が持戻し免除の意思を有した蓋然性の高い時点を基準時とすべきものと解される。一般に，贈与等を行った被相続人がその後死亡するまでの間に当該贈与等について何らかの意思表示をするとは考えにくく，贈与等をした時点こそが持戻し免除の意思を有した蓋然性の最も高いといえる。したがって，居住用要件の判断の基準時は，贈与等をした時点を基準時とすべきであると考えられる。なお，贈与等の時を基準時とすると，転居を繰り返すことによって，複数の不動産が本規定の推定の対象となることもあり得るが，一般に，一度居住用不動産の贈与をした者が，転居をし，その後また居住用不動産の贈与をした場合には，先の贈与については相手方配偶者の老後の生活保障のために与えたという趣旨は撤回されたものと考えられ，明示又は黙示に持戻し免除をしないという意思が認められる場合も多いのではないかとも考えられる（追加試案補足説明第2－1説明2（注2））。

居住の用に供する予定の不動産

現に居住の用に供してはいないが，近い将来居住の用に供する建物又はその敷地について遺贈又は贈与をした場合に，新法第903条第4項の規定による特別受益の持戻し免除の意思表示は推定されるか。

当該規律による推定が及ぶと解釈する余地がある。

◀ 解　説 ▶

　Q47で紹介した贈与税の特例の趣旨（①互いに協力して財産を形成した夫婦間においては一般に贈与という認識が薄いこと，②配偶者の老後の生活保障を意図して贈与される場合が多いことなどを考慮して設けられた特例である。）は，新法第903条第4項の持戻し免除の意思表示の推定規定にも含まれている。この趣旨に照らすなら，贈与等の時点で居住の用に供していなかったとしても，贈与等の時点で近い将来居住の用に供する目的で贈与等をした場合についても，本規定による推定が及ぶとの解釈をすることができるものと考えられる。なお，成年被後見人の居住用不動産の処分についての家庭裁判所の許可を定めた民法第859条の3の解釈においても，現に居住の用に供していなくても，居住の用に供する予定があれば足りると解されている（追加試案補足説明第2-1説明2（注2））。

店舗を伴う居宅

居宅兼店舗である建物について贈与がされた場合，新法第903条第4項の規律は適用されるか。

　少なくとも居住用部分は新法第903条第4項の規律の適用があると考えられるが，その余（店舗等）の部分についてまで当該規律の適用があるといえるか否かは，当該不動産の構造や形態，さらには被相続人の遺言の趣旨等によって判断が異なり得ると解される。

◀　解　説　▶

　部会の審議では，少なくとも居住用部分は新法第903条第4項の規律の適用があると考えるのが相当であるとした上で，その余（店舗等）の部分についてまで同項の規律の適用があるといえるかについては，居住用部分については同項の規律の適用があることを前提に，その余の部分についても事実上の推定が働くと考えるか，あるいは，その余の部分については別途独立に持戻し免除の意思表示を検討することになるのかといった点は，当該不動産の構造や形態，さらには被相続人の遺言の趣旨等によっても判断が異なり得ると示されている（追加試案補足説明第2-1説明2（注1）参照）。

　なお，参考になるものとして，贈与税の特例については，居住用部分から優先的に贈与を受けたものとして配偶者控除を適用して申告することができ，また，居住用部分がおおむね90パーセント以上の場合は全て居住用不動産として扱うことができることとされている（国税庁タックスアンサーNo.4455）。

Q52 効果を「推定」とした理由

婚姻期間20年以上の夫婦の一方から他の一方に対する居住用不動産の遺贈又は贈与について、法律で一律に特別受益の持戻しを不要とするのではなく、被相続人の免除の意思表示を推定することとしたのはなぜか。

A

配偶者の老後の生活保障と被相続人の財産処分権の尊重との調和を図るためである。

◀ 解　説 ▶

部会の審議では、持戻し免除をするか否かについて被相続人の意思と関係なく、長期間婚姻関係にある夫婦間で行われた一定の贈与等について持戻し計算をしないことを法定する案も提示された。しかし、この案によると、被相続人が居住用不動産を生前贈与したいが、遺産分割においてはこれを特別受益と扱ってほしいという意思を有していた場合に、これを実現することができないこととなり、被相続人の財産処分権に対して大きな制限が加えられることになる。配偶者の老後の生活を保障するためとはいえ、そこまでの効果を認めることに合理性があるといえるか疑問があることから、最終的には被相続人の持戻し免除の意思表示を推定する案に落ち着いた。

Q53 被相続人が推定を覆す方法

婚姻期間20年以上の夫婦の一方Aが他の一方Bに対して居住用不動産を遺贈する旨の遺言を作成した場合において、Aが持戻し免除の意思表示の推定を排除するにはその旨の意思表示を遺言で行う必要があるか。

遺言による必要はない。

◀ 解　説 ▶

　遺贈に係る持戻しの免除の意思表示（民法第903条第3項）については、遺言で行わなければならないと解する立場（遺言必要説）と遺言で行う必要はないと解する立場（遺言不要説）の対立があり、遺言必要説が有力である。遺言必要説を前提とした場合、婚姻期間20年以上の配偶者に対して居住用不動産を遺贈する旨の遺言を作成した者が「持戻し計算をしてもらいたい」と考えた場合の、その意思表示（新法第903条第4項の規定による法律上の推定を排除する旨の意思表示）は、遺言によらなくてよいのかが問題となる。

　この点、次の二つの理由から、遺言による必要はないと考えられる（部会資料18第2－1補足説明1（注3））。

① 遺贈の物上代位に関する民法第999条や債権の遺贈の物上代位に関する第1001条が、一定の場合に、遺贈に係る遺言者の意思を推定する規定を設けていることからすると、遺贈に係る持戻しの免除の意思表示について遺言必要説を採用することと、遺言者の意思を法律上推定する規定を設けた上でその推定を排除する旨の意思表示を遺言以外の方法でもできると解することとの間に矛盾は生じないと考えられる。

② 民法第999条等の解釈においても、遺言者の別段の意思表示があるときはそれに従うべきであり、また、遺言者の意思が法律上の推定に反すると認められるときは反証をすることができるとの解釈がされている。

1　婚姻期間が20年以上の夫婦間における居住用不動産の遺贈又は贈与　　*111*

持戻し免除の意思表示の推定と遺留分の関係

持戻し免除の意思表示の推定規定を適用した結果が他の相続人の遺留分を害する場合には，遺留分侵害額請求の対象となるか。

対象となる。

◀ 解　説 ▶

　持戻し免除の意思表示の推定規定は配偶者の老後の生活を保障する上で重要な制度であるが，他方で配偶者以外の相続人の利益保護にも十分な配慮が必要である。遺留分制度は，相続人の最低限の取り分を保障するという意義を有するものである。また，贈与の種類に応じた遺留分侵害額請求の例外は設けられていない。したがって，持戻し免除の意思表示の推定規定を適用した結果が他の相続人の遺留分を害する場合には，遺留分侵害額請求（新法第1046条）の対象となるものと解される（部会資料15第2-2（注5））。

Q55 相続させる旨の遺言と新法第903条第4項の適用について(1)

Aは，Bとの婚姻期間が30年となったのを機に「自宅の土地及び建物の所有権全部をBに相続させる」旨の遺言を作成し，その後死亡した。この遺言によるBの不動産取得について，持戻し免除の意思表示の推定規定（新法第903条第4項）は適用されるか。

適用されるものと解される。

◀ 解　説 ▶

　新法第903条第4項が規定する持戻し免除の意思表示の推定は，居住の用に供する建物又はその敷地の「遺贈又は贈与」を対象としており，その文言上，「相続させる」旨の遺言は含まれていない。

　他方，特定の相続人に特定の相続財産を「相続させる」旨の遺言は，遺贈があったと解すべき特段の事情がない限り，遺産分割方法の指定を定めたものと解されるというのが判例の立場である（最判平成3年4月19日民集45巻4号477頁参照）。

　この判例理論によれば，新法第903条第4項の要件を満たし得る場合においてなされた「相続させる」旨の遺言については，遺贈があったと解すべき特段の事情があるものと認められ，持戻し免除の意思表示の推定規定を適用することができるものと解される（部会資料15第2-2（注6）（注7））。

Q 56　相続させる旨の遺言と新法第903条第4項の適用について(2)

配偶者に対する「相続させる旨の遺言」があった場合に、持戻し免除の意思表示の推定規定（新法第903条第4項）が適用されるとして、対象となった居住用不動産の所有権移転登記の際の登記原因は「遺贈」でよいか。

「相続」を登記原因とするのが相当であると考える。

◀ 解　説 ▶

Q55で解説したとおり、配偶者に対して「相続させる」旨の遺言がなされた場合であっても、遺贈があったと解すべき特段の事情があるものとして、持戻し免除の意思表示の推定規定が適用されるという結論を採用し得る。しかし、登記上は、あくまで「相続」を原因として所有権移転登記を申請するのが相当であると考える。なぜなら、部会における審議は、「持戻し免除の意思表示の推定規定を適用することができるか」という問題意識からのみ論じられており、登記手続上の諸問題に踏み込んだ検討はなされていないところ、「遺贈」を登記原因としなければならないとなると共同申請構造を履行する必要性が生じ、以下のような問題が生じ得る。

① 登記義務者（特に配偶者以外の相続人）の協力、印鑑証明書や登記識別情報の提供といった負担が伴うこと
② 持戻し免除により配偶者がより多くの財産を取得することに不満を抱いた相続人が登記手続に非協力的であることで、配偶者が自己の登記名義を迅速に取得することができない可能性があること
③ 新法第899条の2第1項を前提にすれば、配偶者が単独の登記名義を取得する前に第三者が当該不動産の登記名義を取得してしまった場合には、配偶者は法定相続分を超える部分については当該第三者に対抗できないこと

114　第２章　遺産分割に関する見直し

　これでは，老後の生活保障という制度趣旨が没却されかねないことから，登記上は，あくまで「相続」を原因として所有権移転登記を単独で申請できるものとすべきだからである。

　もっとも，上記見解はあくまでも執筆者の私見であるため，「遺贈」が登記原因となる可能性は捨てきれない。今後の実務の動向に注意を払う必要がある。

1　婚姻期間が20年以上の夫婦間における居住用不動産の遺贈又は贈与　　115

持戻し免除の意思表示の推定に関する経過措置

婚姻期間20年以上の夫婦の一方が他の一方に対して居住用不動産を贈与した後に贈与者が死亡した場合において、贈与契約後相続開始前に新法が施行されたときは、受贈者の特別受益について新法第903条第4項による持戻し免除の意思表示の推定の規定は適用されるか。

適用されない。

◀ 解　　説 ▶

　婚姻期間が20年以上の夫婦の一方である被相続人が、他の一方に対し、その居住の用に供する建物又はその敷地について遺贈又は贈与をしたときは、当該被相続人は、その遺贈又は贈与について新法第903条第1項の規定を適用しない旨（新法第903条第4項による持戻し免除）の意思を表示したものと推定される（新法第903条第4項）。ただし、新法第903条第4項の規定は、新法施行日前にされた遺贈又は贈与については、適用されない（改正法附則第4条）。したがって、本問の場合には、贈与（契約）が新法施行日前にされているため、新法第903条第4項による持戻し免除の意思表示の推定の規定は、適用されないこととなる。

【図表12】　持戻し免除の意思表示の推定に関する経過措置

2 仮払い制度等の創設・要件明確化

平成28年最大決の影響

下記の判例は，相続関係の法改正にどのような影響を及ぼしたか。

> 最大決平成28年12月19日民集70巻8号2121頁
> 共同相続された普通預金債権，通常貯金債権及び定期貯金債権は，いずれも，相続開始と同時に当然に相続分に応じて分割されることはなく，遺産分割の対象となる。

仮払い制度が新設される契機となった。

◀ 解　説 ▶

　最大決平成28年12月19日民集70巻8号2121頁は，従前の判例を変更し，預貯金債権が遺産分割の対象に含まれるとの判断を示した。

　平成28年最大決前は，預貯金債権については，相続開始と同時に当然に各共同相続人に分割され，各共同相続人は分割により自己に帰属した債権を単独で行使することができるものと解されていたが，平成28年最大決後は，遺産分割までの間は，共同相続人全員が共同して行使しなければならないこととなった。

　これにより，①共同相続人において被相続人が負っていた債務の弁済をする必要がある，②被相続から扶養を受けていた共同相続人の当面の生活費を支出する必要がある，等の事情により被相続人が有していた預貯金を遺産分割前に払い戻す必要があるにもかかわらず，共同相続人全員の同意を得ることができない場合に払い戻すことができないという不都合が生ずるおそれが

あることとなった。

　そこで，相続された預貯金債権について，相続債務の弁済，生活費や葬儀費用の支払等の資金需要に対応できるよう，遺産分割前の仮払いを認める制度が創設されるに至った。

平成28年最大決が従来の判例を変更した理由

Q59 平成28年最大決が従前の判例を変更し，預貯金債権が遺産分割の対象に含まれるとの判断を示したのはなぜか。

　預貯金債権は現金同様，具体的な遺産分割の方法を定めるに当たっての調整に資する財産であるといえるし，遺産分割の対象に取り込むことによって，特別受益や寄与分による調整が可能となり相続人間の公平を図ることができる。こうした観点から，平成28年最大決は従前の判例を変更した。

◀ 解　　説 ▶

　最大決平成28年12月19日は，預貯金債権が遺産分割の対象に含まれるとの判断を示すに当たって，その理由として，以下のような点を挙げている。
① 　預貯金一般の性格
　　現金のように，評価についての不確定要素が少なく，具体的な遺産分割の方法を定めるに当たっての調整に資する財産を遺産分割の対象とすることに対する要請も広く存在する。調整に資する財産を遺産分割の対象に取り込むことによって，特別受益や寄与分による調整が可能となり相続人間の公平を図ることができる。
　　また，預貯金債権は，その存否及びその額につき争いが生じる事態は多くなく，預貯金は，預貯金者においても，確実かつ簡易に換価することができるという点で現金との差をそれほど意識させない財産であるといえる。
② 　普通預金及び通常貯金について
　　預貯金契約は，消費寄託の性質を有するが，口座に入金が行われるたびにその額についての消費寄託契約が成立し，その結果発生した預貯金債権は，口座の既存の預貯金債権と合算され，一個の預貯金債権として扱われるものであり，預貯金者が死亡した場合には，預貯金契約を解約しない限り，預貯金契約上の地位を準共有する共同相続人が全員で同一性を保持し

ながら常にその残高が変動し得るものとして存在し，各共同相続人に確定額の債権として分割されることはない。

③　定期貯金について

　定期貯金債権は，貯金の管理を容易にして，貯金に係る事務の定型化，簡素化を図る趣旨から分割払戻しが制限されているものと解されるが，この制限は，預入期間内には払戻しをしないという条件とともに定期貯金の利率が高いことの前提となっており，単なる特約ではなく定期貯金の要素というべきである。しかるに，定期貯金が相続によって分割されると解すると，それに応じた利子を含めた債権額の計算が必要になる事態を生じかねず，定期貯金に係る事務の定型化，簡素化を図るという趣旨に反する。

④　まとめ

　上記①から③を踏まえると，共同相続された普通預金債権，通常貯金債権及び定期貯金債権は，いずれも，相続開始と同時に当然に相続分に応じて分割されることはなく，遺産分割の対象となるものと解するのが相当である。

第2章 遺産分割に関する見直し

仮払い制度等の概要

新設された仮払い制度はどのような制度か。

大きく，二つの制度が創設されている。一つは，家事事件手続法の保全処分の要件を緩和する制度であり，一つは，家庭裁判所の判断を経ないで預貯金の払戻しを認める制度である。

◀ 解　説 ▶

【旧家事事件手続法】	【新家事事件手続法】
（遺産の分割の審判事件を本案とする保全処分） **第200条**　家庭裁判所（第105条第2項の場合にあっては，高等裁判所。次項において同じ。）は，遺産の分割の審判又は調停の申立てがあった場合において，財産の管理のため必要があるときは，申立てにより又は職権で，担保を立てさせないで，遺産の分割の申立てについての審判が効力を生ずるまでの間，財産の管理者を選任し，又は事件の関係人に対し，財産の管理に関する事項を指示することができる。 2　家庭裁判所は，遺産の分割の審判又は調停の申立てがあった場合において，強制執行を保全し，又は事件の関係人の急迫の危険を防止するため必要があるときは，当該申立てをした者又は相手方の申立てにより，遺産の分割の審判を本案とする仮差押え，仮処分その他の必要な保全処分を命ずることができる。 （新設）	（遺産の分割の審判事件を本案とする保全処分） **第200条**　家庭裁判所（第105条第2項の場合にあっては，高等裁判所。次項及び第3項において同じ。）は，遺産の分割の審判又は調停の申立てがあった場合において，財産の管理のため必要があるときは，申立てにより又は職権で，担保を立てさせないで，遺産の分割の申立てについての審判が効力を生ずるまでの間，財産の管理者を選任し，又は事件の関係人に対し，財産の管理に関する事項を指示することができる。 2　（同左） 3　前項に規定するもののほか，家庭裁判所は，遺産の分割の審判又は調停の申立てがあった場合において，相続財産に属する債務の弁済，相続人の生活費の支弁その他の事情により遺産に属する預貯金

	債権（民法第466条の5第1項に規定する預貯金債権をいう。以下この項において同じ。）を当該申立てをした者又は相手方が行使する必要があると認めるときは，その申立てにより，遺産に属する特定の預貯金債権の全部又は一部をその者に仮に取得させることができる。ただし，他の共同相続人の利益を害するときは，この限りでない。
3　第125条第1項から第6項までの規定及び民法第27条から民法第29条まで（同法第27条第2項を除く。）の規定は，第1項の財産の管理者について準用する。この場合において，第125条第3項中「成年被後見人の財産」とあるのは，「遺産」と読み替えるものとする。	4　第125条第1項から第6項までの規定及び民法第27条から民法第29条まで（同法第27条第2項を除く。）の規定は，第1項の財産の管理者について準用する。この場合において，第125条第3項中「成年被後見人の財産」とあるのは，「遺産」と読み替えるものとする。

【旧民】	【新民】
（新設）	**（遺産の分割前における預貯金債権の行使）** **第909条の2**　各共同相続人は，遺産に属する預貯金債権のうち相続開始の時の債権額の3分の1に第900条及び第901条の規定により算定した当該共同相続人の相続分を乗じた額（標準的な当面の必要生計費，平均的な葬式の費用の額その他の事情を勘案して預貯金債権の債務者ごとに法務省令で定める額を限度とする。）については，単独でその権利を行使することができる。この場合において，当該権利の行使をした預貯金債権については，当該共同相続人が遺産の一部の分割によりこれを取得したものとみなす。

　家事事件手続法の保全処分の要件を緩和する制度は，預貯金債権の仮分割の仮処分について，新家事事件手続法第200条第2項の要件（事件の関係人の急迫の危険の防止の必要があること）を緩和し，家庭裁判所は，遺産の分割の審判又は調停の申立てがあった場合において，相続財産に属する債務の弁済，

122 　第２章　遺産分割に関する見直し

相続人の生活費の支弁その他の事情により遺産に属する預貯金債権を行使する必要があると認めるときは，他の共同相続人の利益を害しない限り，申立てにより，遺産に属する特定の預貯金債権の全部又は一部を仮に取得させることができるとするものである（新家事事件手続法第200条第３項）。

　家庭裁判所の判断を経ないで，預貯金の払戻しを認める制度は，新設された新法第909条の２（遺産の分割前における預貯金債権の行使）である。各共同相続人は，遺産に属する預貯金債権につき，一定の金額までならば，他の共同相続人の同意がなくても単独で払戻しをすることができる。

Q61 二つの仮払い制度を創設した理由

預貯金の仮払いについて、家事事件手続法と民法にそれぞれ内容の異なる二つの制度を創設したのはなぜか。

平成28年最大決の趣旨を活かしつつ、相続人の多様な資金需要に柔軟に対応することができるようにするためである。

◀ 解　説 ▶

　Q60で述べたとおり、遺産分割前における預貯金債権の行使（預貯金の仮払い）について、家事事件手続法では家庭裁判所の手続を必要とする慎重な制度（新家事事件手続法第200条第3項）が創設されるとともに、民法ではその手続を必要としないより簡易な制度（新法第909条の2）が創設されている。これらの改正の直接の契機となったのは、最大決平成28年12月19日であった。Q59で述べたとおり、平成28年最大決が預貯金債権を遺産分割の対象としたのは、具体的な遺産分割の方法を定めるに当たっての調整を容易にする財産を対象とすることによって共同相続人間の実質的公平を確保するためである。この趣旨を徹底しようとすれば、遺産分割の手続が終了するまで被相続人名義の預貯金口座は凍結し、相続人による債権行使を禁止すべきこととなる。他方で、相続債務の弁済や葬儀費用の支払に充てるため早急に預貯金の払戻しを受けたいという相続人のニーズも無視することはできない。この相続人のニーズには、①金額を限定することなく必要な額だけ権利行使したいというものと、②面倒な手続なしに権利行使したいというものが含まれている。このうち、①のニーズに応えるのが新家事事件手続法第200条第3項である。すなわち、遺産分割の調停又は審判の事件が係属していることを要件とし（本案係属要件）、家庭裁判所の審査を経なければならない代わりに、権利行使可能な金額に法定の上限を設けないこととされた。いわゆる「仮分割の仮処分」の要件を緩和したものである。これに対して、②のニーズに応えるの

124　第２章　遺産分割に関する見直し

が新法第909条の２である。小口の資金需要に簡易迅速に対応することに主眼を置いて，家庭裁判所の手続を不要とする代わりに金額に上限を設けている。法律上の上限は，相続開始時の預貯金債権の額×1/3×法定相続分であるが，別途，債務者（金融機関）ごとの限度額が法務省令で定められる。

　このように，手続的な制限又は金額的な制限を設けて調整用財産としての預貯金債権の安易な取崩しを防ぐことにより，平成28年最大決の趣旨を活かしつつ，相続人の資金需要にも柔軟に対応することができるようにしている。

【図表13】新家事事件手続法第200条第３項と民法第909条の２の比較

	新家事事件手続法第200条第３項 （仮分割の仮処分）	民法第909条の２
家庭裁判 所の手続	①　遺産分割の調停又は審判の申立てがあった場合であること（本案係属要件） ②　相続債務の弁済，相続人の生活費の支弁その他の事情により預貯金債権を申立人又は相手方が行使する必要があると認められること（必要性の要件）	なし
権利行使 できる者	調停又は審判の申立人又は相手方	各共同相続人
法律上の 上限額	なし	相続開始時の預貯金債権額の３分の１に当該共同相続人の法定相続分を乗じた額。ただし，標準的な当面の必要生計費，平均的な葬式の費用の額その他の事情を勘案して預貯金債権の債務者ごとに法務省令で定める額が上限となる。

Q62 新家事事件手続法第200条第3項における必要性の要件

預貯金債権の仮分割の仮処分の手続において、家庭裁判所はどのような場合に申立人又は相手方が「預貯金債権を行使する必要があると認める」ことができるか。

「相続財産に属する債務の弁済、相続人の生活費の支弁その他の事情」があると認められる場合である。なお、必要性の判断については、家庭裁判所の裁量に委ねることを前提としている。

◀ 解　説 ▶

新家事事件手続法第200条第3項本文においては、遺産分割前に預貯金の払戻しを認める必要性が類型的に認められる場合として、①「相続財産に属する債務の弁済」及び②「相続人の生活費の支弁」を例示列挙している。改正作業の過程では限定列挙とする案も検討されたが、ほかにも、③被相続人の葬式費用の弁済、④相続税の納付、⑤相続財産に係る共益費用の支払、⑥遺言により各相続人が負う遺贈義務の履行に必要な費用の支払、⑦第三者の債務を担保するために相続財産に抵当権など担保設定がされている場合に、その被担保債権に係る債務の弁済をする必要があるとき等、様々な資金需要があり得ることから、法文上は例示列挙にとどめ、具体的事案における必要性の認定は家庭裁判所の審査に委ねることとした（部会資料20第2-1補足説明1⑴）。

【必要性が認められ得る具体例】

①	相続財産に属する債務の弁済
②	相続人の生活費の支弁をする必要があるとき
③	被相続人の葬式費用の弁済
④	相続税の納付

126   第2章　遺産分割に関する見直し

⑤　相続財産に係る共益費用の支払

⑥　遺言により各相続人が負う遺贈義務の履行に必要な費用の支払

⑦　第三者の債務を担保するために相続財産に抵当権など担保設定がされている場合に，その被担保債権に係る債務の弁済をする必要があるとき

2 仮払い制度等の創設・要件明確化　127

 新家事事件手続法第200条第3項ただし書の具体例

新家事事件手続法第200条第3項ただし書にいう「他の共同相続人の利益を害するとき」とはどのような場合か。

　原則として，遺産の総額に法定相続分を乗じた額の範囲を超える仮払いとなる場合が「他の共同相続人の利益を害するとき」に当たるが，具体的な事情により，その範囲を超える仮払いが許容される場合もあり，逆にその範囲内であっても「他の共同相続人の利益を害するとき」に当たる場合もある。

◀ 解　説 ▶

　部会資料20第2－1補足説明1(2)で示された，新家事事件手続法第200条第3項ただし書の「他の共同相続人の利益を害するとき」に関する解釈論は以下のとおりである。
① 　預貯金の仮払いは，原則として，遺産の総額に法定相続分を乗じた額の範囲内で認めるべきである。相手方から特別受益の主張がある場合には，具体的相続分の範囲内で認めるべきである。
② 　被相続人の債務の弁済を行う場合など事後的な精算も含めることによって相続人間の公平が担保され得る場合には，上記①の額を超えた仮払いが認められることもあり得る。例えば，相続人がA，B，Cの3名（法定相続分は各1/3）で，積極財産が600万円（預金），弁済期が到来した相続債務が240万円あったとすると，Aの積極財産における取り分は200万円であるが，Aの申立てにより，預金のうち240万円をAに仮分割することも，場合によっては許容され得るものと思われる。
③ 　上記①の額の範囲内であっても仮払いを認めることが相当でなく，当該預貯金債権の額に法定相続分を乗じた額の範囲内に限定するのが相当な場合には，その部分に限定することもあり得る。例えば，預貯金債権のほかには，一応の資産価値はあるが市場流通性の低い財産が大半を占

めているため，他の共同相続人も預貯金債権の取得を希望することが多いと思われるような場合である。

Q64 預貯金の仮払いと本分割

新家事事件手続法第200条第3項により行われた預貯金の仮払い（仮分割の仮処分）の内容は，その後に行われる遺産分割の調停又は審判（本分割）においてどのように考慮されるか。

考慮されない。

◀ 解　説 ▶

　Q61で述べたとおり，新家事事件手続法第200条第3項では，他の家事事件の保全処分と同様に，預貯金債権の仮分割の仮処分を申し立てるに当たって遺産分割の調停又は審判の本案が家庭裁判所に係属していること（本案係属要件）を要求している。したがって，仮分割がされた後に本案の遺産分割（本分割）が行われることとなる。この本分割については，民事事件における保全と本案訴訟との関係と同様に，原則として，仮分割により申立人に預貯金の一部が給付されたとしても，本分割においてはそれを考慮すべきではなく，改めて仮分割された預貯金債権を含めて遺産分割の調停又は審判をすべきものと考えられる（最判昭和54年4月17日民集33巻3号366頁参照）。

　なお，仮分割により，特定の相続人が預貯金債権を取得し，その債務者（金融機関）から支払を受けた場合，債務者との関係では有効な弁済として扱われ，本分割において異なる判断が示されたとしても，債務者が行った弁済の有効性が事後的に問題となる余地はないものと考えられる（追加試案補足説明第2-2(1)説明2）。

　例えば，相続人がA，B，Cの3名（法定相続分は各1/3）で，相続財産が預金200万円，甲不動産（200万円分），乙不動産（200万円分）あり，Aの生活費のために上記預金債権200万円を仮払いする旨の仮分割をした場合であっても，本分割においては，下記のとおり，上記預金債権も含めて改めて分割する旨の審判をすることになるものと思われる。

130　第２章　遺産分割に関する見直し

【上記具体例の審判例】

　「被相続人の遺産を次のとおり分割する。

1　Aに，預金債権（200万円）を取得させる。

2　Bに，甲不動産を取得させる。

3　Cに，乙不動産を取得させる。」

Q65 共同相続人の権利行使額の上限

遺産の分割前における預貯金債権の行使に関する新法第909条の2が共同相続人の権利行使額に上限を設けているのはなぜか。

家庭裁判所の判断を経ずに権利行使がなされること、及び他の共同相続人の利益を守る必要があることが理由である。

◀ 解　説 ▶

新法第909条の2では、「相続開始の時の預貯金債権額の3分の1に、当該共同相続人の法定相続分を乗じた額」「預貯金債権の債務者ごとに法務省令で定める額」を限度としている。こうした限定を付した趣旨は、①裁判所の個別的判断を経ないでも定型的に預貯金の払戻しの必要性が認められる額に限定すべきであると考えられること、②上限額を設けないと、具体的相続分を超過した支払が行われた場合にその超過額が大きくなって、他の共同相続人の利益を害する程度が大きくなり、本決定の趣旨を没却するおそれがあることにある（追加試案補足説明第2-2(2)説明2）。

（計算式）

※　同一の金融機関に対する権利行使は、法務省令で定める額が限度となる。

Q66 複数の預貯金債権がある場合の権利行使額の上限（概説）

被相続人名義の預貯金口座が複数の金融機関にある場合，又は同一の金融機関に複数ある場合には，共同相続人の権利行使額の上限はどのように定められるか。

複数の金融機関に口座がある場合には各金融機関ごとに上限が定められ，同一の金融機関に口座が複数ある場合には当該金融機関について上限が定められる。

◀ 解　説 ▶

被相続人が有している預貯金債権「全体」を基準に上限を定めるという考え方を前提とするならば，複数の金融機関に口座がある場合には，その預金総額から上限額を算出することとなるが，新法第909条の2が前提とするのは，「金融機関ごと」に上限を定めるという考え方である。したがって，複数の金融機関に口座がある場合はその分上限額が増えることになる。他方で，同一の銀行にα口座，β口座といった複数の口座を保有する場合でも，「金融機関ごと」に上限を定めるという考え方に従えば上限額は変わらないことになる（追加試案補足説明第2-2(2)説明2参照）。

Q67 複数の預貯金債権がある場合の権利行使額の上限（具体例）

相続人がＡ，Ｂ，Ｃの三人（法定相続分は各1/3）で，相続財産がＸ銀行の預金600万円，Ｙ銀行（α口座）の預金600万円，Ｙ銀行（β口座）の預金600万円である場合において，Ａが生活費のために，Ｘ銀行及びＹ銀行の預金債権を単独で行使する場合，Ａは総額いくらまで権利行使できるか。「法務省令で定める額」が仮に100万円と定められたことを前提として検討するものとする。

総額166万6,666円まで権利行使できる。内訳は，Ｘ銀行につき66万6,666円，Ｙ銀行につき100万円までである。

◀ 解　説 ▶

新法第909条の2が前提とするのは，「金融機関ごと」に上限を定めるという考え方であるから，設例ではＸ銀行についての上限，Ｙ銀行についての上限を検討する必要がある。

まず，Ｘ銀行については，以下の計算となり66万6,666円まで権利行使できる。

　　600万円×1/3×1/3＝66万6,666円

次に，Ｙ銀行については，以下の計算となり，設例で仮に定めた上限100万円を超えることから，100万円まで権利行使できる。

　　（600万円＋600万円）×1/3×1/3＝133万3,333円

なお，要綱案のたたき台(2)までは100万円を上限とする提案がなされていたが，標準的な必要生計費や平均的な葬式の費用の額，その他の事情（高齢者世帯の貯蓄状況等）を勘案して上限額を定めるのが相当であるとして，法務省令で定めることとされた（部会資料24-2第2-2（補足説明）2(2)）。

Q68 新法第909条の2「債務者ごと」の根拠

遺産分割前に各共同相続人が行使することができる預貯金債権の上限額について、新法第909条の2かっこ書が「債務者ごと」に定めることとしたのはなぜか。

裁判所の個別的判断を経ないでも預貯金の払戻しの必要性が認められる部分に限定すべきであるという要請と、簡易かつ迅速に預貯金の払戻しを受けられるようにすべきであるという要請の調和を図るためである。

◀ 解　説 ▶

遺産分割前における預貯金の仮払いのうち、家庭裁判所の手続を経ない場合については新法第909条の2が各共同相続人ごとの上限を設けている（**Q65**参照）。この上限額をどのように定めるのかについて、部会では次のような考え方の当否が議論された（部会資料18第2-3補足説明2(3)イ、部会資料20第2補足説明2）。

> 第1説：預貯金債権（口座）ごとに上限額を定め、これを合算する。被相続人が同一の金融機関に複数の口座を持っていた場合には、各共同相続人の権利行使可能な額がその分だけ増えることになる。
> 第2説：金融機関ごとに上限額を定め、これを合算する。被相続人が同一の金融機関に複数の口座を持っていたとしても上限額は変わらないが、複数の金融機関に口座を持っていた場合には権利行使可能な額がその分だけ増えることになる。
> 第3説：預貯金債権全部を対象として上限額を定める。

第1説によると、小口の資金需要に応える制度の性質上、一口座当たりの上限額を低く設定する必要があるが、それによって相続人の権利行使が煩雑

になるという難点がある。

　第3説については，裁判所の個別的判断を経ないで定型的に預貯金の払戻しの必要性が認められる額に限定するという観点からは妥当であるという肯定的意見と，実現可能性に疑問を呈する否定的意見の対立があった。実現可能性に対する疑問とは，各金融機関において各相続人が既に他の金融機関で権利行使した額を把握する手段が現行制度上ないため，預貯金債権全部を対象とする上限額を厳密に実現することは困難ではないかという疑問である（注）。

　結局，裁判所の個別的判断を経ないでも預貯金の払戻しの必要性が認められる部分に限定すべきであるという要請と，簡易かつ迅速に預貯金の払戻しを受けられるようにすべきであるという要請を満たすものとして，第1説と第3説の中間に位置する第2説の考え方が採用された（部会資料20第2補足説明2）。

（注）　第3説の問題点を解消する方策として，次のような案も検討された。
　①　各相続人が権利行使をする際に既に他の金融機関から払戻しを受けている場合には，これを申告すべき義務を相続人に負わせる（例えば，他の金融機関から受けた払戻しの有無，払戻しを受けた場合はその額を記載した申告書を提出させる。）。
　②　金融機関は，申告内容を確認する義務を負うが，その申告の真否については調査義務を負わない。
　③　相続人の申告に従って払戻しをした結果，上限額を超える払戻しを受けることとなった場合には，上限額を超えた分の金融機関の支払を有効として扱うためには，当該支払を準占有者に対する弁済（民法第478条）として扱うこととし，当該申告の内容を信じて支払を行ったとしても，民法第478条の「過失」はないものとみなす。
　　　しかしながら，他の共同相続人から上限額を超える払戻しが既にされている旨の通知があった場合には金融機関は「悪意」となるのではないか，また，仮に悪意にならないとしても，そのような場合にまで金融機関の調査義務を否定することは困難ではないかといった疑問が生じることは否定できない。結局，第3説を採用した場合でも，金融機関に一定の調査義務を課すことにつながるが，そうすると，金融機関の負担が過大なものとなり，裁判所の判断を経ることなく簡易かつ迅速にごく一部の預貯金の払戻しを受けるという制度趣旨の実現を阻害しかねないことになる。

新法第909条の2後段の趣旨

新法第909条の2後段が「遺産の一部の分割によりこれを取得したものとみなす」と定めているのはなぜか。

誰がいくら払い戻したかは客観的に明らかであることによる。

◀ 解　説 ▶

　新法第909条の2に基づき権利行使された預貯金債権の額等については，誰がこれを払い戻したかということは客観的に明らかであり，また，当該権利行使された預貯金債権を当該権利行使をした相続人以外の者に遺産分割において帰属させる必要性もないことから，「当該権利の行使をした預貯金債権については，当該共同相続人が遺産の一部の分割によりこれを取得したものとみなす」こととしている（部会資料25-2第2-2補足説明2）。

Q70 遺産の分割前における預貯金債権の行使に関する経過措置

新法施行日前に開始した相続において預貯金債権を承継した共同相続人は，新法施行日以後に，新法第909条の2に基づいて預貯金債権を単独で行使することができるか。

行使することができる。

◀ 解　説 ▶

遺産の分割前における預貯金債権の行使に関する新法第909条の2の規定は，新法施行日前に開始した相続に関し，新法施行日後に預貯金債権が行使されるときにも，適用される（改正法附則第5条第1項）。したがって，本問の場合には，新法施行日前に相続が開始しているが，共同相続人は，新法施行日以後に，預貯金債権を単独で行使することができる。

なお，同条2項において「施行日から附則第1条第3号に定める日の前日までの間における新民法第909条の2の規定の適用については，同条中「預貯金債権のうち」とあるのは，「預貯金債権（預金口座又は貯金口座に係る預金又は貯金に係る債権をいう。以下同じ。）のうち」とする」と定められているのは，新法909条の2が債権法の改正において定義づけされた「預貯金債権」の用語（新法466条の5）を前提としているところ，新相続法の施行が新債権法の施行（2020年4月1日）よりも先行するという逆転現象が起こることに対応するためである。

【図表14】遺産の分割前における預貯金債権の行使に関する経過措置

3 遺産の一部分割

 遺産の一部分割を明文化した趣旨

新法第907条が遺産の一部の分割をすることができる旨を明記した趣旨は何か。

従来から実務上可能とされてきた遺産の一部分割に法文上の根拠を付与するとともに，その要件を明確にする趣旨である。

◀ 解　　説 ▶

【旧】	【新】
第907条　共同相続人は，次条の規定により被相続人が遺言で禁じた場合を除き，いつでも，その協議で，遺産の分割をすることができる。 2　遺産の分割について，共同相続人間に協議が調わないとき，又は協議をすることができないときは，各共同相続人は，その分割を家庭裁判所に請求することができる。	第907条　共同相続人は，次条の規定により被相続人が遺言で禁じた場合を除き，いつでも，その協議で，遺産の全部又は一部の分割をすることができる。 2　遺産の全部又は一部の分割について，共同相続人間に協議が調わないとき，又は協議をすることができないときは，各共同相続人は，その分割を家庭裁判所に請求することができる。ただし，遺産の一部を分割することにより他の共同相続人の利益を害するおそれがある場合におけるその一部の分割については，この限りでない。
3　前項の場合において特別の事由があるときは，家庭裁判所は，期間を定めて，遺産の全部又は一部について，その分割を禁ずることができる。	3　前項本文の場合において特別の事由があるときは，家庭裁判所は，期間を定めて，遺産の全部又は一部について，その分割を禁ずることができる。

　遺産の一部分割とは，遺産を構成する財産の一部を他の財産から分離独立させて確定的に分割することをいう。例えば，遺産が甲財産と乙財産から構成されている場合において，甲財産のみを分割したり，甲財産の一部分のみ

を分割したりすることである。

　旧法には遺産の一部分割に関する明文の規定がなかったが，一定の要件の下で許されるとする見解が有力であり，実務上もその見解に沿った取扱いが行われてきたところである。この見解は，以下の根拠に基づいている。

① 　遺産分割事件を早期解決するためには，争いのない遺産について先行して一部分割を行うことが有益である。

② 　遺産の共有は民法第249条以下の「共有」と性質を異にするものではないという判例理論（最判昭和30年5月31日民集9巻6号793頁）によれば，共同相続人は遺産について有する処分権限に基づいて，いつでも遺産の一部の分割をすることができるものと解される。

　以上のような学説及び実務の状況を踏まえて，遺産の一部分割に法文上の根拠を付与し，併せて家庭裁判所による一部分割の要件を明確にする趣旨から新法第907条のように改正された。

Q72 新法第907条第2項の規律対象

新法第907条では，第1項において共同相続人の協議による一部分割が可能であることを，第2項において家庭裁判所による一部分割の審判が可能であることを規律しているが，第2項は規律対象としてどのような場合を想定しているか。

　残余遺産が存在する，あるいは存在する可能性があるが，当事者が現時点では残余遺産の分割を希望していないこと等を理由としてその一部のみの分割が行われる場合を想定している。この場合，残余遺産については審判事件が係属せず，事件は終了する。

◀ 解　説 ▶

「一部分割」とされている審判を類型化すると，以下のとおりとなる。
①　家事事件手続法第73条第2項に規定する一部審判として行われる一部分割（残余遺産について審判事件が引き続き係属するもの）
②　全部審判として行われている一部分割（残余遺産については審判事件が係属せず，事件が終了するもの）

さらに②は，審判時点において，分割の対象となる残余遺産の存在が裁判所（及び当事者）に判明していない場合（②-1）と，残余遺産が存在するあるいは存在する可能性があるが，当事者が現時点では残余遺産の分割を希望していないこと等を理由としてその一部のみの分割が行われる場合（②-2）の二種類に分けられる。

①の一部分割については，家庭裁判所が遺産分割の一部について審判をするのに熟していると判断をしたときに，一部分割の審判をするものであるが，その審判の成熟性の判断の中で，一部分割をする必要性と相当性の審査が行われているものと考えられるから，特に①の場合を規律するルールを別途設ける必要性は乏しい。

②-1については，少なくとも裁判所はほかに分割の対象となる遺産はないものと認識をして全部分割の審判をしているのであるから，このような場合を捉えて規律を設けることは困難といえる。

以上を踏まえ，新法第907条第2項は，②-2の場合を規律の対象として想定している（追加試案補足説明第2-3説明2(1)）。

Q73 一部分割の制限

新法第907条第2項では、本文において家庭裁判所による一部分割の審判が可能であることを規律し、ただし書において「他の共同相続人の利益を害するおそれがある場合」の例外につき規律している。ただし書の「他の共同相続人の利益を害するおそれがある場合」とはどのような場合か。

遺産全体についての適正な分割が実現できなくなるような場合である。

◀ 解　説 ▶

　一部分割は、一般には一部分割によって遺産全体についての適正な分割が不可能にならない場合に許容されるものと解されている。具体的には、特別受益等について検討し、代償金、換価等の分割方法をも検討した上で、最終的に適正な分割を達成し得るという明確な見通しが得られた場合に許容されるものと考えられ、一部分割においては具体的相続分を超過する遺産を取得させることとなるおそれがある場合であっても、残部分割の際に当該遺産を取得する相続人が代償金を支払うことが確実視されるような場合であれば、一部分割を行うことも可能であると考えられる。

　そして、このような観点で検討しても、一部分割をすることによって、最終的に適正な分割を達成し得るという明確な見通しが立たない場合には、当事者が遺産の一部について分割をすることを合意したとしても、家庭裁判所は一部分割の審判をするのは相当ではない。こうした場面を想定して、「他の共同相続人の利益を害するおそれがある場合」の例外につき規定している（追加試案補足説明第2-3説明2(3)）。

　ただし書が想定するケースに該当する場合、家庭裁判所は、一部分割の請求を不適法とし、その請求を却下することとなる。

Q74 一部分割の問題点

新法第907条に明記された遺産の一部分割について，今後生じることが懸念される問題点は何か。

A

新法に一部分割の可能性が明記されたことによりその利用が広がると，価値の低い財産が分割されないまま放置されるケースが増加し，ひいては所有者不明土地問題や空き家問題に拍車がかかることが懸念材料として挙げられる。

◀ 解　説 ▶

中間試案に対するパブリックコメント以降，遺産の一部分割を明文化することについて積極的な意見と消極的な意見の対立があることが部会資料に掲載されていた。積極的な意見の根拠はQ71で紹介したとおり，遺産分割事件の早期解決に資すること及び共同相続人は遺産の共有持分権者として処分権限を有することの2点である。これに対して，消極的な意見は，主として「一部分割弊害論」を根拠としている。すなわち，一部分割の利用が広がると，共同相続人は関心のある財産のみを分割し，利用価値の低い山林や長期間空き家になっている家屋などが分割されないまま放置され，その結果として所有者不明土地問題や空き家問題に拍車をかけてしまうという懸念である（部会資料21第2-4補足説明3）。この弊害論については明文化積極論者も決して等閑に付していたわけではなく，「弊害が生ずる可能性は否定できない」という見解を示している（部会資料22-2第2-3補足説明2）。つまり，一部分割の明文化に賛成するか反対するかを分けるポイントは，遺産分割を促進する効果や物権法における共有の理論との整合性など一部分割が持つメリットと弊害のデメリットを比較衡量したときにどちらをより重視するかであって，弊害に対する懸念自体は明文化が実現した新法の下でも決して払拭されたわけではない。したがって，一部分割が実際に所有者不明土地問題や空き

144　第２章　遺産分割に関する見直し

家問題に拍車をかける弊害を生じさせていないかどうか，今後の実務の運用等を注視する必要がある。

　なお，この弊害論と関連する今後の立法の動向として民法第177条の改正論がある。これは，伝統的な対抗要件主義を修正して相続登記を義務化しようというものである。相続登記の懈怠が所有者不明土地問題の要因の一つであるという認識に基づいた改正論であることはいうまでもない。この改正の実現可能性は未知数であるが，その動向には注目しなければならない。

4 遺産の分割前に遺産に属する財産が処分された場合の遺産の範囲

新法第906条の2の概要

新設された新法第906条の2はどのような規定か。

　遺産分割前に遺産に属する財産が処分されてしまった場合において，当該処分された財産が遺産の分割時に遺産として存在するものとみなすことができるものとする規定である。存続するものとみなすためには，全ての共同相続人の同意が必要とされている。もっとも，財産を処分した者が相続人のうちの一人（又は数人）である場合には，その者の同意は不要である。

◀ 解　　説 ▶

　新設された新法第906条の2は，遺産の分割前に遺産に属する財産が処分された場合であっても，共同相続人全員の同意により，当該処分された財産が遺産の分割時に遺産として存在するものとみなすことができるものとする（同条第1項）。もっとも，共同相続人の一人又は数人により同項の財産が処分されたときは，当該共同相続人については同意を得ることを要しない（同条第2項）。条文の文言からすると，相続人以外の第三者が財産を処分した場合にも適用され得るが，当該規定が新設された趣旨（**Q76**参照）からすれば，主には共同相続人の一人が財産を処分した場合における適用が問題となるものと思われる。

新法第906条の2が新設された理由

新法第906条の2が新設された理由は何か。遺産分割における本来的な考え方を踏まえて説明せよ。

　本来的には，相続開始時に存在した財産であっても，その後に滅失したなどの理由で遺産分割時に存在しないものについては，当該財産は遺産分割の対象とはならないものと考えられる。しかし，これを貫くと共同相続人の一人が遺産分割前に遺産に属する財産を処分した場合に，処分をしなかった場合と比べて，当該処分をした相続人の取得額が増えるといった計算上の不公平が生じ得る。これを是正するために新設されたのが，新法第906条の2である。

◀ 解　　説 ▶

　本来，遺産分割は，相続開始時に存在し，かつ，遺産分割時に存在する財産を共同相続人間において分配する手続であるから，相続開始時に存在した財産であっても，その後に毀損，又は滅失により遺産分割時に存在しない場合においては，当該財産は遺産分割の対象とはならないものと考えられる。

　ところが，これを厳格に推し進めると，例えば遺産分割前に，共同相続人の一人が，他の共同相続人の同意を得ずに被相続人が自宅で保管していた現金を使い込むなど，遺産に属する財産を処分した場合，その処分によって，処分を行った者が，処分がなかった場合と比べて多くの利得を得るという結果が生じ得る。

　このような不公平を正当化することは困難であるから，これを是正するために新法第906条の2が新設された。

　なお，遺産分割時には存在しない財産であっても，これを当事者が遺産分割の対象に含める旨の合意をした場合には，遺産分割の対象となるものと考えられ，その理は，累次の判例によって承認されてきたところであり（最判

昭和54年 2 月22日集民126号129頁等），また，現行の実務においても既に定着した考え方であるといえる。新法第906条の 2 第 1 項の規律は，判例や実務によって承認されてきた考え方を明文化するものであるといえる（部会資料24- 3 第 2 - 4 説明 2 ）。

148　第2章　遺産分割に関する見直し

Q77 新法第906条の2を適用した場合の具体例（1-1）

新設された新法第906条の2を適用することで，共同相続人の一人が遺産分割前に遺産に属する財産を処分した場合に，処分をしなかった場合と比べて，当該処分をした相続人の取得額が増えるといった計算上の不公平を是正できるというのは，具体的にはどういうことか。

　例えば，相続人が配偶者Aと子B一人，遺産が預貯金（1,400万円）であった場合において，被相続人から生前に居住用不動産（評価額1,000万円）の贈与を受けていたAが，相続開始後に密かに預金全額1,400万円を引き出した場合（以下「設例1」という。），遺産分割を前提とした計算においては，Aの特別受益が考慮される結果，Bは1,200万円取得し得るのに対し，「分割すべき遺産がない」ことから遺産分割が成立しないことを前提に計算すると，BはAに対して不法行為に基づく損害賠償請求権（又は不当利得）として700万円の請求しかできないことになってしまう。新法第906条の2を前提にすれば，こうした計算上の不公平を是正することができる。

◀ 解　説 ▶

　設例1では，配偶者Aが被相続人から生前に居住用不動産（評価額1,000万円）の贈与を受けているため，当該特別受益を考慮の上遺産分割を前提とするBの取り分を計算すると，次のとおりとなる。

　　（1,400万円＋1,000万円）×1/2－0円＝1,200万円

　ところが，相続開始時に存在した財産であっても，遺産分割時に存在しない場合においては，当該財産は遺産分割の対象とはならないとする考えを設例1に当てはめると，遺産分割が成り立たず，特別受益を考慮したBの取り分を計算することができなくなってしまう。そのため，Bとしては，Bの預

金に対する準共有持分を侵害されたとして，Aに対し，不法行為に基づく損害賠償請求権（又は不当利得）として，700万円（Bの準共有持分相当額）の支払を求めることができるにすぎないこととなってしまう。

こうした問題意識を踏まえ，新法第906条の2が新設された。当該規定の適用を前提にした場合，設例1におけるBの取り分は上記計算式で示したとおり1,200万円となり，公平な結論が導かれる。

Q78 新法第906条の2を適用した場合の具体例（1-2）

Q77で示した設例1を前提に，Bが新法第906条の2の適用を前提とする遺産分割の審判を家庭裁判所に求めた場合，どのような審判がなされるか。

「Aに，既に払い戻しを得た預金1,400万円を取得させる。
Aは，Bに対して，代償金1,200万円を支払え。」
といった審判がなされることが考えられる。

◀ 解　説 ▶

遺産の分割について，共同相続人間に協議が調わないとき，又は協議をすることができないときは，各共同相続人は，その分割を家庭裁判所に請求することができる（民法第907条第2項）。

したがって，BがAに対して，①新法第906条の2の規定に基づきAが処分した預貯金1,000万円が存在するものとみなすこと，②民法第903条1項の規定に基づきAの特別受益分を相続財産とみなすことを主張の上，遺産分割の協議を求めたが，Aがこれに応じない場合，Bは家庭裁判所に審判を求めることができる。

この場合の審判としては，Answerで示した内容となることが考えられる（部会資料24-2第2-4補足説明2）。

Q79 共同相続人全員の「同意」を原則的な要件とした理由

新法第906条の2第1項では、処分された財産が遺産の分割時に遺産として存在するものとみなすための要件として、共同相続人の全員の同意を挙げている。その理由は何か。

確かに、公平な遺産分割を実現するために、処分された財産が遺産の分割時に遺産として存在するものとみなすことが有効ではあるが、合理性のある処分（例えば、葬儀費用の弁済や相続債務の弁済が考えられる。）についても遺産に組み戻される結果、不要な混乱をもたらす等、一定の弊害も考えられたことから同意が要件とされた。

◀ 解　説 ▶

処分された財産が遺産の分割時に遺産として存在するものとみなすことによって公平な遺産分割が実現できるのであれば、常にみなしの効果を生じさせても良さそうなものであるが、新法第906条の2第1項では「同意」を要件としている。実は、要綱案のたたき台(3)の時点までは、後記のとおり、「同意」を問題とすることなく、みなしの効果を生じるものとして提案されていた。

しかし、これに対しては、①相続開始後に特定の相続人によって処分された財産についても遺産とみなされる結果、遺産分割手続において、裁判所は、相続人間に争いのある相続開始後の遺産の処分全てについて調査、判断をする義務が生じることになり、紛争の長期化、複雑化をもたらす、②合理性のある処分についても遺産に組み戻される結果、不要な混乱をもたらす、③違法な処分等がされた場合における不法行為、不当利得との関係が十分に解明されていないなどの懸念が示されたことから、「同意」の要件が設けられた。

152　第 2 章　遺産分割に関する見直し

要綱案のたたき台(3)時点の提案（部会資料24‐1）

4　相続開始後の共同相続人による財産処分

　　共同相続人の一人が遺産の分割前に，遺産に属する財産の全部又は一部を処分した場合の規律として，次の規律を設けるものとする（部会資料23‐1の【甲案】に相当するもの）。

　　共同相続人の一人が遺産の分割前に遺産に属する特定の財産を処分したときは，当該処分をした財産については，遺産の分割の時において遺産としてなお存在するものとみなす。

Q80 新法第906条の2を適用した場合の具体例(2)

相続人が配偶者Ａと子Ｂ一人，遺産が預貯金（1,000万円）であった場合において，被相続人から生前に居住用不動産（評価額1,000万円）の贈与を受けていたＡが，相続開始後に相続債務の弁済として預金500万円を引き出しこれに充てていた場合（以下「設例2」という。），相続債務の弁済は合理的な支出であるから，精算の対象としなくてもＡＢ間の公平は図れるか。

設例2ではＡに特別受益があることから，相続債務の弁済に充てるために遺産を用いてはいるが，新法第906条の2の適用を前提としなければ，ＡＢ間の公平は図れない。

◧ 解　説 ◨

設例2では，相続債務の弁済という合理的な支出がなされているから，精算の対象としなくてもＡＢ間の公平は図れそうである。ところが，具体的に計算してみるとそうではないことが分かる。

まず，仮にＡによる払戻しがなかったことを前提に，Ａ，Ｂの具体的相続分を計算すると以下のとおりとなる。

Ａの具体的相続分：（1,000万円＋1,000万円）×1/2－1,000万円＝0円
Ｂの具体的相続分：（1,000万円＋1,000万円）×1/2－0円＝1,000万円

相続債務500万円を各2分の1ずつ負担することを考慮すると，最終的な取得額は以下のとおりとなる。

Ａの最終的な取得額：0円（遺産分割）＋1,000万円（特別受益）－250万円（債務）＝750万円
Ｂの最終的な取得額：1,000万円（遺産分割）－250万円（債務）＝750万円

154　第２章　遺産分割に関する見直し

　次に，Ａによる払戻しが存在する設例２を前提に，これを精算の対象としない場合（新法第906条の２を適用しない場合）について検討する。

　　　Ａの具体的相続分：（500万円＋1,000万円）×1/2－1,000万円＝－250万円
　　　　　　　　　　　　　（マイナス分があっても，これを返還することを要しないから，Ａの具体的相続分は０円に修正される（民法第903条第２項）。）
　　　Ｂの具体的相続分：（500万円＋1,000万円）×1/2－０円＝750万円
　　　　　　　　　　　　　（遺産分割時に残存する遺産は500万円しか存在せず，Ａからマイナス分の250万円が返還されるわけではないから，Ｂの具体的相続分は500万円に修正される。）

　相続債務については精算の対象とならないとすると，最終的な取得額は以下のとおりとなる。

　　　Ａの最終的な取得額：０円（遺産分割）＋1,000万円（特別受益）＝1,000万円
　　　Ｂの最終的な取得額：500万円（遺産分割）

　このように，特別受益について考慮すると，具体的相続分のない者が遺産を処分した場合において，その者が本来は取得できない以上の利得を得る結果が生じ得るから注意を要する（部会資料24-２第２-４補足説明２）。

Q81 財産を処分した相続人の「同意」を不要とした理由

新法第906条の2第2項では、財産を処分した者が相続人のうちの一人（又は数人）である場合には、その者の同意は不要であるとする。その理由は何か。

A

財産を処分した相続人以外の共同相続人が、当該財産を処分した相続人に対して、遺産分割において処分財産を遺産に含めることについて同意を求めた場合に、その処分者に拒絶権を認める必要はないと考えられたことによる。

◀ 解 説 ▶

新法第906条の2は、処分を行った者が処分をしなかった場合と比べて利得を得るといった不公平を是正するために新設されたものであるから、仮に、他の共同相続人が遺産分割において処分した財産を遺産に含めて遺産分割をすることについて同意を求めた場合に、その処分者に拒絶権を認めたのでは、目的を果たし得ない。

そこで、新法第906条の2第2項では、共同相続人の一人が遺産分割前に遺産に属する財産を処分した場合には、他の共同相続人から当該処分した財産を遺産に含める旨同意を求められた場合には、当該処分を行った共同相続人は、これを拒むことができないとしている。

なお、各種法令において、関係人の同意を得なければならないとしつつ、当該関係人が同意を拒むことについて正当な事由がない場合にはこれを許さないこととしている例は、相当数存在する（土地改良法第41条第2項、漁業法第13条第4項、土地区画整理法第132条等）（部会資料24-3第2-4説明2）。

Q82 「同意」のタイミング

新法第906条の2第1項が規律する「同意」は，いつの時点でなされることが想定されているか。

遺産分割の時点になされることが想定されている。そのため，遺産分割に先立って，あるいは同時に同意が成立することを要する。

◀ 解　説 ▶

例えば，遺産分割が成立した後になって，実は共同相続人の一人が遺産に属する財産を処分していたことが判明した場合，新法第906条の2を前提として，他の共同相続人の全員の同意によって，処分された財産が存在するものとみなし，改めて遺産分割を求めることができるか，といった問題がある。

この点，部会資料には「遺産から逸失した財産については，もはや遺産ではないことを前提として，遺産分割時に共同相続人全員の同意がある場合には，当該処分した財産（又は代償財産）を遺産に含めることができるにすぎないので，遺産分割がすでに終了している場合にはその適用がないものと考えられ」ると指摘されている（部会資料24－3第2－4補足説明3(1)）。

したがって，新法第906条の2を前提とする同意は，遺産分割に先立って，あるいは同時になされることを要する。

Q83 「同意」の対象

新法第906条の2第1項が規律する「同意」の対象は何か。

同意の対象は、処分された財産（以下「処分財産」という。）を遺産分割の対象に含めること（遺産の分割時に遺産として存在するものとみなすこと）についてである。

◀ 解　説 ▶

同意の対象は、処分財産を遺産分割の対象に含めること（遺産の分割時に遺産として存在するものとみなすこと）についてである。したがって、処分財産が誰によって処分されたか（第三者によって処分されたのか否か、共同相続人のうち誰によって処分されたのか）については、同意の対象ではないこととなる。

そのため、例えば共同相続人A、Bにおいて、処分財産がAとBのいずれによって処分されたのかについては争いがあるが、遺産の分割時に遺産として存在するものとみなすことについては争いがない場合、AB間に同意があれば、新法第906条の2第1項の共同相続人全員の同意があるものとして、処分財産が遺産分割時に遺産として存在するものとみなすことができるといったケースが生じ得る（部会資料25-2第2-4補足説明2⑶）。

Q84 「同意」の撤回の可否

新法第906条の2第1項の規定に基づく同意は，同意後に撤回することができるか。

　一度生じた実体法上の効果を，共同相続人の一部の意思のみによって覆滅させることができるとするのは相当ではないから，新法第906条の2第1項の規定に基づく「同意」は原則として撤回できないものと考えられる。

◀ 解　　説 ▶

　新法第906条の2第1項は，「遺産の分割前に遺産に属する財産が処分された場合であっても，共同相続人は，その全員の同意により，当該処分された財産が遺産の分割時に遺産として存在するものとみなすことができる」としており，共同相続人全員の合意が成立した時点で，処分財産を遺産としてみなすという実体法上の効果が生ずることとなる。

　そして，一度生じた実体法上の効果を共同相続人の一部の意思のみによって覆滅させることができるとするのは相当ではないから，同項に基づく「同意」は原則として撤回できないものと考えられる。

　もっとも，「同意」は各共同相続人の意思表示によってされるものであるから，民法総則に定める無効・取消しに関する規定は適用される（部会資料25-2第2-4補足説明2(3)）。

Q85 相続人の中に被保佐人がいる場合における「同意」

相続人の中に被保佐人がいる場合，当該被保佐人が新法第906条の2第1項の規定に基づく同意をするには，保佐人の同意を得る必要があるか。

保佐人の同意を得る必要があるものと思われる。なお，部会資料では，「いずれの立場もあり得ることから，この点については解釈に委ねるのが相当であると考えられる。」とされている（部会資料25-2第2-4補足説明2(3)）。今後の実務の動向に留意する必要がある。

◀ 解　説 ▶

新法第906条の2第1項に基づく「同意」は，各共同相続人の意思表示によってされるものであるから，民法総則に定める無効・取消しに関する規定が適用される。そのため，例えば相続人の中に被後見人がいる場合，当該被後見人が同項の規定に基づく同意をすることはできず，後見人が法定代理人として同意の意思表示をする必要がある。

では，被保佐人の場合，保佐人の同意を得る必要があるのであろうか。

部会資料ではいずれの立場もあり得るとされている。

この点，新法第906条の2第1項に基づく「同意」は，特別受益を考慮した遺産分割をすることができ，基本的には同意をする被保佐人の利益に資する行為であることや，また，平成11年民法改正の趣旨，ノーマライゼーションの促進や，成年後見制度利用促進計画において，成年後見人等の権利制限に関する措置の見直しが掲げられていることなどを踏まえると，むやみに被保佐人の権利を制限するような規定を拡張すべきではないことなどから，保佐人の同意を要すべき行為ではないと整理すべきであるとの考え方も示されている（第25回議事録：神吉関係官発言）。

一方で，新法第906条の2第1項に基づく「同意」をすることが常に被保

160   第２章　遺産分割に関する見直し

佐人の利益になるかというと，被保佐人に多額の特別受益があるようなケースにおいては必ずしもそうではなく，そういった難しい判断を被保佐人にさせることが相当ではないといった立場に立てば，同意をすることについて保佐人の同意を要求すべきという考え方もあり得るとの考えも示されている。この場合，解釈論としては，民法第13条第１項第３号又は第６号の行為に該当するとして処理をすることが考えられる（同発言）。

Q86 相続財産の処分をめぐる紛争の処理

共同相続人Ａ，Ｂ，ＣのうちＡが遺産に属する動産を処分したとしてＢ，Ｃが当該動産を遺産分割の対象とすることについて同意をしたところ，Ａは「その動産を処分したのは自分ではなく第三者である。」と反論した上で，当該動産以外の財産を対象として遺産分割をすべきであると主張している。この紛争はどのような手続で解決されるか。

家庭裁判所が遺産分割の審判の手続において，当該遺産がみなし遺産となるか否かを判断することになるが，それに加えて，みなし遺産となるかどうかについての確認訴訟も可能であると解される。

◀ 解　説 ▶

(1) 確認訴訟の可否

共同相続人の一人が遺産に属する財産を処分したとして，他の共同相続人全員が当該財産を遺産としてみなすことに同意して遺産分割を求めているのに対して，当該処分をしたとされる相続人がその処分の有無を争っている場合には，家庭裁判所が遺産分割の審判の手続において，当該財産がみなし遺産となるか否かを判断することとなる。

では，通常訴訟の判決手続において，当該財産がみなし遺産となるか否かについて確認判決を得ることはできるであろうか。一般に，確認の利益が認められるためには，現在の権利又は法律関係の存否を確認対象としなければならないと解されている。過去の法律関係や単なる事実の存否を確認しても，現在の紛争を抜本的に解決することには役立たないのが通常だからである。ただし，過去の法律関係や事実の存否を確認することが現在の紛争の解決に役立つ場合には，例外的に確認の利益が認められる（事実の確認が明文の規定で認められている例として，証書真否確認の訴えに関する民事訴訟法第134条参

照。）。部会資料では，みなし遺産となるか否かの確認の訴えは「過去の事実」の確認を求める訴えであることを前提として，新法第906条の2の規律を設けることにより確認の利益を肯定することができる旨を述べている（部会資料24-3第2-4説明3⑴）。他方で判例（最判昭和61年3月13日民集40巻2号389頁）は，ある財産が遺産に属することの確認の訴えについて，「当該財産が現に共同相続人による遺産分割前の共有関係にあること」つまり現在の法律関係を確認対象とするものであることを理由として，適法である旨を判示している。この判例の趣旨がみなし遺産となるか否かの確認の訴えにも妥当するのであれば，やはり確認の利益を肯定することができる。いずれの見解に従っても，当該財産がみなし遺産となるか否かについて確認判決を得ることができることとなる。

⑵　遺産分割の審判と確認判決が矛盾・抵触する場合

　家庭裁判所の遺産分割の審判よりも先に当該財産がみなし遺産となるか否かについての確認判決が確定した場合には，確定判決の既判力により，家庭裁判所は判決内容に即した遺産分割の審判をすべきこととなる。

　これに対して，家庭裁判所の遺産分割の審判が先行し，その後に確定した確認判決との間に矛盾・抵触がある場合には，家庭裁判所の審判に既判力はないため，結果的に家庭裁判所が判断を誤ったことになる。この場合における遺産分割の審判の効力は次のとおりである（部会資料24-2第2-4補足説明2）。

ア　原　則

　既になされた遺産分割の審判が確認判決の影響を受けて覆ることはないのが原則である。本問の事例に即していえば，家庭裁判所はB，Cの主張を認めて当該動産を遺産分割の対象としたのに対して，通常訴訟ではAの主張が認められ，「当該動産は遺産に属しないことを確認する」旨の判決が確定した場合の遺産分割の効果がどうなるかという問題になる。これは，誤って遺産に属さない財産を含めて遺産分割を行ったらどうなるかという従来からあった問題と同様のものである。裁判例によれば，この問題に

よって遺産分割の有効性が左右されることはなく，共同相続人間の担保責任（民法第911条）の問題として処理されることとなる（名古屋高決平成10年10月13日家月51巻4号87頁）。

イ　例　外

当該処分された財産が唯一の遺産である場合や遺産の大半を占めている場合には，遺産分割審判が事後的に覆る可能性がある。

164　第２章　遺産分割に関する見直し

遺産分割前の相続財産の処分に関する改正法の全体像

遺産分割前に遺産に属する財産が処分された場合に関する新法第906条の２と，遺産の分割前における預貯金債権の行使に関する新法第909条の２及び新家事事件手続法第200条第３項はどのような関係にあるか。

　遺産分割前の財産処分全般について規定した一般法が新法第906条の２であり，預貯金債権の行使に関する特別法が新法第909条の２及び新家事事件手続法第200条第３項である。

◀ 解　　説 ▶

　新法第906条の２は，遺産分割前に財産を処分したのは共同相続人の一人か相続人以外の第三者か，処分された財産の種類は何かを限定することなく，遺産分割前の処分全般について規定した一般法である。部会では当初「共同相続人の一人」が財産を処分した場合に関する規律を設ける方向で議論が進められていた（部会資料20第２-２）。これは，専ら共同相続人間の不公平を是正することを目指していたからである。すなわち，財産を処分した者の最終的な取得額が処分を行わなかった場合と比べて大きくなり，その反面，他の共同相続人の遺産分割における取得額が小さくなるという計算上の不公平を放置すべきではないという考え方である。しかし，部会資料24-３（要綱案のたたき台(3)の補充）の段階で「共同相続人の一人」という文言が削除され，そのまま新法第906条の２として成立したという経緯をたどっている。これは，前述した共同相続人間の不公平の是正だけでなく，遺産分割に関する従来の判例や実務において既に定着した運用を明文化するという新たな方向性が加わったことによるものと推察される。その運用とは，「遺産分割は，相続開始時に存在し，かつ，遺産分割時に存在する財産を共同相続人間において分配する手続であるから，第三者が相続財産を毀損，滅失させた場合など

遺産分割時に存在しない財産は遺産分割の対象とはならないのが原則である。もっとも，存在しない財産を当事者があえて対象に含める旨の合意をした場合には，遺産分割の対象とすることができる。」というものである（最判昭和54年２月22日集民126号129頁等）。

　一般法である新法第906条の２に対して，新法第909条の２及び新家事事件手続法第200条第３項は，遺産に属する財産のうち，預貯金債権を共同相続人の一人が行使する場合について規定した特別法である。このうち，小口の資金需要に簡易迅速に対応することに主眼を置いて，家庭裁判所の手続を不要とする代わりに金額に上限を設けているのが新法第909条の２であり，家庭裁判所の審査を経なければならない代わりに権利行使可能な金額に法定の上限を設けていないのが新家事事件手続法第200条第３項である（**Q61**参照）。

166　第2章　遺産分割に関する見直し

【図表15】新法第906条の2，第909条の2，新家事事件手続法第200条第3項の適用領域

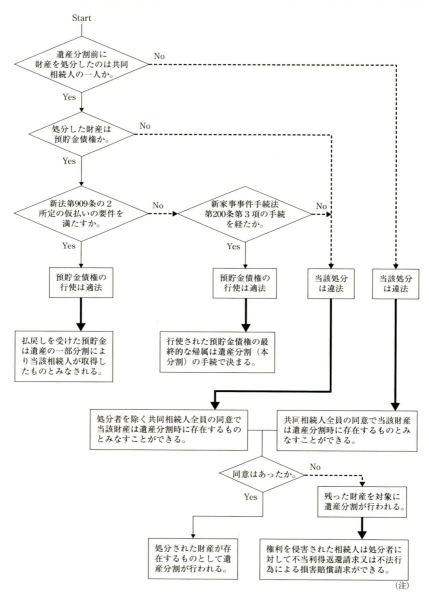

(注)

（注）　新法第906条の２と不当利得・不法行為の関係

遺産分割前に預貯金の不当な払戻し等の財産処分が行われた場合には，権利を侵害された共同相続人との関係で，不当利得又は不法行為が成立するものと考えられる。そして，他の共同相続人が不当利得又は不法行為による救済を求めている場合には，遺産分割における精算を希望していないものと解されるから，新法第906条の２は適用されない（部会資料24-3第2-4説明3(2)）。

第 3 章 遺言制度の見直し

1 自筆証書遺言の方式の緩和

自筆証書遺言の方式を緩和する趣旨

自筆証書遺言の方式は，なぜ，どのように緩和されるのか。

自筆証書遺言の利用を促進するために，財産目録の自書を不要とした。

◀ 解　説 ▶

【旧】	【新】
（自筆証書遺言） 第968条　自筆証書によって遺言をするには，遺言者が，その全文，日付及び氏名を自書し，これに印を押さなければならない。 　　　　　　　（新設）	（自筆証書遺言） 第968条（同左） 2　前項の規定にかかわらず，自筆証書にこれと一体のものとして相続財産（第997条第1項に規定する場合における同項に規定する権利を含む。）の全部又は一部の目録を添付する場合には，その目録については，自書することを要しない。この場合において，遺言者は，その目録の毎葉（自書によらない記載がその両面にある場合にあっては，その両面）に署名し，印を押さなければならない。
2　自筆証書中の加除その他の変更は，遺言者が，その場所を指示し，これを変更した旨を付記して特にこれに署名し，か	3　自筆証書（前項の目録を含む。）中の加除その他の変更は，遺言者が，その場所を指示し，これを変更した旨を付記し

つ，その変更の場所に印を押さなけれ ば，その効力を生じない。	て特にこれに署名し，かつ，その変更の 場所に印を押さなければ，その効力を生 じない。

　自筆証書遺言は，遺言者一人で作成することができ，費用もかからないことから，気軽に利用することができる制度ではあるが，その一方で，遺言者が，「全文，日付及び氏名」を全て自書し，これに印を押さなければならないとされており，さらに加除その他の変更についても厳格な方式が定められていた。

　この点につき，高齢者等にとって全文を自書することは，かなりの労力を伴うものであることから，自筆証書遺言の利用を妨げる要因になっているとの指摘や，厳格な方式が採られていることから，その方式違反により，結果として被相続人の最終意思が反映されないおそれがあるとの指摘もされてきた。

　そこで，自筆証書遺言の方式の緩和が検討され，新法においては，相続財産の全部又は一部の目録を添付する場合には，その目録については，自書でなくてもよいとすることとなった（新法第968条第2項）。

Q89 財産目録の作成方法

自筆証書遺言に添付する財産目録はどのように作成すべきか。

財産目録を自書以外の方法で作成する場合には，毎葉への署名押印などの方式に従わなければならない。

◀ 解　説 ▶

(1) 財産目録の作成方法

　財産目録には，通常，不動産についてはその地番，地積等が，預貯金債権については金融機関名，口座番号等が記載されることになるものと考えられるが，財産目録として添付する書面については，特段の要式性を求めていないことから，パソコン等による作成が認められることはもとより，遺言者以外の者による代筆，さらには，不動産の登記事項証明書，預貯金通帳の写し等を添付し，それを目録として使用する方法によることもできることになる。

　なお，財産目録を自書以外の方法により記載したときは，遺言者は，その事項が記載された全ての頁に署名し，これに押印をしなければならないものとしており，さらに，自書によらない記載が両面に及ぶ場合については，その両面に遺言者の署名押印をしなければならないものとしている。

　これは，自筆要件を緩和することによって想定される偽造，変造の代表的な手段として，自書によらない別紙部分を差し替える方法，裏面に印刷をする方法等が考えられることから，前者については自書によらない記載のある全ての頁に署名押印を求めることで防止することができ，後者については，自書によらない記載が両面にある場合にはその両面に署名押印を求めることで防止することができると考えられる。

(2) 加除訂正の方式

　加除訂正の方式について，旧法第968条第2項の規定のままでは，自書に

172 第３章 遺言制度の見直し

よらない財産目録の記載の変更ができないのではないかとの誤解が生ずるお
それがあったことから，同項に定める方式によって自書によらない財産目録
中の記載についても変更することが可能であることを明確にするため，同項
の「自筆証書」との文言を，「自筆証書（前項の目録を含む。）」という文言
に改めたものである（新法第968条第３項）。

　なお，添付していた自書によらない財産目録を変更する場合，自書での加
除訂正だけでなく，修正した自書によらない財産目録を新たに添付する方法
で加除訂正を行うこともできる。この場合，旧財産目録を新財産目録のとお
り訂正する旨の文言を自書し，かつ，新たな財産目録の全ての頁に遺言者が
署名押印をする必要がある（部会資料23-２参考資料）。

1　自筆証書遺言の方式の緩和　　*173*

【部会資料23‒2参考資料】（法務省ウェブサイト）

民法（相続関係）部会	参考資料

参考資料：財産の特定に必要な事項について自書によらない加除訂正を認める場合の例

遺　言　書

第一条　私は，私の所有する別紙記載の土地を，長男法務一郎（昭
　　　　和三十年一月一日生）に相続させる。

第二条　私は，私の名義の全ての預貯金を，次男法務次郎（昭和三
　　　　十三年六月一日生）に相続させる。

第三条　私は，この遺言の遺言執行者として，次の者を指定する。
　　　住　　所　　東京都千代田区九段南一丁目一番十五号
　　　職　　業　　弁護士
　　　氏　　名　　東京花子
　　　生年月日　　昭和五十年八月一日

　　　　　　　　　　　　　平成二十九年七月十八日
　　　　　　　　　住所　東京都千代田区霞が関１丁目１番１号
　　　　　　　　　　　　　法　務　五　郎　㊞

　　上記本文中の「別紙記載の土地」を「別紙二記載の建物」
　　と改める。
　　　　　　　　法　務　五　郎

174　第３章　遺言制度の見直し

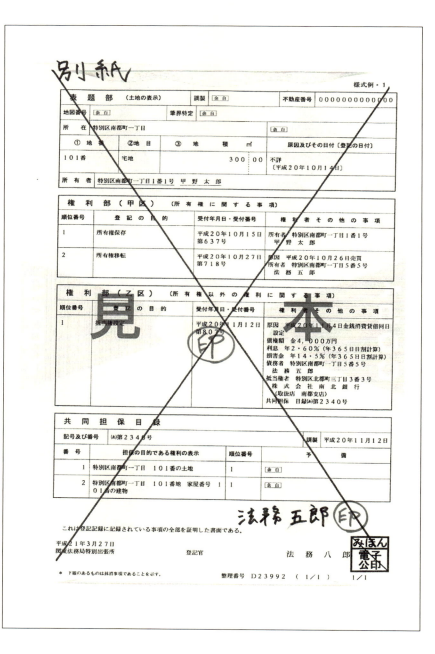

1　自筆証書遺言の方式の緩和　　*175*

（別紙二）

様式例・2

表 題 部	（主である建物の表示）	調製	余 白		不動産番号	0000000000000

所在図番号	余 白

所　　　在	特別区南都町一丁目　101番地		余 白

家屋番号	101番	余 白

① 種　類	② 構　　造	③ 床　面　積　　㎡	原因及びその日付〔登記の日付〕
居宅	木造かわらぶき2階建	1階　80　00 2階　70　00	平成20年11月1日新築 〔平成20年11月12日〕

表 題 部	（附属建物の表示）			
符　号	①種　類	② 構　造	③ 床　面　積　　㎡	原因及びその日付〔登記の日付〕
1	物置	木造かわらぶき平家建	30　00	〔平成20年11月12日〕

所 有 者	特別区南都町一丁目5番5号　法 務 五 郎

権 利 部 （甲 区）	（所 有 権 に 関 す る 事 項）		
順位番号	登 記 の 目 的	受付年月日・受付番号	権 利 者 そ の 他 の 事 項
1	所有権保存	平成20年11月12日 第806号	所有者　特別区南都町一丁目5番5号 　　　法 務 五 郎

権 利 部 （乙 区）	（所 有 権 以 外 の 権 利 に 関 す る 事 項）		
順位番号	登 記 の 目 的	受付年月日・受付番号	権 利 者 そ の 他 の 事 項
1	抵当権設定	平成20年11月12日 第807号	原因　平成20年11月4日金銭消費貸借同日 　　　設定 債権額　金4,000万円 利息　年2・60％（年365日日割計算） 損害金　年14・5％（年365日日割計算） 債務者　特別区南都町一丁目5番5号 　　　法 務 五 郎 抵当権者　特別区北都町三丁目3番3号 　　　株 式 会 社 南 北 銀 行 　　　（取扱店　南都支店） 共同担保　目録㈰第2340号

共 同 担 保 目 録				
記号及び番号	㈰第2340号		調製	平成20年11月12日
番　号	担保の目的である権利の表示	順位番号	予　備	
1	特別区南都町一丁目　101番の土地	1	余 白	
2	特別区南都町一丁目　101番地　家屋番号1 01番の建物	1	余 白	

法 務 五 郎　㊞

＊　下線のあるものは抹消事項であることを示す。　　　整理番号　D23990　（2/2）　　1/2

自筆証書遺言の方式の緩和に関する経過措置

平成30年12月31日，Aは特定の財産を特定の相続人に「相続させる」旨の遺言を自筆証書遺言の方式で作成し，その一部としてパソコンで作成した財産目録を合綴した。この遺言は有効か。

A
方式違背により無効である。

◀ 解　説 ▶

　自筆証書によって遺言をするには，遺言者が，その全文，日付及び氏名を自書し，これに印を押さなければならないが（新法第968条第1項），自筆証書にこれと一体のものとして相続財産の全部又は一部の目録を添付する場合には，その目録については，自書することを要しない（新法第968条第2項前段）。そして，新法第968条第2項の規定の施行日（平成31年1月13日）前にされた自筆証書遺言については，なお従前の例による（改正法附則第6条，第1条第2号）。したがって，本問の場合には，新法第968条第2項の規定の施行日前にされた自筆証書遺言であることから，新法第968条第2項の規定が適用されないため，本問の自筆証書遺言は，旧法第968条第1項の規定に違反し，無効である。

【図表16】自筆証書遺言の方式の緩和に関する経過措置

2 遺贈義務者の引渡義務等

新法第998条の趣旨

新法第998条の規定内容は旧法第998条とどのように異なるか。

旧法第998条が不特定物の遺贈義務者の担保責任を定めていたのに対して，新法第998条は遺贈の目的である物又は権利全般について遺贈義務者の引渡し・移転義務を定めている。

◀ 解　説 ▶

【旧】	【新】
（不特定物の遺贈義務者の担保責任） 第998条　不特定物を遺贈の目的とした場合において，受遺者がこれにつき第三者から追奪を受けたときは，遺贈義務者は，これに対して，売主と同じく，担保の責任を負う。 2　不特定物を遺贈の目的とした場合において，物に瑕疵があったときは，遺贈義務者は，瑕疵のない物をもってこれに代えなければならない。	（遺贈義務者の引渡義務） 第998条　遺贈義務者は，遺贈の目的である物又は権利を，相続開始の時（その後に当該物又は権利について遺贈の目的として特定した場合にあっては，その特定した時）の状態で引き渡し，又は移転する義務を負う。ただし，遺言者がその遺言に別段の意思を表示したときは，その意思に従う。

平成29年改正民法では，売買等の担保責任に関する規律が見直された。すなわち，いわゆる法定責任説の考え方を否定し，買主等は，目的物が特定物であるか不特定物であるかを問わず，その種類及び品質等に関して契約内容に適合する物を引き渡す義務を負い，引き渡した物が契約内容に適合しない場合には，売主等に対し，追完請求等をすることができることとされている（第562条等）。そして，無償行為である贈与においても，贈与者は，契約内容に適合する目的物を引き渡す義務を負うことを前提としつつ，その契約に

178 第３章 遺言制度の見直し

おいて，贈与の目的として特定した時の状態で引き渡し，又は移転すること
を約したものと推定することとされている（第551条第１項）。新法第998条本
文は，この贈与の担保責任に関する規律を踏まえ，遺贈の無償性を考慮して，
遺贈の目的となる物又は権利が相続財産に属するものであった場合には，遺
贈義務者は，原則として，その物又は権利を相続が開始した時（その後に遺
贈の目的である物又は権利を特定した場合はその特定の時）の状態で引き渡し，
又は移転する義務を負うこととするものである。

　もっとも，この規律は，あくまでも遺言者の通常の意思を前提としたもの
にすぎないから，その遺言において，遺言者がこれとは異なる意思を表示し
ていた場合には，遺贈義務者はその意思に従った履行をすべき義務を負うこ
ととしている（新法第998条ただし書）。

　以上の改正に伴い，不特定物のみについて遺贈義務者の担保責任を定めて
いた旧法第998条の規律内容は削除された（中間試案補足説明第３‒２(3)説明）。

3 遺言執行者の権限の明確化

遺言執行者の通知義務

新法が相続人に対する通知義務を遺言執行者に負わせたのはなぜか。

相続人の利益を保護するためである。

◀ 解　説 ▶

【旧】	【新】
（遺言執行者の任務の開始） 第1007条　遺言執行者が就職を承諾したときは，直ちにその任務を行わなければならない。 　　　　　（新設）	（遺言執行者の任務の開始） 第1007条　（同左） 2　遺言執行者は，その任務を開始したときは，遅滞なく，遺言の内容を相続人に通知しなければならない。

　旧法では，遺言執行者に通知義務を課す規定はなかったが，改正により相続人に遺言の内容を通知すべき義務が課された（新法第1007条第2項）。その根拠は次のとおりである。

　遺贈の履行等の遺言内容の実現は，遺言執行者がいない場合には相続人が，遺言執行者がいる場合には遺言執行者がすべきことになるため，相続人としては，遺言の内容及び遺言執行者の有無について重大な利害関係を有する。そこで，相続人保護の観点から，相続人に対する通知義務を遺言執行者に負わせることとしたものである（中間試案補足説明第3-4(1)説明2，部会資料17第4補足説明1(2)）。

　遺言執行者が通知すべき範囲について，新法は相続人のみを対象としてお

180　第3章　遺言制度の見直し

り，受遺者等は通知の対象としていない。遺言執行者に通知義務を課す根拠
が前述のとおりであるとすれば，遺贈等の履行義務のない受遺者を通知の対
象とする必要性がないと考えられるためである。

　なお，包括遺贈の場合，包括受遺者は相続人と同一の権利義務を有するこ
とから，包括受遺者は通知すべき者に含まれるとするのが相当であるが，旧
法上，相続人に関する規定が包括受遺者に適用される場合にもその根拠条文
は第990条とされていることから，新法においても，通知の相手方に包括受
遺者を含める旨を明示していない。

　また，パブリックコメントにおいて，相続人の所在不明の場合には通知義
務を負わない旨を明記すべきであるとの意見があったが，このような場合に
通知義務を履行する必要がないことは当然であると考えられ，通知義務を定
める民法の他の規定（第354条，第385条等）においてもこの種の規定は設け
られていないこと等を考慮して，この点に関する適用除外の規定を設けるこ
ととはしていない（部会資料17第4補足説明1(2)）。

遺言執行者の通知義務に関する経過措置

新法施行日前に開始した相続について、新法施行日後に就職した遺言執行者は、任務開始後遅滞なく遺言の内容を相続人に通知する義務を負うか。

A
通知する義務を負う。

◀ 解　説 ▶

遺言執行者は、その任務を開始したときは、遅滞なく、遺言の内容を相続人に通知しなければならない（新法第1007条第2項）。そして、新法第1007条第2項の規定は、新法施行日前に開始した相続に関し、新法施行日以後に遺言執行者となる者にも適用される（改正法附則第8条第1項）。したがって、本問の場合には、遺言執行者は、新法施行日前に相続が開始し、新法施行日後に就職しているが、通知する義務を負うことになる。

【図表17】 遺言執行者の通知義務に関する経過措置

182 第３章　遺言制度の見直し

遺贈の履行に関する遺言執行者の権限

遺贈の履行に関する新法第1012条第２項が新設された理由は何か。

受遺者による遺贈の履行請求の相手方を明確にすることが新設の理由である。

◀ 解　　説 ▶

【旧】	【新】
（遺言執行者の権利義務） 第1012条　遺言執行者は，相続財産の管理その他遺言の執行に必要な一切の行為をする権利義務を有する。 　　　　　　　（新設） ２　第644条から第647条まで及び第650条の規定は，遺言執行者について準用する。	（遺言執行者の権利義務） 第1012条　遺言執行者は，遺言の内容を実現するため，相続財産の管理その他遺言の執行に必要な一切の行為をする権利義務を有する。 ２　遺言執行者がある場合には，遺贈の履行は，遺言執行者のみが行うことができる。 ３　（同左）

　新法第1012条第２項によれば，遺言執行者がある場合には，遺贈の履行は，遺言執行者のみが行うことができる。その趣旨は，受遺者による遺贈の履行請求の相手方を明確にする点にある。すなわち，この規定により，受遺者は遺言執行者がある場合には遺言執行者を相手方とし，遺言執行者がない場合には相続人を相手方として，遺贈の履行請求をすべきことが明らかとなる（部会資料26-２第３-４補足説明(注)）。
　この規定から，遺言執行者の権限に関する次のような解釈が導かれる（部会資料９第６補足説明３）。

① 遺贈の目的が特定の物又は債権その他の財産権である場合には，遺言執行者は受遺者が対抗要件を備えるために必要な行為をする権限を有する。
② 遺贈の目的が不特定物である場合には，遺言執行者はその物の給付をするのに必要な行為をしてこれを受遺者に引き渡し，かつ，受遺者が対抗要件を備えるために必要な行為をする権限を有する。

なお，要綱案の段階までは一貫して「特定遺贈」の履行に関する規律を設けることとされていたが（要綱案第3‐4(2)），最終的には「特定」の文言が削除され，包括遺贈についても遺言執行者の権限に属するに至った。

【図表18】遺言執行者の受遺者等に対する義務と権限

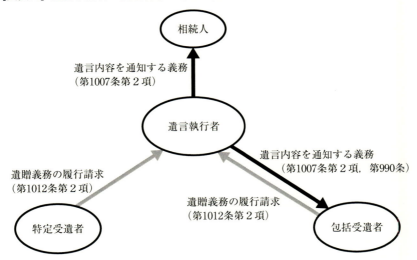

遺言執行者がいる場合の遺贈の履行に関する経過措置

Aは「甲不動産をBに遺贈する。Cを遺言執行者に指定する。」旨の遺言を作成した後，新法施行日前に死亡した。Cは，新法施行日後に遺言執行者に就職した。C以外の者が上記の遺贈を履行することはできるか。

A

履行することはできない。

◀ 解　説 ▶

遺言執行者がある場合には，遺贈の履行は，遺言執行者のみが行うことができる（新法第1012条第2項）。すなわち，遺言執行者がある場合には，遺言執行者以外の者（例えば，遺言執行者でない相続人）は，遺言の執行をすることができない。そして，新法第1012条第2項の規定は，新法施行日前に開始した相続に関し，新法施行日以後に遺言執行者となる者にも適用される（改正法附則第8条第1項）。したがって，本問の場合には，新法施行日前にAの相続が開始しているが，新法施行日以後にCが遺言執行者に就職した後は，C以外の者は，Aの遺言の執行（遺贈の執行）をすることができない。

【図表19】 遺言執行者がいる場合の遺贈の履行に関する経過措置

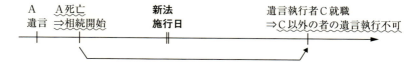

Q96 新法第1014条第2項の趣旨

新法第1014条第2項が特定財産承継遺言について対抗要件具備行為を遺言執行者の権限としたのはなぜか。

対抗要件主義の適用範囲を拡大した新法の下で遺言執行者の権限の範囲を明確にして，その職務を完遂させるためである。

◀ 解　説 ▶

【旧】	【新】
（特定財産に関する遺言の執行） 第1014条　前三条の規定は，遺言が相続財産のうち特定の財産に関する場合には，その財産についてのみ適用する。	（特定財産に関する遺言の執行） 第1014条　（同左）
（新設）	2　遺産の分割の方法の指定として遺産に属する特定の財産を共同相続人の一人又は数人に承継させる旨の遺言（以下「特定財産承継遺言」という。）があったときは，遺言執行者は，当該共同相続人が第899条の2第1項に規定する対抗要件を備えるために必要な行為をすることができる。
（新設）	3　前項の財産が預貯金債権である場合には，遺言執行者は，同項に規定する行為のほか，その預金又は貯金の払戻しの請求及びその預金又は貯金に係る契約の解約の申入れをすることができる。ただし，解約の申入れについては，その預貯金債権の全部が特定財産承継遺言の目的である場合に限る。
（新設）	4　前二項の規定にかかわらず，被相続人が遺言で別段の意思を表示したときは，その意思に従う。

186　第３章　遺言制度の見直し

　遺言執行者の権限について，旧法では「相続財産の管理その他遺言の執行に必要な一切の行為をする権利義務」を有する旨の包括的な規定（旧法第1012条第１項）しかなかったため，具体的な行為のうち，どこまでがその権限に属するのかについて疑義が生じることが多かった。新法第1014条第２項はこの問題の一つを解決するために新設されたものである。その趣旨は次のとおりである（部会資料６第４−２(3)ア）。

①　対抗要件具備行為は，受益相続人にその権利を完全に移転させるために必要な行為であって，まさに遺言の執行に必要な行為といえる。とりわけ，特定の財産を特定の相続人に相続させる旨の遺言（特定財産承継遺言）による権利の承継のうち法定相続分を超える部分について対抗要件主義を適用することとした新法第899条の２第１項の下では，受益相続人にとって早急に対抗要件を具備することの重要性は非常に高まったといえる。

②　相続させる旨の遺言のように受益者が自ら単独で対抗要件具備行為をすることができる場合にも，遺言執行者の権限を否定すべき必要性は乏しく，むしろ，相続に伴う権利変動をできる限り登記に反映させるためには，遺言執行者にもその権限を認めるのが相当であると考えられる。

Q97 特定財産承継遺言と遺言執行者の登記申請権限

対抗要件具備行為を遺言執行者の権限とする新法第1014条第2項の下で，特定の不動産を特定の相続人に相続させる旨の遺言に基づいて遺言執行者がその相続人のために相続登記の申請をすることができるようになるか。

できるようになる可能性がある。

解　説

　特定の不動産を特定の相続人に相続させる旨の遺言に基づいて遺言執行者が受益相続人のために相続登記を申請することは，従来の登記実務では認められていなかった。特に，最判平成3年4月19日民集45巻4号477頁がいわゆる即時権利移転の効力という考え方を示してからは，不受理の取扱いが完全に定着したといわれている（藤原勇喜「遺言・相続と不動産登記をめぐる諸問題（上）」登記研究685号166頁）。つまり，特段の事情がない限り，相続させる旨の遺言には遺産の一部分割と同じ効力があり，当該不動産は相続開始と同時に受益相続人に承継されるから，当該不動産は遺言の執行の対象ではなくなるという考え方がそれである。また，最判平成11年12月16日民集53巻9号1989頁は，登記実務上，相続させる旨の遺言については受益相続人が単独で登記申請することができることとされているから，当該不動産が被相続人名義である限りは，遺言執行者の職務が顕在化せず，遺言執行者は登記申請をすべき権利も義務も有しない旨を判示している。

　しかし，特定財産承継遺言による権利の承継について対抗要件主義を適用し（新法第899条の2第1項），その対抗要件の具備に必要な行為を遺言執行者の権限とする新たな制度（新法第1014条第2項）の下では，相続開始後速やかに受益相続人に対抗要件を具備させることが遺言執行者の重要な職務の一つであるという解釈に基づき，登記実務の運用が見直される可能性がある。

188　第３章　遺言制度の見直し

　ただ，その際に問題となるのは新法が遺言執行者に付与した権限の範囲との関係である。すなわち，新法第1014条第２項によれば遺言執行者は共同相続人が第899条の２第１項に規定する対抗要件を備えるために必要な行為をすることができるものとされており，第899条の２は相続による権利の承継のうち法定相続分を超える部分について対抗要件主義を適用する旨を規定している。これらの法文からは，遺言執行者の対抗要件具備行為の権限は法定相続分を超える部分にしか及ばないという解釈も成り立つように思われる。そうすると，例えば「甲不動産をAに相続させる。Bを遺言執行者に指定する。」という遺言に基づいてBがAのための相続登記を申請する場合において，Aが被相続人から承継する甲不動産の所有権には法定相続分とそれを超える部分の双方が含まれているため，Bは対抗要件主義が適用されない法定相続分についても相続登記を申請することとなるが，果たしてBにそのような権限があるのかという疑問が生じてしまう。この問題は動産や債権の承継についても生じ得るものであるが，不動産の場合は同一の相続の登記を法定相続分とそれを超える部分に分けて申請することが手続上できないため，より顕著な形で現れることとなる。結論からいえば，登記手続上の制約が足枷となって遺言執行者の対抗要件具備行為が妨げられることは対抗要件主義の適用範囲を拡大して取引の安全保護を図った新法の趣旨に反するから，上記の相続登記の申請は認められるべきであろう。そのような結論を導く手掛りは新法第1014条第２項の文言にあるものと考えられる。すなわち，新法が遺言執行者に付与した権限は，対抗要件を備えることそれ自体だけでなく，対抗要件を備えるために「必要な行為をすること」である。法定相続分を超える部分について受益相続人に対抗要件を具備させるためには法定相続分を含む所有権全体について相続登記をすることが不可欠であるとすれば，その登記の申請は「必要な行為をすること」に当たると解することができる。

　なお，中間試案の補足説明では，いわゆる所有者不明土地問題への対策という観点から，遺言執行者による相続登記の申請の可能性に言及している。それによれば，「近時，相続時に相続財産に属する不動産について登記がされないために，その所有者が不明確になっている不動産が多数存在すること

が社会問題となっていること等に鑑みると，遺産分割方法の指定がされた場合に，遺言執行者による単独申請によって登記を認めることができないかについても検討の余地があるものと考えられる。」ということである（中間試案補足説明第3-4(3)説明2(2)）。

Q98 特定の動産を相続させる旨の遺言と遺言執行者の対抗要件具備権限

動産を目的物とする特定財産承継遺言（遺産分割方法の指定）について、遺言執行者は受益相続人に引渡しの対抗要件（第178条）を具備させる権限を有するか。

A
権限を有する。

解　説

　遺言執行者の対抗要件具備行為の権限を定めた新法第1014条第2項は、特定財産承継遺言の目的物を「特定の財産」と定めているから、不動産や債権のほかに動産も含まれることは文言上明らかである。しかしながら、部会では、遺言執行者の対抗要件具備権限から引渡しを対抗要件とする動産を除外する案について検討され、結局動産についても対抗要件具備権限を認めることとしたという経緯がある。

　除外案は、主として遺言執行者の負担を考慮したものであった。すなわち、動産の引渡しの迅速な実現のためには、占有者の任意の協力が必要であり、これが望めない場合には遺言執行者は訴訟を提起しなければならず、同人に相当の負担をかけることになるが、動産の場合には、公示制度が必ずしも十分でなく、遺言執行者にそれだけの負担をかけるだけの意義があるか疑問であるというものであった。

　しかしながら、以下の理由により、遺言執行者の一般的な権限として、動産も含めた対抗要件具備権限を付与したとしても、必ずしも遺言執行者に加重な負担を負わせることにならないと解されることから、除外案は採用されなかった（部会資料23-2第3-4補足説明1(1)）。

① 遺言執行者には就職するに当たっての諾否の自由があり（第1007条）、動産の引渡権限が加重であると考える場合には就職を拒絶することが可能である。

② 遺言書において指定される遺言執行者は，遺言書の作成段階から関与
していることも多く，そのような場合には権限の範囲について遺言者と
事前に調整することができる。

192　第3章　遺言制度の見直し

新法第1014条第3項の趣旨

特定財産承継遺言の目的財産が債権である場合のうち，預貯金債権については，対抗要件具備行為のほかに払戻請求や解約申入れの権限を遺言執行者に付与した新法第1014条第3項の趣旨は何か。

従来の銀行実務及び預貯金契約の特殊性を踏まえ，遺言執行者が遺言内容の実現を円滑に行えるようにするためである。

◀ 解　説 ▶

　対抗要件具備行為に関する新法第1014条第2項は，対抗要件を具備した受益相続人が自ら当該財産の名義人となって権利行使することを前提としている。しかし，預貯金契約においては一般に譲渡禁止特約が設けられており，口座の名義人を変更してその預貯金債権を存続させることは通常予定されていない。そのため，相続の場面においても，銀行実務では相続人に名義変更をした上でその預貯金口座を維持する取扱いはほとんどされていないといわれている。そして，従来の銀行実務においては，遺言執行者が預貯金の解約及びその払戻しを求めてきた場合には，これに応じている金融機関が多いといわれている。このような預貯金契約の特殊性及び銀行実務の取扱いから，次のような結論が導かれた。
① 　遺言執行者がいる場合にも，受益相続人に当該預貯金債権の対抗要件を具備させた上で，受益相続人が自ら預貯金債権を行使することとするよりは，遺言執行者に預貯金債権の解約・払戻権限を認め，遺言執行者に引き出した預貯金の分配まで委ねる方が手続として簡便であり，また，遺言者の通常の意思に合致する場合が多いと考えられる。
② 　特定財産承継遺言がされた場合における遺言執行者の権限として，対抗要件具備行為（新法第1014条第2項）のみを規定することとすると，その反対解釈として，従来の銀行実務の運用が否定されるおそれがある。

Q100 遺言執行者の復任権

新法第1016条が遺言執行者に広範な復任権を付与したのはなぜか。

遺言執行者の職務が広範に及ぶ場合や難しい法律問題を含むような場合に，適切に遺言の執行ができるようにするためである。

◀ 解　説 ▶

【旧】	【新】
（遺言執行者の復任権） 第1016条　遺言執行者は，やむを得ない事由がなければ，第三者にその任務を行わせることができない。ただし，遺言者がその遺言に反対の意思を表示したときは，この限りでない。 2　遺言執行者が前項ただし書の規定により第三者にその任務を行わせる場合には，相続人に対して，第105条に規定する責任を負う。	（遺言執行者の復任権） 第1016条　遺言執行者は，自己の責任で第三者にその任務を行わせることができる。ただし，遺言者がその遺言に別段の意思を表示したときは，その意思に従う。 2　前項本文の場合において，第三者に任務を行わせることについてやむを得ない事由があるときは，遺言執行者は，相続人に対してその選任及び監督についての責任のみを負う。

　旧法では，遺言執行者は，遺言者がその遺言に反対の意思を表示した場合を除き，やむを得ない事由がなければ，第三者にその任務を行わせることができないとされており，復任権が制限されていた（旧法第1016条）。

　しかし，一般に，遺言において遺言執行者の指定がされる場合には，相続人など必ずしも十分な法律知識を有していない者が指定される場合も多く，遺言執行者の職務が広範に及ぶ場合や，難しい法律問題を含むような場合には，その遺言執行者において適切に遺言を執行することが困難な場合もあり得る。

　さらに，現在の実務においては，相続人が遺言執行者に選任されることも

194　第3章　遺言制度の見直し

多いことから，遺言の内容によっては，遺言執行者の職務とされた行為のうち，その一部については利益相反の関係に立つため，その相続人に遺言執行者の職務を行わせるのが相当でない場合や，遺言執行者が一部の相続人と対立関係にあるために，その相続人の利益となる行為を適切に行うことを期待することができない場合があるとの指摘もされていた。

　そこで，これらの指摘等を踏まえ，新法では，遺言執行者は，遺言者が遺言で別段の意思表示をしない限り，自己の責任で第三者にその任務を行わせることができるものとした（新法第1016条）。

Q101 遺言執行者の復任権の拡大に伴う責任

遺言執行者は，第三者に任務を行わせることについて，相続人に対してどのような責任を負うか。

原則として，第三者に任務を行わせることについてやむを得ない事由があるときは，遺言執行者は，相続人に対してその選任及び監督についての責任のみを負う。

◀ 解　説 ▶

　Q100のとおり，新法は遺言執行者に対して法定代理人に準ずる広範な復任権を付与し，原則として，自己の責任で第三者にその任務を行わせることができることとした（新法第1016条第1項本文）。この改正に合わせて，遺言執行者の復任に関する責任についても法定代理人に準ずる見直しが行われた。すなわち，第三者に任務を行わせることについてやむを得ない事由があるときは，遺言執行者は，相続人に対してその選任及び監督についての責任のみを負うこととした（新法第1016条第2項）。

　なお，遺言者が遺言執行者の復任権について遺言に別段の意思を表示したときは，その意思に従うものとされている（新法第1016条第1項ただし書）。この場合における遺言執行者の責任については解釈に委ねられる（部会資料23-2第3-4補足説明2）。

196 第３章 遺言制度の見直し

【図表20】 復任権に関する責任 （遺言執行者と代理人の比較）

	改正後の遺言執行者	改正前の遺言執行者	任意代理人	法定代理人
復任権	自己の責任で第三者にその任務を行わせることができる。ただし、遺言者がその遺言に別段の意思を表示したときは、その意思に従う（新法第1016条第１項）。	やむを得ない事由がなければ、第三者にその任務を行わせることができない。ただし、遺言者がその遺言に反対の意思を表示したときは、この限りでない（旧法第1016条第１項）。	本人の許諾を得たとき、又はやむを得ない事由があるときでなければ、復代理人を選任することができない（第104条）。	自己の責任で復代理人を選任することができる（平成29年改正民法第105条前段）。
責任	上記本文の場合において、第三者に任務を行わせることについてやむを得ない事由があるときは、遺言執行者は、相続人に対してその選任及び監督についての責任のみを負う（新法第1016条第２項）。	上記ただし書の規定により第三者にその任務を行わせる場合には、相続人に対して、その選任及び監督についての責任を負う。	代理権授与契約上の債務不履行責任の問題として処理される（平成29年改正民法第415条）。	復代理人を選任したことにやむを得ない事由があるときは、本人に対してその選任及び監督についての責任のみを負う（平成29年改正民法第105条後段）。

遺言執行者の復任権に関する経過措置

Aは，新法施行日前に「甲不動産をBに遺贈する。Cを遺言執行者に指定する。」旨の遺言を作成し，新法施行日後に死亡した。Cは，自己の責任で第三者に任務を行わせることができるか。遺言には遺言執行者の復任権に関する記述はないものとする。

A

やむを得ない事由がなければ第三者に任務を行わせることはできない。

◀ 解　説 ▶

　遺言執行者は，遺言者がその遺言に別段の意思を表示したときを除き，自己の責任で第三者にその任務を行わせることができる（新法第1016条第1項）。ただし，新法施行日前にされた遺言に係る遺言執行者の復任権については，新法第1016条の規定にかかわらず，なお従前の例による（改正法附則第8条第3項）。したがって，本問の場合には，新法施行日前にAの遺言がされているため，遺言執行者Cは，やむを得ない事由がなければ第三者に任務を行わせることができない。

【図表21】遺言執行者の復任権に関する経過措置

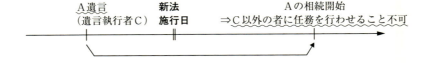

4 法務局における遺言書の保管制度

遺言書保管制度の創設理由

「法務局における遺言書の保管等に関する法律」が制定された理由は何か。

A

高齢化の進展等の社会経済情勢の変化に鑑み，相続をめぐる紛争を防止するためである。

◀ 解　説 ▶

自筆証書遺言は，遺言をした事実やその内容を他人に知られることなく遺言者のみで作成することができるメリットがある反面，遺言証書原本が公証役場で厳重に保管される公正証書遺言とは異なり，保管方法は本人に任されているため，下記の諸問題が生じていると指摘されてきた。

① 遺言者自身の管理不十分による遺言書の紛失
② 災害による消失
③ 相続開始前又は開始後に遺言書を発見した相続人による隠匿や変造
④ 遺言書の発見が遅れたことによる遺産分割のやり直し
⑤ 遺言書の存在を知らないまま3か月以内に相続の承認又は放棄の選択を迫られる相続人の不利益（第915条第1項）

また，高齢化社会の進展に伴い，遺言後に認知症を発症した遺言者が遺言書の存在そのものを失念するケースが増加することも懸念されることから，上記の問題は今後一層深刻になるおそれがある。

そこで，これらの問題を解消するため，自筆証書遺言を確実に保管し，相続人がその存在を把握することのできる制度の創設が部会において検討されたが，その際に問題となったのは，どの公的機関を保管制度の担い手とする

かということである。その担い手が備えるべき適格性の要件として挙げられたのは，以下の四つである。

① 遺言書の保管業務を担うことが可能な人的物的体制を有すること
② 利便性の観点から全国に存在する機関であること
③ 保管開始後に遺言者が転居しても対応に困難をきたさないこと
④ 遺言書の保管に関するデータに基づき全国で統一的に証明書の交付請求に対応することが可能な機関であること

そして，検討の結果，法務局が上記四つの要件を充足するものと認められ，「法務局における遺言書の保管等に関する法律」が制定されることになった。

遺言書保管制度の対象となる遺言

法務局における遺言書の保管制度の対象となる遺言が自筆証書遺言に限られているのはなぜか。

遺言書の紛失等を防止し遺言書の真正をめぐる紛争をできる限り抑止する必要性は，自筆証書遺言において最も大きいことに加え，新たな遺言書保管制度は，遺言書を法務局の施設内において保管し，併せてその画像情報を遺言書保管ファイルに記録することにより，検認を不要とするものだからである。

◀ 解　説 ▶

法務局における遺言書の保管制度の仕組みは，以下のとおりである。

遺言者から無封の状態で提出された遺言書は，法務局（遺言書保管所）の施設内において保管され（遺言書保管法第6条第1項），かつ，その画像情報は磁気ディスク等の媒体をもって調製する遺言書保管ファイルに記録される（遺言書保管法第7条第2項第1号）。また，遺言書の保管の申請，相続開始前の遺言書の閲覧請求及び保管の申請の撤回の各手続について，遺言者自ら遺言書保管所に出頭することを要求し，本人確認を行うこととしている（**Q 107参照**）。このように厳重な改変防止策が講じられていることから，遺言書保管所に保管されている遺言書については，家庭裁判所による検認が不要とされる（遺言書保管法第11条）。これにより，相続人・受遺者等は相続開始後遺言内容に即した登記等の手続に着手することが容易となる。

普通方式の遺言のうち，公正証書遺言は原本が公証役場に保管されることから，民法上検認は不要とされている（第1004条第2項）。したがって，同一の遺言書を公証役場と法務局で二重に保管することは困難であり不要でもある。また，秘密証書遺言は，証書を封じることにより他人に遺言の内容を知られないことに最大のメリットがある（第970条第1項第2号）から，無封の

4 法務局における遺言書の保管制度　*201*

遺言書を提出させて画像情報を遺言書保管ファイルに記録する仕組みとは相いれない性質のものである。

　なお，特別方式の遺言は，いずれも遺言者自ら遺言書保管所に出頭することが困難な状況にあるため，上記の仕組みにはなじまない。

　以上のことから，保管制度の対象は「自筆証書によってした遺言に係る遺言書」に限られている（遺言書保管法第1条）。

Q105 未成年者による遺言書保管申請の可否

未成年者は，遺言書保管官に対し，自ら作成した自筆証書遺言書の保管の申請をすることができるか。

遺言能力を有する未成年者（15歳以上）であれば，申請をすることができる。

◀ 解　説 ▶

遺言書保管法は手続法であるから，特別な規定がない限り，遺言能力については実体法である民法の規定に従うことになる。第961条によれば，15歳に達した者については遺言能力が認められているので，未成年者であったとしても，遺言能力が認められる場合には単独で遺言をすることができる。これに伴い，遺言書保管申請の申出についても，15歳以上の者であれば，単独ですることができる。遺言書の閲覧や返還の請求についても同様である（部会資料17第3補足説明2）。

Q106 遺言書保管申請の手続(1)

遺言書の保管の申請はどこで行うか。

管轄権を有する遺言書保管所で、遺言書保管官に対して行わなければならない。

◀ 解　説 ▶

(1) 遺言書保管所・遺言書保管官の意義

　遺言書の保管に関する事務をつかさどるのは、遺言書保管所である（遺言書保管法第2条第1項）。遺言書保管所は、全国の法務局、法務局の支局及び出張所、法務局の支局の出張所並びに地方法務局及びその支局並びにこれらの出張所の中から法務大臣が指定する（遺言書保管法第1条、第2条）。この遺言書保管所に勤務する法務事務官のうちから、法務局又は地方法務局の長が指定する者を遺言書保管官といい（遺言書保管法第3条）、遺言者は遺言書保管官に対して遺言書の保管の申請をすることができる（遺言書保管法第4条第1項）。

(2) 遺言書保管所の管轄

　遺言書保管所の管轄は、以下の基準に従って決せられる（遺言書保管法第4条第3項）。

ア　遺言者の作成した他の遺言書が現に遺言書保管所に保管されている場合

　この場合には、当該他の遺言書が保管されている遺言書保管所の遺言書保管官に対して申請しなければならない。

イ　上記ア以外の場合

　次の中から管轄遺言書保管所を選択し、その遺言書保管官に対して申請しなければならない。

　① 遺言者の住所地を管轄する遺言書保管所

②　遺言者の本籍地を管轄する遺言書保管所
③　遺言者が所有する不動産の所在地を管轄する遺言書保管所

【図表22】 遺言書の保管の管轄（遺言者が日本国籍を有する場合）

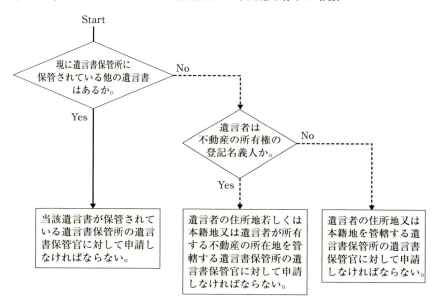

Q107 遺言書保管申請の手続(2)

遺言書の保管の申請を郵送で行うことはできるか。また、代理人によって行うことはできるか。

A
郵送による申請及び代理人による申請は、いずれもできない。

◀ 解　説 ▶

　遺言書の保管の申請は、遺言者が自ら行わなければならず（本人申請主義）、かつ、遺言書保管所に出頭して行わなければならない（出頭主義）（遺言書保管法第4条第6項）。これは、他人が遺言者になりすまして虚偽の申請を行うことを防止するために、遺言書保管所の窓口で遺言書保管官による厳格な本人確認を行う必要があるからである。すなわち、遺言書保管法第5条によれば、遺言書保管官は、遺言書の保管の申請があった場合において、申請人に対し、法務省令で定めるところにより、当該申請人が本人であるかどうかの確認をするため、当該申請人を特定するために必要な氏名その他の法務省令で定める事項を示す書類の提示若しくは提出又はこれらの事項についての説明を求めるものとされている。

遺言書保管申請の手続(3)

Q108 遺言書の保管の申請はどのような書類の提出が必要か。また，手数料の納付は必要か。

法務省令で定める様式に従って作成した無封の遺言書，申請書及び添付書類を提出する必要がある。また，政令で定める額の手数料を納付しなければならない。

◀ 解　説 ▶

(1) **遺言書**

　保管の申請をする遺言書は，法務省令で定める様式に従って作成した無封のものでなければならない（遺言書保管法第4条第2項）。「無封」を要件としたのは，第一に，新法第968条の自筆証書遺言の方式及び法務省令で定める様式に従った遺言書であることを遺言書保管官が確認しやすくするためであり，第二に，遺言書の画像情報を遺言書保管ファイルに記録する事務処理（遺言書保管法第7条第2項）を円滑に進めるためである。

　中間試案に対するパブリックコメントでは，画像データを保管する場合の情報流出への懸念等から，封緘された遺言書を保管する制度を創設すべきであるとの意見も寄せられた。しかし，遺言書の原本のみを保管する方法には次のような問題点があることから，採用されなかった（部会資料17第3補足説明4）。

① 災害等により遺言書が滅失した場合に遺言の内容を回復することが困難になる。

② 相続開始後に開封するまで中身が分からないため，遺言とは全く関係のない文書が在中していることもあり得ることになる。

③ 遺言書の写しに相当する遺言書情報証明書の交付を行うことができなくなる。

(2) 申請書

　遺言書の保管の申請をしようとする遺言者は，法務省令で定めるところにより，遺言書に添えて，次に掲げる事項を記載した申請書を遺言書保管官に提出しなければならない（遺言書保管法第4条第4項）。

① 　遺言書に記載されている作成の年月日

② 　遺言者の氏名，出生の年月日，住所及び本籍（外国人にあっては，国籍）

③ 　遺言書に受遺者又は指定遺言執行者（第1006条第1項）の記載があるときは，その氏名又は名称及び住所

④ 　上記①から③のほか，法務省令で定める事項

(3) 添付書類

　遺言書保管申請書には，遺言者の氏名，出生の年月日，住所及び本籍（外国人にあっては，国籍）を証明する書類その他法務省令で定める書類を添付しなければならない（遺言書保管法第4条第5項）。

(4) 手数料の納付

　遺言書の保管の申請をする者は，物価の状況のほか，遺言書の保管及び遺言書に係る情報の管理に関する事務に要する実費を考慮して政令で定める額の手数料を納めなければならない（遺言書保管法第12条第1項第1号）。この手数料の納付は，収入印紙をもってしなければならない（遺言書保管法第12条第2項）。

Q109 自ら出頭することを要する手続

遺言書の保管の申請以外に、自ら遺言書保管所に出頭することを要する手続にはどのようなものがあるか。

遺言者による遺言書の閲覧請求及び保管の申請の撤回がある。

◀ 解　説 ▶

(1) 遺言書の閲覧請求

遺言者は、その申請に係る遺言書が保管されている遺言書保管所（特定遺言書保管所）の遺言書保管官に対し、いつでも当該遺言書の閲覧を請求することができる（遺言書保管法第6条第2項）。閲覧の請求をしようとする遺言者は、請求書及び法務省令で定める添付書類を遺言書保管官に提出しなければならない（遺言書保管法第6条第3項）。また、閲覧の請求をするときは、遺言者が特定遺言書保管所に自ら出頭しなければならず（遺言書保管法第6条第4項前段）、遺言書の保管の申請があった場合と同様に、遺言書保管官による本人確認が行われる（遺言書保管法第6条第4項後段）。

なお、遺言書の閲覧請求をしようとする者は、物価の状況のほか、遺言書の閲覧及びそのための体制の整備に関する事務に要する実費を考慮して政令で定める額の手数料を収入印紙で納めなければならない（遺言書保管法第12条第1項第2号、第2項）。

(2) 遺言書の保管の申請の撤回

遺言者は、特定遺言書保管所の遺言書保管官に対し、いつでも、遺言書の保管の申請を撤回することができる（遺言書保管法第8条第1項）。撤回をしようとする遺言者は、法務省令で定めるところにより、その旨を記載した撤回書に法務省令で定める書類を添付して、遺言書保管官に提出しなければならない（遺言書保管法第8条第2項）。また、撤回をするときは、遺言者が特

定遺言書保管所に自ら出頭して行わなければならず（遺言書保管法第8条第3項前段），遺言書の保管の申請があった場合と同様に，遺言書保管官による本人確認が行われる（遺言書保管法第8条第3項後段）。

保管されている遺言書に関する情報開示

Q110 遺言書保管所で保管されている遺言書について、遺言者以外の者に対する情報開示はどのような制度によって行われるか。

A
　関係相続人等に対する情報開示制度として関係遺言書の閲覧請求及び遺言書情報証明書の交付請求がある。また、何人も遺言書保管事実証明書の交付を請求することができる。

◀ 解　説 ▶

(1) 関係相続人等による関係遺言書の遺言書情報証明書の交付請求
ア　関係相続人等・関係遺言書・遺言書情報証明書の意義
　「関係相続人等」とは、遺言書保管所に保管されている遺言書について利害関係を有する者として遺言書保管法第9条第1項各号に限定列挙されているものをいう。例えば、遺言者の相続人、欠格事由（第891条）に該当し又は廃除によって相続権を失った者、相続の放棄をした者、受遺者、遺言により認知するものとされた子（第781条第2項）等である。
　「関係遺言書」とは、自己が関係相続人等に該当する遺言書をいう。
　「遺言書情報証明書」とは、遺言書保管所に保管されている遺言書について、遺言書保管ファイルに記録されている事項（遺言書保管法第7条第2項第1号～第4号）を証明した書面をいう。

イ　遺言書情報証明書の交付を請求できる時期
　関係相続人等が遺言書情報証明書の交付を請求できるのは、遺言者の死亡後に限られる（遺言書保管法第9条第1項かっこ書）。相続開始前に遺言の内容を知られたくない遺言者の意思を尊重するためである。

ウ　遺言書情報証明書の交付請求の手続
　遺言書情報証明書の交付請求は、関係遺言書を現に保管する遺言書保管所の遺言書保管官だけでなく、それ以外の遺言書保管所の遺言書保管官に

対してもすることができる（遺言書保管法第9条第2項）。

遺言書情報証明書の交付を請求しようとする者は，遺言書保管官に請求書及び法務省令で定める添付書類を提出しなければならない（遺言書保管法第9条第4項）。また，物価の状況のほか，遺言書情報証明書又は遺言書保管事実証明書の交付及びそのための体制の整備に関する事務に要する実費を考慮して政令で定める額の手数料を収入印紙で納めなければならない（遺言書保管法第12条第1項第3号，第2項）。

(2) 関係相続人等による関係遺言書の閲覧請求

関係相続人等は，関係遺言書を保管する遺言書保管所の遺言書保管官に対し，当該関係遺言書の閲覧を請求することができる（遺言書保管法第9条第3項）。

閲覧を請求することができる時期について，遺言書保管法第9条第3項には同条第1項のように「遺言者が死亡している場合に限る。」といった文言がない。しかし，閲覧の対象は関係遺言書であり，関係遺言書とは「自己が関係相続人等に該当する遺言書」のことである（遺言書保管法第9条第2項）。そして，関係相続人等を列挙した同条第1項第1号の「遺言者の相続人」「相続の放棄をした者」等の文言から，関係遺言書の閲覧は請求者が既に相続人等の地位にあること（つまり相続が開始していること）を前提としている。

関係遺言書の閲覧請求をしようとする者は，遺言書保管官に，請求書及び法務省令で定める添付書類を提出しなければならない（遺言書保管法第9条第4項）。また，物価の状況のほか，遺言書の閲覧及びそのための体制の整備に関する事務に要する実費を考慮して政令で定める額の手数料を収入印紙で納めなければならない（遺言書保管法第12条第1項第2号，第2項）。

(3) 遺言書保管事実証明書の交付請求

何人も，遺言書保管官に対し，遺言書保管事実証明書の交付を請求することができる（遺言書保管法第10条第1項）。遺言書保管事実証明書とは，遺言書保管所における関係遺言書の保管の有無並びに当該関係遺言書が保管され

ている場合には遺言書保管ファイルの記録事項のうち遺言書に記載されている作成の年月日及び遺言書が保管されている遺言書保管所の名称及び保管番号を証明した書面をいう。

法文上は「何人も」とあるが，遺言書保管事実証明書は関係遺言書について作成されるものであり，関係遺言書とは「自己が関係相続人等に該当する遺言書」のことである（遺言書保管法第9条第2項）から，無関係な他人の遺言書について遺言書保管事実証明書の交付を請求できるわけではない。

遺言書保管事実証明書の交付請求は，関係遺言書を現に保管する遺言書保管所以外の遺言書保管所の遺言書保管官に対してもすることができる（遺言書保管法第10条第2項，第9条第2項）。

遺言書保管事実証明書の交付請求をしようとする者は，遺言書保管官に請求書及び法務省令で定める添付書類を提出しなければならない（遺言書保管法第10条第2項，第9条第4項）。また，物価の状況のほか，遺言書情報証明書又は遺言書保管事実証明書の交付及びそのための体制の整備に関する事務に要する実費を考慮して政令で定める額の手数料を収入印紙で納めなければならない（遺言書保管法第12条第1項第3号，第2項）。

遺言者本人による遺言書情報証明書の交付請求の可否

遺言者本人は遺言書情報証明書の交付を請求することができるか。

請求することはできない。

◀ 解　説 ▶

　部会資料23-1第3-2においては，遺言者が遺言書に係る画像情報等を証明した書面の交付を求めることができるとしていたが，この制度の採用は見送られた。その理由は以下のとおりである（部会資料24-2第3-2補足説明）。
　①　保管申請の撤回により遺言書が返還された後，新たな遺言書が保管される可能性が残っている遺言者の生存中に，法務局が作成した遺言書に係る画像情報等を証明した書面が交付されることは，遺言書をめぐる将来の紛争を誘発する可能性がある。
　②　遺言書の閲覧及び保管申請の撤回を認めることにより遺言者の保護は十分であると考えられる。

Q112 遺言書情報証明書と遺言書保管事実証明書の違い

遺言書情報証明書と遺言書保管事実証明書の違いは何か。

　遺言書情報証明書と遺言書保管事実証明書とでは制度趣旨（証明書が果たすべき役割）が異なるため、それぞれの記載事項も異なっている。

◀ 解　　説 ▶

　遺言書情報証明書には遺言書保管ファイルに記録されている事項（遺言書保管法第7条第2項，第9条第1項）の全部が記載されているのに対して，遺言書保管事実証明書には，遺言書保管所における関係遺言書の保管の有無及び関係遺言書が保管されている場合，遺言書保管ファイルの記録事項の一部（遺言書に記載されている作成の年月日及び遺言書が保管されている遺言書保管所の名称・保管番号）のみが記載されている（遺言書保管法第10条第1項）。
　このような記載事項の差異は，遺言書情報証明書と遺言書保管事実証明書の制度趣旨（証明書が果たすべき役割）の違いに由来するものである。

(1)　遺言書情報証明書の制度趣旨

　遺言書情報証明書は，交付請求者が自己を相続人等とする相続が開始したことだけでなく，被相続人の遺言書が法務局において保管されていることを知っている場合に，相続開始後速やかに遺産分割や相続登記の手続に着手することができるようにするためのものである。すなわち，遺言書保管法は，相続開始後に関係相続人等が遺言書の返還を請求することができる制度を設けていない。これは，仮に原本の返還を認めるとすると，①複数の相続人による返還請求が競合した場合の対応が困難となる，②特定の相続人が遺言書原本の返還を受けた後にこれを隠匿・改ざんする等の弊害が生じ得るからである。したがって，関係相続人等については関係遺言書の閲覧と遺言書情報証明書の交付のみを認め，関係相続人等は交付を受けた遺言書情報証明書に

4 法務局における遺言書の保管制度 *215*

基づいて遺言内容に即した登記等をすることができることとした（部会資料17第3補足説明5(3)）。

　なお，遺言書の原本そのものは，相続開始後も遺言書保管官による保管が継続され，遺言者の死亡の日（遺言者の生死が明らかでない場合にあっては，これに相当する日として政令で定める日）から相続に関する紛争を防止する必要があると認められる期間として政令で定める期間が経過した後に廃棄することができるものとされている（遺言書保管法第6条第5項）。

(2) 遺言書保管事実証明書の制度趣旨

　遺言書保管事実証明書は，交付請求者が自己を相続人等とする相続が開始したことは知っているが，被相続人の遺言書が法務局において保管されているかどうかまでは知らないという場合に，関係遺言書の保管の有無を知り，その閲覧の請求や遺言書情報証明書の交付請求を行うかべきか否かを判断できるようにするための制度である。ちなみに，部会資料23-1第3-2(5)において，相続人等が相続開始後に，法務局に対し，遺言書の保管の有無を照会することができる制度の創設が提案されており，これを原型として創設されたのが遺言書保管事実証明書の交付請求の制度である。

【図表23】遺言書情報証明書と遺言書保管事実証明書の記載事項

○＝記載事項となる　×＝記載事項とならない

	遺言書情報証明書	遺言書保管事実証明書
遺言書の画像情報	○	×
遺言書に記載されている作成の年月日	○	○
遺言者の氏名，出生の年月日，住所及び本籍（外国人にあっては，国籍）	○	×
受遺者	○	×
指定遺言執行者	○	×
遺言書の保管を開始した年月日	○	×
遺言書が保管されている遺言書保管所の名称及び保管番号	○	○
遺言書保管所における関係遺言書の保管の有無	×	○

Q113 遺言書保管事実証明書の交付を請求できる時期

遺言書保管事実証明書の交付を請求することができる時期はいつか。

相続開始後に限られる。

◀ 解　説 ▶

遺言書保管事実証明書の交付を請求することができる時期について，遺言書保管法第10条第1項は，同法第9条第1項のように「遺言者が死亡している場合に限る。」といった制限をしていないが，遺言書保管事実証明書は関係遺言書について作成されるものであり，関係遺言書とは「自己が関係相続人等に該当する遺言書」のことである（遺言書保管法第9条第2項）から，請求者が既に相続人等の地位にあること（つまり，相続が開始していること）を前提としている。このような時期的制限を設けることについては，この制度の原型となった照会制度の段階から部会資料において一貫していたところである。

その理由は以下のとおりである（部会資料17第3補足説明5(4)）。
① 遺言者のプライバシーを保護する必要性がある。すなわち，遺言の存在を他者に知らせるか否かは遺言者自身の意思に委ねられるべきである。
② 現行法上，遺言は遺言者の死亡の時からその効力を生ずるもので，かつ，遺言者においていつでも撤回することができるとされている（第985条第1項，第1022条）ため，相続開始前に遺言者以外の者（推定相続人等）にその存否を把握させる必要性は認められない。

Q114 遺言書保管官による通知が行われる場合

遺言書情報証明書を交付した場合，関係遺言書を閲覧させた場合又は遺言書保管事実証明書を交付した場合のうち，遺言書保管官から相続人等に対して通知が行われるのはどれか。

通知が行われるのは，遺言書情報証明書を交付した場合及び関係遺言書を閲覧させた場合である。

◀ 解　説 ▶

遺言書保管官は，遺言書情報証明書を交付し又は関係遺言書の閲覧をさせたときは，原則として，法務省令で定めるところにより，速やかに当該関係遺言書を保管している旨を遺言者の相続人等に通知するものとされている（遺言書保管法第9条第5項本文）。これらの場合には，一部の者のみが遺言書の内容を知ることとなるところ，公平性や紛争防止の観点から，他の相続人等に対しても通知する必要があるからである。なお，遺言書情報証明書の交付又は関係遺言書の閲覧を請求する者には，検認の場合と同様の書面（相続人全員を特定する書面）の提出を求める予定である（部会資料23-2第3-2補足説明4）。ただし，遺言者の相続人等が既に遺言書情報証明書の交付又は関係遺言書の閲覧の事実を知っているときは，通知は行われない（遺言書保管法第9条第5項ただし書）。

これに対して，遺言書保管事実証明書を交付しても請求者が遺言書の内容を知ることはできないから，他の相続人等に対する通知は行われない（遺言書保管法第10条第2項は第9条第5項を準用していない。）。

218 第３章 遺言制度の見直し

【図表24】 遺言書の閲覧・遺言書情報証明書・遺言書保管事実証明書の比較

	遺言書の閲覧 （第６条第２項）	関係遺言書の閲覧 （第９条第３項）	遺言書情報 証明書の交付 （第９条第１項）	遺言書保管事実 証明書の交付 （第10条）
請求権者	遺言者に限る。	関係相続人等に限る。	関係相続人等に限る。	何人も請求できる。
請求可能時期	遺言書の保管開始後いつでも請求できる。	相続開始後，遺言書の廃棄（第６条第５項）が行われるまで請求できる。		
請求の相手方	遺言書を保管する遺言書保管所の遺言書保管官に限る。	関係遺言書を保管する遺言書保管所の遺言書保管官に限る。	関係遺言書を保管する遺言書保管所以外の遺言書保管所の遺言書保管官に対しても請求できる。	
相続人等への通知	通知されない。	遺言書保管官は，閲覧又は交付後速やかに，関係遺言書を保管している旨を相続人・受遺者・指定遺言執行者に通知する（第９条第５項）。		通知されない。

第4章　遺留分制度の見直し

1　総説

改正前の遺留分制度の問題点
改正前の遺留分制度にはどのような問題点があったか。

　改正前の遺留分制度は，明治民法下の遺留分制度の特色（家督相続制度を前提とし，家産の維持を目的としていた。）を引き継いでいたため，共同相続主義の下で相続人の生活保障を図る現行の遺留分制度にそぐわない内容を含んでいた。

◀　解　説　▶

　旧法の遺留分に関する規定は，単独相続である家督相続を前提とし，家産の維持を目的として作られた明治民法の規定をほとんどそのまま引き継ぐものであった。昭和22年の民法改正の際に現行の共同相続制度を踏まえた十分な検討がされなかったためである（部会資料1第2-4）。その特徴の第一は，遺留分減殺に物権的効力が与えられていたことである。これは，遺贈・贈与の目的物の所有権を家督相続人に帰属させ，家産の維持を図る必要性に基づくものであった。そして，特徴の第二は，減殺請求の相手方となる受遺者・受贈者が相続人である場合と相続人以外の第三者である場合の区別がなされていないことである。これは，家督相続が単独相続であったために，共同相続人間の公平に配慮するという発想が欠けていたことに起因する。

(1) 遺留分減殺の物権的効力に関する問題点

遺留分制度の趣旨・目的として一般に挙げられているのは，①遺族の生活保障，及び，②遺産の形成に貢献した遺族の潜在的持分の清算である。これらの観点からは，前記の特徴の第一（遺留分減殺の物権的効力）は遺留分制度にとって必要不可欠なものとはいえない。なぜなら，遺贈・贈与の目的物の所有権を帰属させなくても金銭的補償が与えられれば遺留分権利者の生活保障や潜在的持分の清算は可能だからである。のみならず，遺留分減殺の物権的効力には円滑な事業承継を妨げる弊害があることも指摘されてきた。すなわち，被相続人が特定の相続人（例えば長男）に家業を継がせるため，株式や店舗等の事業用の財産をその者に相続させる旨の遺言をしても，遺留分減殺請求権の行使により株式や事業用の財産が他の相続人との共有となる結果，円滑な事業承継の障害となる場合があるということである（部会資料4第1－1(5)）。

(2) 共同相続人間の公平に関する問題点

前記の特徴の第二（受遺者・受贈者が相続人である場合と第三者である場合の区別の欠如）からは共同相続人間の公平という問題が生じており，判例によって規律の不十分さが補われてきたところである。例えば，遺留分算定の基礎となる財産に算入する贈与を相続開始前の1年間にしたものに限る規定（旧法第1030条）は受贈者の地位の安定に配慮したものであるが，受贈者が相続人である場合にこれを適用すると特別受益に関する規定（第903条）の意義が失われ，共同相続人間に不公平が生じる。そこで，判例（最判平成10年3月24日民集52巻2号433頁）は，受贈者が相続人である場合には原則として時期的な制限を設けることなく贈与の価額を算入することとした。また，遺留分減殺の対象となる遺贈が相続人に対するものである場合の減殺割合について，判例（最判平成10年2月26日民集52巻1号274頁）は受遺者の遺留分額を超える部分のみが旧法第1034条の「目的の価額」に当たるという解釈を示していた。これは，受遺者も共同相続人の一人として遺留分を有する以上，遺留分権利者の利益保護だけに偏るべきではないという考え方に基づいている

ものと解される。

　これらの問題点を解決する明文の規定を創設することが，今回の改正の重要な柱となった。その具体的な内容については，**Q116**以下で取り上げる。

　なお，遺留分権利者とその割合の見直しについては，今回の改正では見送られた（**Q126**）。

2 遺留分を算定するための財産の価額

遺留分を算定するための財産の価額の算定

遺留分を算定するための財産の価額はどのようにして導かれるか。

下記の計算式を法文化した新法第1043条及び第1044条の規定に則って導かれる。

```
遺留分を算定     相続開始時         第三者に対する生前贈与
するための    =  における      +   （原則として1年以内）      －  相続債務
財産の価額     被相続人の            ＋                        の全額
              積極財産の額       相続人に対する生前贈与
                                （原則として10年以内）
```

◀ 解　説 ▶

【旧】	【新】
（遺留分の算定） **第1029条**　遺留分は，被相続人が相続開始の時において有した財産の価額にその贈与した財産の価額を加えた額から債務の全額を控除して，これを算定する。 2　条件付きの権利又は存続期間の不確定な権利は，家庭裁判所が選任した鑑定人の評価に従って，その価格を定める。 **第1030条**　贈与は，相続開始前の1年間にしたものに限り，前条の規定によりその価額を算入する。当事者双方が遺留分権利者に損害を加えることを知って贈与をしたときは，1年前の日より前にしたものについても，同様とする。 （新設）	（遺留分を算定するための財産の価額） **第1043条**　遺留分を算定するための財産の価額は，被相続人が相続開始の時において有した財産の価額にその贈与した財産の価額を加えた額から債務の全額を控除した額とする。 2　（同左） **第1044条**　（同左） 2　第904条の規定は，前項に規定する贈与の価額について準用する。

| （新設） | 3　相続人に対する贈与についての第1項の規定の適用については，同項中「1年」とあるのは「10年」と，「価額」とあるのは「価額（婚姻若しくは養子縁組のため又は生計の資本として受けた贈与の価額に限る。）」とする。 |

　遺留分を算定するための財産の価額は，被相続人が相続開始の時に有した積極財産の価額に被相続人の贈与した財産の価額を加算し，その合計額から債務の全額を控除した額である（新法第1043条）。

　加算される贈与について，新法第1044条は受贈者が相続人以外の第三者である場合と相続人である場合とで次のような違いを設けている。

① 　贈与の時期

　　第三者が受贈者である場合には，原則として「相続開始前の1年間」にしたものに限り，その価額が算入される（新法第1044条第1項前段）。ただし，当事者双方が遺留分権利者に損害を加えることを知って贈与をしたときは，1年前の日より前にしたものについても，算入の対象となる（新法第1044条第1項後段）。これに対して，相続人が受贈者である場合には，原則として「相続開始前の10年間」にしたものに限り，その価額が算入されるが，当事者双方が遺留分権利者に損害を加えることを知って贈与をしたときは，10年前の日より前にしたものについても，算入の対象となる（新法第1044条第3項）。

② 　贈与の内容

　　第三者が受贈者である場合には何のための贈与であったかについて限定がないのに対して，相続人が受贈者である場合には「婚姻若しくは養子縁組のため又は生計の資本として受けた贈与」つまり特別受益としての贈与に限定されている（新法第1044条第1項，第3項）。

224   第4章　遺留分制度の見直し

【図表25】遺留分を算定するための財産の価額に含む贈与の整理

		第三者が受贈者である場合 （新法第1044条第1項）	相続人が受贈者である場合 （新法第1044条第3項）
贈与の時期	原則	相続開始前の1年間にしたものに限る。	相続開始前の10年間にしたものに限る。
	例外	当事者双方が遺留分権利者に損害を加えることを知って贈与をしたときは，1年前の日より前にしたものも算入する。	当事者双方が遺留分権利者に損害を加えることを知って贈与をしたときは，10年前の日より前にしたものも算入する。
贈与の内容		限定なし。	婚姻若しくは養子縁組のため又は生計の資本として受けた贈与に限る。

3 遺留分を算定するための財産の価額に算入する贈与の価額

Q117 新法第1044条第3項の趣旨(1)

相続人が受贈者である場合には，原則として「相続開始前の10年間」にしたものに限り，その贈与の価額が遺留分を算定するための財産の価額に算入される旨の規定（新法第1044条第3項）が新設されたのはなぜか。

共同相続人間の不公平の是正を重視した判例の趣旨と受遺者・受贈者の地位が不安定になりすぎないようにすべきという要請との調和を図るためである。

◀ 解　説 ▶

受贈者が相続人であるかそれ以外の第三者であるかによる区別をしていなかった旧法第1030条について，判例（最判平成10年3月24日民集52巻2号433頁）は，受贈者が相続人である場合には原則として時期的な制限を設けることなく贈与の目的財産の価額を加算すべきであるとして，同条の適用を否定する見解を示していた。これは，このような解釈をとらないと，各相続人が被相続人から受け取った財産の額に極めて大きな格差がある場合にも，特別受益の時期如何によってはこれを是正することができなくなることを考慮したものであると考えられる。しかしこの解釈によると，遺留分を算定するための財産の価額に相続開始の何十年も前にされた贈与も含まれ得ることになり，その額が積極財産に単純に加算されてしまう。その結果，受遺者又は受贈者としては，遺贈又は贈与を受けた当時の財産状況とはおよそ無関係で，しかも第三者にとっては一般に知り得ない事情によって減殺される財産の範囲が大きく変動し得ることになる。例えば，被相続人（A）が共同相続人（B，C）のうちの一人（B）に対して相続開始の20年前に特別受益に当たる

226 第4章 遺留分制度の見直し

贈与をしていた場合において，第三者（D）に遺贈する旨の遺言を残して死亡したときは，判例理論によれば，遺留分を算定するための財産の価額にBに対する贈与の価額が加算されることとなり，Bよりも先にDが遺留分侵害額を負担する可能性が大きくなる（新法第1047条第1項第1号）。この結論は，遺贈又は贈与の無償性を考慮しても，その合理性になお疑問がある（部会資料4第3-2(2)）。そこで，共同相続人間の不公平の是正を重視した判例の趣旨と受遺者・受贈者の地位が不安定になりすぎないようにすべき要請との調和を図るために，相続人が受贈者である場合には，原則として「相続開始前の10年間」にしたものに限り，その価額を算入することとした。

なお，原則的期限が「10年間」とされたことについては，中間試案に対するパブリックコメントにおいて，平均寿命の伸長や節税対策の普及と共に相続開始の10年くらい前から計画して遺産分けを実施する例もあることから10年程度が妥当である旨の意見が寄せられたことが影響しているようである（部会資料16第2-1補足説明1(1)）。

新法第1044条第3項の趣旨(2)

新法第1044条第3項が「価額（婚姻若しくは養子縁組のため又は生計の資本として受けた贈与の価額に限る。）」としているのはなぜか。

旧法第1044条が第903条を準用していた趣旨を改正後も維持するためである。

◀ 解　説 ▶

　遺留分を算定するための財産の価額は，被相続人が相続開始の時に有した積極財産の価額に被相続人の贈与した財産の価額を加算して算定する（新法第1043条）が，その贈与のうち相続人に対するものについて新法第1044条第3項は「婚姻若しくは養子縁組のため又は生計の資本として受けた贈与」つまり特別受益としての贈与に限定している。

　この取扱いは，第1044条が第903条を準用していた旧法下においても同じであり，改正後もこれを維持することが妥当であると考えられたためである。

　一般的に，被相続人との人的な関係が強い相続人に対する贈与については，日常的な生活費の交付と区別し難いものも多く，相当額以上のものに限定することに相応の理由がある。その点で第三者に対する贈与とは意味内容が異なるといえる。

　なお，相続人以外の第三者に対する贈与については，相続開始前の1年間にしたものに限られる反面，全ての贈与が計算の対象となっており（新法第1044条第1項），これとの平仄を重視すれば，相続人に対する贈与についても，相続開始前の1年間にしたものについては全ての贈与を含める考え方もあり得る。

　しかし，このような取扱いを認めると，贈与の時期によって加算の対象とするか否か区別しなければならず，遺留分に関する争点を増やすことになり

いたずらに紛争を複雑化させるおそれがあることから，妥当性に疑問がある。そこで，新法第1044条第3項は，受贈者が相続人である場合には，相続開始前の1年間にしたものについても，特別受益に該当する贈与のみを加算の対象としている（部会資料24-2第4-2補足説明）。

4 負担付贈与がされた場合における遺留分を算定するための財産の価額に算入する贈与の価額等

Q119 負担付贈与の取扱い

負担付贈与によって遺留分が侵害された場合に関する新法第1045条第1項の規定内容はどのようなものか。

負担付贈与がされた場合に遺留分を算定するための財産の価額を算定するに当たっては，贈与の目的財産の価額から負担の価額を控除する取扱い（一部算入説）を採用している。

◀ 解　説 ▶

【旧】	【新】
（負担付贈与の減殺請求） 第1038条　負担付贈与は，その目的の価額から負担の価額を控除したものについて，その減殺を請求することができる。	第1045条　負担付贈与がされた場合における第1043条第１項に規定する贈与した財産の価額は，その目的の価額から負担の価額を控除した額とする。

旧法第1038条では，負担付贈与がされた場合には，その目的財産の価額から負担の価額を控除したものについて減殺を請求することができるとされていたが，この規定をめぐっては次のような学説の対立があった。
① 旧法第1038条は，遺留分を算定するための財産の価額を算定するに当たっても負担の価額を控除することを意図したものである（一部算入説）。
② 旧法第1038条は，遺留分算定の基礎となる財産の額を算定する際にはその目的財産の価額を全額算入しつつ，減殺の対象を控除後の残額に限定する趣旨である（全額算入説）。

この問題について新法第1045条は，贈与の目的財産の価額から負担の価額を控除した額を遺留分算定の基礎となる財産の額に算入する立場，つまり一

部算入説を採用している。全額算入説は，贈与をもらっている相続人が贈与をもらっていない相続人より最終的な取得額が少ないという逆転現象が生じ得る等の問題点があることから，一部算入説を採用することとなった。

　なお，旧法第1038条が直接に定めていたのは，負担付贈与がされた場合に贈与の目的の価額から負担の価額を控除したものについて減殺の対象とするという規律であった。この考え方自体は遺留分減殺請求権から遺留分侵害額請求権への転換を図った新法の下でも維持されている（部会資料16第2−1補足説明2）。

不相当な対価による有償行為の取扱い

不相当な対価による有償行為によって遺留分が侵害された場合に関する新法第1045条第2項の規定内容は旧法第1039条とどのように異なるか。

遺留分権利者が対価を償還すべき旨を定めた旧法第1039条後段に当たる規定が新法第1045条第2項にはない。

◀ 解　説 ▶

【旧】	【新】
（不相当な対価による有償行為） 第1039条　不相当な対価をもってした有償行為は，当事者双方が遺留分権利者に損害を加えることを知ってしたものに限り，これを贈与とみなす。この場合において，遺留分権利者がその減殺を請求するときは，その対価を償還しなければならない。	第1045条　負担付贈与がされた場合における第1043条第1項に規定する贈与した財産の価額は，その目的の価額から負担の価額を控除した額とする。 2　不相当な対価をもってした有償行為は，当事者双方が遺留分権利者に損害を加えることを知ってしたものに限り，当該対価を負担の価額とする負担付贈与とみなす。

不相当な対価による有償行為と遺留分の関係を定めた旧法第1039条については，一般に，次のように解釈されていた。

① 遺留分の算定の基礎となる財産の額を算定する際には対価を控除した残額部分が加算される。
② 減殺の対象となるのは対価を含む目的財産の価額全額である。
③ 全額について減殺する代わりに遺留分権利者は相手方に対価を償還する。

しかしながら，遺留分権利者に，本来権利行使できる価額（対価を控除した残額）を超えて減殺を認める必要性は乏しいと考えられる。また，遺留分権利者の権利が物権的効力を有する遺留分減殺請求権から金銭債権である遺

留分侵害額請求権に転換された新法の下では，遺留分侵害行為を「減殺する」という概念自体がなくなってしまうから，目的財産の価額全額を減殺の対象とする考え方（上記②）と，それを前提として対価を償還させるという制度は合理性を失うことになる。そこで，新法第1045条第2項では「不相当な対価をもってした有償行為は（中略）当該対価を負担の価額とする負担付贈与とみなす。」として不相当な対価を控除した残額のみを遺留分侵害額請求の対象とする旨を明らかにするとともに，対価の償還という仕組み（旧法第1039条後段）を廃止した（部会資料16第2‐1補足説明3）。

　なお，不相当な対価をもってした有償行為のうち，当事者双方が遺留分権利者に損害を加えることを知ってしたもののみを遺留分侵害行為とする取扱い（旧法第1039条前段）は新法第1045条第2項でも維持されている。これは，遺贈や贈与といった無償処分こそ被相続人の財産を一方的に減少せしめ遺留分権利者を害する行為であり，不相当とはいえ対価を伴う有償行為が遺留分侵害行為となるのは例外的な場合（当事者双方が遺留分権利者に損害を加えることを知ってした場合）に限られるべきであるという立法趣旨が現在も否定されないことが理由である。

5　遺留分侵害額の請求

遺留分を侵害された相続人の権利

遺留分を侵害された相続人に与えられる権利は改正の前後でどのように変わったか。

物権的効力を有する「遺留分減殺請求権」から金銭債権である「遺留分侵害額の支払請求権」に変わった。

◀ 解　説 ▶

【旧】	【新】
（遺贈又は贈与の減殺請求） 第1031条　遺留分権利者及びその承継人は，遺留分を保全するのに必要な限度で，遺贈及び前条に規定する贈与の減殺を請求することができる。	（遺留分侵害額の請求） 第1046条　遺留分権利者及びその承継人は，受遺者(特定財産承継遺言により財産を承継し又は相続分の指定を受けた相続人を含む。以下この章において同じ。）又は受贈者に対し，遺留分侵害額に相当する金銭の支払を請求することができる。 2　遺留分侵害額は，第1042条の規定による遺留分から第1号及び第2号に掲げる額を控除し，これに第3号に掲げる額を加算して算定する。 　一　遺留分権利者が受けた遺贈又は第903条第1項に規定する贈与の価額 　二　第900条から第902条まで，第903条及び第904条の規定により算定した相続分に応じて遺留分権利者が取得すべき遺産の価額 　三　被相続人が相続開始の時において有した債務のうち，第899条の規定により遺留分権利者が承継する債務（次条第3項において「遺留分権利者承継債務」という。）の額

234 第4章 遺留分制度の見直し

旧法の遺留分減殺請求権（旧法第1031条）は遺留分の保全に必要な限度で遺贈又は贈与を失効させ，その限度で受遺者又は受贈者が取得した権利を遺留分権利者に帰属させることができる権利とされていた（物権的効力説；最判昭和51年8月30日民集30巻7号768頁）。これに対して，新法第1046条第1項が遺留分権利者に付与する権利は「遺留分侵害額に相当する金銭の支払を請求する」権利であって，遺贈又は贈与を失効させることはできない。このような変更が行われた理由は，**Q115**で述べたとおり，第一に，旧法の減殺請求により当然に物権的効果が生ずることとすると，減殺請求の結果，遺贈又は贈与の目的財産は受遺者又は受贈者と遺留分権利者との共有になることが多いが，このような帰結は，円滑な事業承継を困難にするものである。第二に，現行の遺留分制度は，遺留分権利者の生活保障や遺産の形成に貢献した遺留分権利者の潜在的持分の清算等を目的とする制度となっており，その目的を達成するためには遺留分権利者に遺留分侵害額に相当する金銭を得させることで十分であり，物権的効果まで認める必要性はない。

なお，遺留分権利者が取得する権利が金銭債権化されたことによる具体的派生効果としては，以下の2点が重要である。

① 登記手続への影響

遺留分を侵害する遺贈又は贈与の目的財産が不動産である場合において，受遺者又は受贈者が既に登記名義を有するとき，旧法下では，遺留分減殺請求権を行使した相続人は受遺者又は受贈者に対して「遺留分減殺」を原因とする所有権一部移転等の登記請求権を取得していた。これに対して，遺留分減殺請求権から遺留分侵害額請求権に転換した新法下では，「遺留分減殺」を原因とする登記の手続は観念し得なくなる。

② 受遺者・受贈者が破産した場合

遺留分権利者の権利を金銭債権化することは，その地位を弱める可能性がある。なぜなら，遺留分権利者は，遺贈又は贈与の目的財産の所有権又は共有持分権を主張することができなくなり，受遺者又は受贈者に対する一般債権者としての地位を有することとなるからである。したがって，例えば，受遺者又は受贈者について破産手続開始決定がされた場合には，旧

法の下では，遺留分権利者は，減殺された遺贈又は贈与の目的財産につい
て取戻権を行使することができたのに対し，新法の下では，遺留分権利者
は，特段の手当てをしない限り，破産債権者として配当に参加するしかな
いことになる（部会資料4第2-3(1)イ）。

【図表26】 旧法の遺留分減殺請求権と新法の遺留分侵害額請求権の比較

	旧法第1031条	新法第1046条
遺留分を侵害する遺贈・贈与の有効性	有効である（最判昭和25年4月28日民集4巻4号152頁）。	同左
遺留分を侵害された相続人の権利	遺留分減殺請求権 ↓ 遺留分侵害の限度で遺贈又は贈与を失効させ，受遺者又は受贈者が取得した権利をその限度で自己に帰属させることができる（最判昭和51年8月30日民集30巻7号768頁）。	遺留分侵害額請求権 ↓ 遺留分を侵害する遺贈又は贈与を失効させることはできない。
相続人の権利行使の方法	受遺者又は受贈者に対する裁判上又は裁判外の請求（意思表示）によって行使する。	同左
遺贈又は贈与の目的財産が不動産である場合	①受遺者・受贈者が登記未了の場合　遺留分減殺請求権を行使した相続人は侵害の限度で相続登記をすることができる。 ②受遺者・受贈者が登記済みの場合　遺留分減殺請求権を行使した相続人は侵害の限度で受遺者又は受贈者に対して移転登記請求権を有する。	相続人と受遺者・受贈者の間で遺留分侵害額の支払に代えて不動産の権利を取得させる旨の代物弁済の合意等がなされない限り，登記手続は行われない。

Q122 遺留分侵害額請求権制度が導入されたことの波及効果

遺留分を侵害された相続人の権利が「遺留分減殺請求権」から「遺留分侵害額請求権」に変わったことにより民法の他の条文はどのような影響を受けたか。

旧法第885条第2項，第964条ただし書，第1032条，第1036条，第1040条及び第1041条の規定が削除された。

◀ 解　説 ▶

旧法の遺留分減殺請求権が遺留分の保全に必要な限度で遺贈又は贈与を失効させることができる権利とされていたのに対して，新法の遺留分侵害額請求権は受遺者又は受贈者に対する金銭債権であって遺贈又は贈与を失効させる効力を有しない権利である。削除された下記の諸規定は，いずれも遺贈・贈与を失効させる遺留分減殺請求制度を前提としており，新法の遺留分侵害額請求制度とは相いれない内容であるため削除された。

① 旧法第885条第2項（相続財産に関する費用）

相続財産に関する費用は遺留分権利者が贈与の減殺によって得た財産をもって支弁することを要しない。

② 旧法第964条ただし書（包括遺贈及び特定遺贈）

遺言者は，包括又は特定の名義で，その財産の全部又は一部を処分することができる。ただし，遺留分に関する規定に違反することができない。

③ 旧法第1032条（条件付権利等の贈与又は遺贈の一部の減殺）

条件付きの権利又は存続期間の不確定な権利を贈与又は遺贈の目的とした場合において，その贈与又は遺贈の一部を減殺すべきときは，遺留分権利者は，第1029条第2項の規定により定めた価格に従い，直ちにその残部の価額を受贈者又は受遺者に給付しなければならない。

④　旧法第1036条（受贈者による果実の返還）

　　受贈者は，その返還すべき財産のほか，減殺の請求があった日以後の果
実を返還しなければならない。

⑤　旧法第1040条（受贈者が贈与の目的を譲渡した場合等）

　第1項　減殺を受けるべき受贈者が贈与の目的を他人に譲り渡したときは，
　　　　遺留分権利者にその価額を弁償しなければならない。ただし，譲受
　　　　人が譲渡の時において遺留分権利者に損害を加えることを知ってい
　　　　たときは，遺留分権利者は，これに対しても減殺を請求することが
　　　　できる。

　第2項　前項の規定は，受贈者が贈与の目的につき権利を設定した場合に
　　　　ついて準用する。

⑥　旧法第1041条（遺留分権利者に対する価額による弁償）

　第1項　受贈者及び受遺者は，減殺を受けるべき限度において，贈与又は
　　　　遺贈の目的の価額を遺留分権利者に弁償して返還の義務を免れるこ
　　　　とができる。

　第2項　前項の規定は，前条第1項ただし書の場合について準用する。

受遺者・受贈者による現物給付の可否

Q123 遺留分権利者から遺留分侵害額に相当する金銭の支払を請求された受遺者又は受贈者は、その支払に代えて、遺贈又は贈与の目的財産のうちその指定する財産の給付（現物給付）をする権利を有するか。

A
受遺者又は受贈者は現物給付の権利を有しておらず、常に遺留分侵害額に相当する金銭の支払義務を負う。

◀ 解　説 ▶

　遺留分権利者から遺留分侵害額請求を受けた受遺者又は受贈者は、必ず金銭で支払わなければならないこととするのか、それともその全部又は一部の支払に代えて遺贈又は贈与の目的財産を給付すること（現物給付）を認めるのかという問題について、部会での議論には変遷が見られた。要綱案のたたき台の段階では、受遺者又は受贈者に遺贈又は贈与の目的財産の中から現物給付の対象財産を指定することができる権利（指定権）を付与することを前提として、遺留分権利者には対抗手段として拒絶権を付与することとする案で固まりつつあった（部会資料22〜25）。現物給付を認める考え方の根拠は、以下のとおりである。

① 　遺留分侵害額請求を受けたが直ちに金銭を準備することができない受遺者又は受贈者の利益に配慮すべきである（部会資料26-2第4-1補足説明(注)）。

② 　遺言者が遺言によって遺留分権利者に遺留分額に相当する財産を取得させた場合や、あるいは、遺言の中で帰属が定められなかった遺産があり、これについて遺産分割が行われる結果遺留分権利者の遺留分が満たされる場合には、遺留分権利者は、その取得する財産の内容に不満があっても減殺請求をすることはできない（部会資料16第1補足説明2(1)）。

③　複数の遺贈があった場合には受遺者は遺贈の一部を放棄することも可能と解されているところ，その場合には当該遺贈の目的財産は相続財産に復帰することになるため（民法第986条，第995条前段），遺留分権利者は，遺産分割の手続においてその目的財産を取得することになり，これによってその遺留分が満たされる場合には，減殺請求をすることができない（部会資料16第１補足説明２(1)）。

④　判例上，遺贈又は贈与の目的とされた財産が複数ある場合でも，受遺者又は受贈者は，そのうちの一部の財産についてのみ価額弁償をすることが認められていること（最判昭和54年７月10日民集33巻５号562頁参照）からすると，遺留分権利者は，何らかの形で自らの遺留分額に相当する財産を取得した場合には，その内容に不満があってもこれを甘受しなければならない立場にある（部会資料16第１補足説明２(1)）。

　しかし，現物給付制度を導入する方針は要綱案（案）で覆され，受遺者又は受贈者には指定権を与えず，必ず金銭で支払うべきものとすることで決着したのである。その理由は，第一に，現物給付を認めると受遺者又は受贈者による不要財産の押しつけを招くという根強い懸念があり，その懸念を完全に払拭するには至らなかったからである（部会資料26-２第４-１補足説明）。不要財産の押しつけが特に懸念される事例として，受遺者又は受贈者が以下のような財産を現物給付の対象として指定した場合が挙げられている（部会資料20第４-１補足説明１）。

①　固定資産税の負担や管理費用の支払を要するが，ほとんど価値のない山林を指定した場合。

②　環境汚染があり，その除去に相当の費用を要する不動産を指定した場合。

③　市街化調整区域にあるなど行政上の規制があるため市場流通性の低い不動産を指定した場合。

④　権利の取得に特別の手続を要する在外資産を指定した場合。

　また，現物給付制度を導入しなかった第二の理由として，受遺者又は受贈者に給付財産の指定権を与えた上で遺留分権利者に拒絶権を付与するという

仕組みは，あえて新設する必要性に乏しいということが挙げられる。なぜなら，この仕組みは実質的には受遺者又は受贈者と遺留分権利者の合意により金銭債務（遺留分侵害額支払債務）の支払に代えて別の物で給付することができるということにほかならず，代物弁済（民法第482条）と異ならないからである（部会資料26‐2第4‐1補足説明）。

　このように現物給付制度の採用は見送られたが，金銭請求を受けた受遺者又は受贈者が直ちに金銭を準備することができない場合があり得ることに配慮する必要性自体は否定することができない。そこで，新法第1047条第5項は，建物買取請求に関する借地借家法第13条第2項や有益費償還請求に関する民法第196条第2項などと同じように，受遺者又は受贈者の請求により，遺留分侵害額請求により負担する債務の全部又は一部の支払につき，裁判所が相当の期限を許与することができることとした。

Q124 遺留分侵害額の算定ルール

遺留分侵害額の算定はどのように行われるか。

下記の計算式を法文化した新法第1046条第2項の規定に則って算定される。

（注1） 特別受益として控除の対象となる贈与は，相続開始前の10年間に受けたものに限られない。
（注2） 遺留分権利者が取得すべき遺産の価額は具体的相続分を意味するが，その算定に当たり，寄与分による修正は考慮しない。

◀ 解　説 ▶

　新法第1046条第2項によれば，遺留分侵害額は，遺留分（新法第1042条）から「遺留分権利者が受けた遺贈又は特別受益に該当する贈与の価額」及び「遺留分権利者が取得すべき遺産の価額」を控除し，これに「被相続人が相続開始の時において有した債務のうち遺留分権利者が承継する債務（遺留分権利者承継債務）の額」を加算して算定される。
　なお，遺留分から控除する価額のうち，遺留分権利者が受けた特別受益に該当する贈与は，相続開始前の10年間に受けたものに限られない。この点は，「遺留分を算定するための財産の価額」に加える贈与のうち相続人に対する特別受益としての贈与が原則として相続開始前の10年間にしたものに限られる（新法第1044条第3項）のと異なる。これは，遺留分侵害額の算定に当たり遺留分権利者が受けた特別受益の額についても相続開始前の10年間に受けた贈与に限定する考え方を採用すると，第三者の負担が不当に大きくなり，

相当ではないからである。すなわち，相続開始前の10年を超える古い贈与が遺留分の額から控除されなくなると，その分だけ遺留分侵害額が大きくなり，その結果，第三者にとっては知り得ない古い贈与の存在によって負担が大きくなることを意味している（部会資料20第4－2補足説明(1)）。

また，新法第1046条第2項第3号が「遺留分権利者承継債務」の額を加算することとしているのは，遺留分権利者が被相続人から承継した相続債務を弁済した後にも遺留分権利者に一定の財産が残るようにする趣旨である（部会資料4第3－2(2)）。

Q125 新法第1046条第2項第2号の趣旨

遺留分侵害額の算定について,「第900条から第902条まで,第903条及び第904条の規定により算定した相続分に応じて遺留分権利者が取得すべき遺産の価額」を遺留分から控除する旨を定めた新法第1046条第2項第2号の趣旨は何か。

遺留分侵害額の算定方法に関する見解のうち,①寄与分による修正を考慮しない具体的相続分に基づいて算定すべきであるという考え方,及び,②遺留分侵害額の算定をする時点で既に遺産分割が終了している場合であっても遺産分割が未了であった場合と同様の算定方法によるべきであるという考え方を採用したものである。

◀ 解　説 ▶

遺留分侵害額の算定において,遺留分から控除される「遺留分権利者が取得すべき遺産の価額」については,特別受益による修正は考慮するが寄与分による修正(民法第904条の2)は考慮しない。この点は新法第1046条第2項第2号に「第900条から第902条まで,第903条及び第904条の規定により算定した相続分」とあることから明らかである。また,「取得すべき」という文言は,遺留分侵害額の算定をする時点で既に遺産分割が終了している場合であっても,実際に行われた遺産分割の結果を前提として算定するのではなく,遺産分割が未了であった場合と同様の方法によって「これだけの遺産を取得できたはずである」という価額を算定すべきであるという考え方を表したものである。

中間試案の補足説明第4－2(3)によれば,旧法には遺留分侵害額の算定方法に関する明文の規定がなく,判例(最判平成8年11月26日民集50巻10号2747頁)を中心とした実務の運用に委ねられていた。すなわち,遺留分侵害額の計算は,①遺留分算定の基礎となる財産を確定し,②それに遺留分の割合を

244　第4章　遺留分制度の見直し

乗じ，③遺留分権利者が特別受益を得ているときはその額を控除して遺留分の額を算定した上，④その遺留分の額から，遺留分権利者が相続によって得た財産がある場合はその額を控除し，また，⑤同人が負担すべき相続債務がある場合はその額を加算して求めることとされていた。新法第1046条第2項はこの実務の運用を基にしているが，上記④の「遺留分権利者が相続によって得た財産」の価額をどのように算定すべきかについては，学説及び実務上，見解の対立する二つの論点があった。その一つは，未分割の遺産がある場合に，「遺留分権利者が相続によって得た財産」を法定相続分に基づいて算定すべきであるという法定相続分説（甲説）と，寄与分による修正を考慮しない具体的相続分に基づいて算定すべきであるという具体的相続分説（乙説）の対立である。二つ目の論点は，遺留分侵害額の算定をする時点で既に遺産分割が終了している場合について，実際に行われた遺産分割の結果を前提として算定すべきであるという考え方（A説）と，未分割の遺産がある場合と同様の算定方法によるべきであるという考え方（B説）の対立である。これらの論点を立法的に解決するために新設されたのが新法第1046条第2項であり，そこでは乙説及びB説の見解が採用されている。

　具体的相続分説（乙説）の根拠は次のとおりである。

①　遺留分侵害額は相続開始時に算定することができるものであることを要するところ，特別受益の有無は，相続開始時までに生じた事実であり，その価額を考慮して算出された具体的相続分は相続開始時にも観念し得るものである。これに対して，寄与分の有無及び額は，相続開始後に共同相続人間の協議又は家庭裁判所の審判によって確定されるものであり，相続開始時には確定していない。

②　寄与分は，寄与分権者が遺産に対する自己の実質的な持分を取得したものと評価することが可能であり，被相続人の処分によって生じた特別受益とはその性質が異なる。

③　当事者間に争いのある事案では，遺留分侵害額請求権については通常の訴訟手続によってその存否及び範囲が確定されるのに対し，寄与分は家庭裁判所の審判によってその存否及び額が確定されるものであるから，

両者を同じ手続で判断することができるようにしない限り，遺留分侵害
額請求権の存否及び範囲を確定するに当たって寄与分を考慮することは
技術的に困難である（部会資料4第3‐2(3)ウ（注））。

④　遺留分の侵害が問題となる事案においては多くの特別受益が存する場
合が多いにもかかわらず，法定相続分説を採用すると，その後に行われ
る遺産分割の結果との齟齬が大きくなり，事案によっては，遺贈を受け
ている相続人の最終的な取得額が，遺贈を受けていない相続人よりも少
ないという逆転現象が生じてしまう。

一方，未分割の遺産がある場合と同様の算定方法によるべきであるという
考え方（B説）の根拠は次のとおりである。

①　遺留分侵害額請求権の内容は相続開始時に存在する諸要因（相続開始
時の積極・消極財産の額，特別受益の有無及び額等）により定まるべきで
あるところ，実際に行われた遺産分割の結果を前提として算定すべきで
あるという考え方（A説）によると遺産分割手続の進行状況如何によっ
て遺留分侵害額が変動し，これによって遺留分権利者に帰属した権利の
内容が変動することとなり，理論的な説明が困難である。

②　遺産が未分割の場合と既分割の場合とで最終的な取得額が異なること
となるのは相当でないから，どちらの場合も同じ算定方法によるべきで
ある。

遺留分額の算定ルール

遺留分額の算定はどのように行われるか。

下記の計算式を条文化した新法第1042条の規定に則って算定される。

◀ 解　説 ▶

　遺留分の帰属及びその割合に関する新法の規定内容は，表現上の修正が施されたことを除けば，旧法との実質的な違いはない。すなわち，
　① 遺留分を有する相続人は兄弟姉妹以外の相続人である。
　② 総体的遺留分率は，直系尊属のみが相続人である場合は3分の1，それ以外の場合は2分の1である（新法第1042条第1項）。そして，遺留分を算定するための財産の価額（新法第1043条）に総体的遺留分率を乗じて総体的遺留分の額を導く。
　③ 相続人が数人ある場合の個別的遺留分は，総体的遺留分率に各自の法定相続分（第900条，第901条）を乗じた割合である（新法第1042条第2項）。

Q127 遺留分侵害額の算定に関する事例問題

相続人は，X（法定相続分1/2），Y（法定相続分1/4），Z（法定相続分1/4）の三人で，被相続人が相続開始時に有していた財産（遺贈分については除く。）は0円，相続人Yに対する30年前の生前贈与が1億円，第三者Aに対する遺贈が6,000万円あったものとする。遺産分割協議はないものとする。この場合，新法の計算方法による遺留分侵害額と各取得額は，旧規定と比較してどのような影響が出るか。

具体的な各取得額は，以下のとおりである。

(1) 旧規定による計算（旧法第1029条第1項，第1030条，最判平成10年3月24日）
 ・Xの最終的な取得額＝4,000万円
 ・Yの最終的な取得額＝1億円（減殺なし）
 ・Zの最終的な取得額＝2,000万円
 ・Aの最終的な取得額＝0円（全て減殺）

(2) 新法による計算（新法第1042条の規定：**Q126**の計算式）
 ・Xの最終的な取得額＝1,500万円
 ・Yの最終的な取得額＝1億円（減殺なし）
 ・Zの最終的な取得額＝750万円
 ・Aの最終的な取得額＝3,750万円（一部減殺）

◀ 解　説 ▶

事例を前提に以下のとおりそれぞれ計算式と各取得額の結果を示す。

248 第4章 遺留分制度の見直し

(1) 旧法の規律を採用した場合の計算式

ア 遺留分を算定するための財産の価額

遺留分を算定するための財産の価額

＝6,000万円（相続開始時における被相続人の積極財産の額）＋1億円（相続人に対する生前贈与）＝1億6,000万円

イ 遺留分侵害額

・Xの遺留分侵害額＝（6,000万円＋1億円）×1/2（遺留分割合）×1/2（法定相続分）＝4,000万円

・Yの遺留分侵害額＝（6,000万円＋1億円）×1/2（遺留分割合）×1/4（法定相続分）－1億円（生前贈与）＝－8,000万円

・Zの遺留分侵害額＝（6,000万円＋1億円）×1/2（遺留分割合）×1/4（法定相続分）＝2,000万円

ウ 各取得額

・Xの最終的な取得額＝4,000万円

（なお，ここでいう「最終的な取得額」とは，遺産分割で取得することのできる額，遺贈又は贈与によって取得した額，遺留分減殺請求によって取得することのできる又は負担することとなる額を合算（又は控除）した額をいう。以下同じ。）

・Yの最終的な取得額＝1億円（減殺なし）

・Zの最終的な取得額＝2,000万円

・Aの最終的な取得額＝0円（全て減殺）

(2) 新法による計算の場合（Q126で示した計算式による場合）

ア 遺留分を算定するための財産の価額

遺留分を算定するための財産の価額

＝6,000万円（相続開始における被相続人の積極財産の額）＝6,000万円

※相続人Yに対する生前贈与は10年以内に限るため不算入

イ 遺留分

・Xの遺留分侵害額＝6,000万円×1/2（遺留分割合）×1/2（法定相続分）＝

5 遺留分侵害額の請求 *249*

1,500万円

・Yの遺留分侵害額＝6,000万円×1/2（遺留分割合）×1/4（法定相続分）－
1億円（生前贈与）＝－9,250万円

・Zの遺留分侵害額＝6,000万円×1/2（遺留分割合）×1/4（法定相続分）＝
750万円

ウ　各取得額

・Xの最終的な取得額＝1,500万円

・Yの最終的な取得額＝1億円（減殺なし）

・Zの最終的な取得額＝750万円

・Aの最終的な取得額＝3,750万円（一部減殺）

　以上のとおり，相続人に対し10年以上前の特別受益に当たる贈与があった場合に，計算結果が大きく異なる。

6 受遺者又は受贈者の負担額

受遺者又は受贈者が相続人である場合の負担額(1)

受遺者又は受贈者の負担額を定めた新法第1047条第1項の第1かっこ書は何を表しているか。

旧法下における判例・通説の見解を法文化したものである。

◀ 解　説 ▶

　新法第1047条第1項は，受遺者は遺贈の目的の価額を限度として遺留分侵害額を負担することとしつつ，その第1かっこ書において遺贈は「特定財産承継遺言による財産の承継又は相続分の指定による遺産の取得」を含むとものしている。

　改正前の民法では，減殺の対象となることが条文上明示されていたのは遺贈及び贈与であり（旧法第1031条），相続分の指定等については，遺留分に関する規定に違反することができないとの規定はあった（旧法第902条第1項ただし書等）が，減殺の対象になるのか否か，仮に減殺の対象になるとして，その場合の減殺の順序や減殺された場合の効果等については解釈に委ねられていた。旧法下の通説的見解によれば，相続分の指定や遺産分割方法の指定による遺産の取得も，遺贈等と同様，減殺の対象になると解されており，判例（最決平成24年1月26日集民239号635頁）も，相続分の指定について，「相続分の指定が，特定の財産を処分する行為ではなく，相続人の法定相続分を変更する性質の行為であること，及び，遺留分制度が被相続人の財産処分の自由を制限し，相続人に被相続人の財産の一定割合の取得を保障することをその趣旨とするものであることに鑑みれば，遺留分減殺請求により相続分の指定が減殺された場合には，遺留分割合を超える相続分を指定された相続人

の指定相続分が，その遺留分割合を超える部分の割合に応じて修正されるものと解するのが相当である（最高裁平成9年(オ)第802号同10年2月26日第一小法廷判決・民集52巻1号274頁参照）。」と判示していたところである。そこで，この解釈を法文化する観点から，新法第1047条第1項の第1かっこ書において，遺留分権利者は特定財産承継遺言により財産を承継した相続人及び相続分の指定により遺産を取得した相続人に対しても，遺留分侵害額に相当する金銭の支払請求をすることができることとした（部会資料22-2第4-1補足説明2）。

受遺者又は受贈者が相続人である場合の負担額(2)

受遺者又は受贈者の負担額を定めた新法第1047条第1項の第3かっこ書は何を表しているか。

平成10年2月26日の最高裁判決の見解を法文化したものである。

◀ 解　説 ▶

　新法第1047条第1項は，受遺者又は受贈者は遺贈又は贈与の目的の価額を限度として遺留分侵害額を負担することとしつつ，その第3かっこ書において，受遺者又は受贈者が相続人である場合には，その価額から受遺者又は受贈者の遺留分額を控除する旨を規定している。これは，遺贈の減殺の割合を定めた旧法第1034条の「目的の価額」に関する判例（最判平成10年2月26日民集52巻1号274頁）の見解を採用したものである。この判例は，受遺者等が相続人である場合にはその遺留分額を超過した額を「遺贈の目的の価額」とするという解釈（いわゆる遺留分超過額説）をしている。旧法上このような解釈がとられていたのは，遺贈は贈与よりも先に減殺されるため（旧法1033条＝新法第1047条第1項第1号），自己の遺留分額を超える額の遺贈を受けた相続人が減殺請求を受けることにより，逆にその相続人の遺留分が侵害される事態が生じ得ることを理由とするものである（部会資料4第3-2(3)エ）。

Q130 新法第1047条第3項の趣旨

新法第1047条第3項が遺留分権利者承継債務を消滅させる行為をした受遺者又は受贈者に遺留分侵害額の支払債務を消滅させる権利を付与したのはなぜか。

相殺類似の仕組みにより簡易な決済を実現するためである。

◀ 解　説 ▶

　新法第1047条第3項前段によれば，遺留分侵害額の請求（新法第1046条第1項）を受けた受遺者又は受贈者は，遺留分権利者承継債務を消滅させる行為（第三者弁済，免責的債務引受など）をしたときは，消滅した債務の額の限度において，遺留分権利者に対する意思表示によって，遺留分侵害額支払債務を消滅させることができる。Q124で触れたとおり，遺留分侵害額の算定においては遺留分権利者承継債務の額が加算される（新法第1046条第2項第3号）。これは，遺留分権利者が相続債務を弁済した後にも一定の財産が得られるようにするためであるが，遺留分権利者が受遺者又は受贈者に対して取得する権利を金銭債権化した新法の下では，相続債務額の加算は，文字どおり，受遺者又は受贈者が遺留分権利者の弁済資金を事前に提供したのと同様の状態を生じさせることになる。しかし，受遺者又は受贈者が被相続人の事業を承継する場合には，遺留分権利者に弁済資金の前渡しをするよりも，むしろ期限の利益を放棄してでも相続債権者に直接弁済することを希望することが多いと考えられる。それにもかかわらず，受遺者又は受贈者が弁済資金を事前に提供した上で弁済後に遺留分権利者に求償するというのは迂遠な処理である。そこで，遺留分権利者承継債務を消滅させる行為をした受遺者又は受贈者に遺留分侵害額支払債務を消滅させることができる権利を付与し，相殺と類似の簡易な決済制度を創設することとした。なお，この制度と相殺の主な違いは以下のとおりである（部会資料16第3補足説明）。

① 相殺は当事者間に自働債権と受働債権が対立して存在することを要する（民法第505条第1項）。受遺者又は受贈者が行った債務消滅行為が第三者弁済である場合は遺留分権利者に対して求償権を取得するから相殺の要件を満たし得るが，債務消滅行為が免責的債務引受である場合は求償権が生じないと解されるため相殺をすることができず，新法第1047条第3項によらなければ簡易な処理はできないことになる。

② 受遺者又は受贈者が第三者弁済をした場合においてその債務が弁済期前のものであったときは，受遺者又は受贈者は，その弁済期が到来するまで相殺をすることはできない（民法第505条第1項）が，新法第1047条第3項によれば簡易な処理ができる。

③ 遺留分侵害額請求権について差押えがされた場合には，その後に受遺者又は受贈者が第三者弁済をしても，差押債権者には相殺を対抗することができないことになる（民法第511条）が，新法第1047条第3項にはこのような制限が定められていない。

④ 相殺の効力は相殺適状が発生した時にさかのぼって生じる（民法第506条第2項）が，新法第1047条第3項による遺留分侵害額支払債務の消滅に遡及効はない。

なお，新法第1047条第3項後段によれば，受遺者又は受贈者が債務消滅行為によって遺留分権利者に対して求償権を取得した場合には，消滅した遺留分権利者承継債務の額の限度において求償権も消滅する。これは，受遺者又は受贈者が遺留分侵害額支払債務の消滅による利益と求償による利益を二重に得ることはできないことを明確にする趣旨である（部会資料22-2第4-3補足説明1）。

【図表27】 新法第1047条第3項による簡易な決済の仕組み

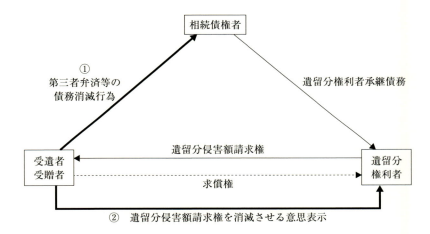

7 遺留分侵害額請求権の期間の制限

遺留分侵害額請求権の消滅時効
遺留分侵害額請求権の期間の制限に関する改正点は何か。

１年の消滅時効の起算点が見直された。

◀ 解　説 ▶

　新法第1048条前段によれば，遺留分侵害額の請求権は，遺留分権利者が，「相続の開始及び遺留分を侵害する贈与又は遺贈があったことを知った時」から１年間行使しないときは，時効によって消滅する（新法第1048条前段）。旧法第1042条では「相続の開始及び減殺すべき贈与又は遺贈があったことを知った時」を起算点としていた。この見直しが行われた理由は以下のとおりである（部会資料22-2第４-１補足説明２（注））。

　遺留分権利者の権利が物権的効力を有する「遺留分減殺請求権」から金銭債権である「遺留分侵害額請求権」に転換されたことにより，遺贈又は贈与を「減殺」するという概念はなくなる。したがって，旧法第1042条が定めていた起算点のうち「減殺すべき贈与又は遺贈」という部分は維持することができない。そこで，この部分が「遺留分を侵害する贈与又は遺贈」と改められた。

　なお，旧法の「減殺すべき贈与又は遺贈があったことを知った時」については，単に遺贈又は贈与があったことを知ったのでは足りず，遺贈又は贈与が遺留分を侵害し，減殺することができるということまで知ることを要するものと解されてきた（最判昭和57年11月12日民集36巻11号2193頁等）が，上記の起算点の見直しはこの解釈に影響を与えるものではない。

第5章 相続の効力

1 共同相続における権利の承継の対抗要件

Q132 新法第899条の2第1項の趣旨

新法第899条の2第1項の「遺産の分割によるものかどうかにかかわらず」という文言が意味するものは何か。

相続分の指定と登記及び遺産分割方法の指定と登記に関する二つの判例の理論を変更し，対抗要件主義を適用することを意味するものである。

◀ 解　説 ▶

【旧】	【新】
（新設）	（共同相続における権利の承継の対抗要件） **第899条の2**　相続による権利の承継は，遺産の分割によるものかどうかにかかわらず，次条及び第901条の規定により算定した相続分を超える部分については，登記，登録その他の対抗要件を備えなければ，第三者に対抗することができない。 2　前項の権利が債権である場合において，次条及び第901条の規定により算定した相続分を超えて当該債権を承継した共同相続人が当該債権に係る遺言の内容（遺産の分割により当該債権を承継した場合にあっては，当該債権に係る遺産の分割の内容）を明らかにして債務者にそ

258 第5章 相続の効力

| | の承継の通知をしたときは，共同相続人の全員が債務者に通知をしたものとみなして，同項の規定を適用する。 |

　新法第899条の2第1項の原型となった中間試案第3-2(1)①では「相続人が遺言（相続分の指定，遺贈，遺産分割方法の指定）により相続財産に属する財産を取得した場合には，その相続人は，その法定相続分を超える部分の取得については，登記，登録その他の第三者に対抗することができる要件を備えなければ，第三者に対抗することができないものとする。」という規律の創設が提案されていた。これは，遺贈による不動産の承継に関する判例理論（登記必要説）と，相続分の指定及び遺産分割方法の指定による不動産の承継に関する判例理論（登記不要説）との不整合を是正し，後者を登記必要説に改めることを志向するものであった（中間試案補足説明第3-2(1)説明1）。その後，規律の表現は変遷を重ねたが，規律内容の基本的な骨格は維持されたまま，新法第899条の2第1項に引き継がれている。

　なお，現行法上認められている遺言による財産処分の方法（相続分の指定，遺産分割方法の指定，遺贈）により財産が処分された場合に，第三者との関係でどのような法的効果が生ずるかという問題に関する判例理論は以下のとおりである。

①　相続分の指定による不動産の権利の取得については，登記なくしてその権利を第三者に対抗することができる（最判平成5年7月19日家月46巻5号23頁等）。

②　いわゆる「相続させる」旨の遺言は，特段の事情がない限り，「遺産分割方法の指定」（民法第908条）に当たる。そして，遺産分割方法の指定そのものに遺産分割の効果があり，当該遺言によって不動産を取得した者は，登記なくしてその権利を第三者に対抗することができる（最判平成14年6月10日家月55巻1号77頁等）。なお，遺産分割により相続財産中の不動産につき法定相続分と異なる権利を取得した場合について，判例（最判昭和46年1月26日民集25巻1号90頁）は登記必要説を採用している。

③　遺贈による不動産の取得については，登記をしなければ，これを第三

者に対抗することはできない（最判昭和39年3月6日民集18巻3号437頁等）。

　これらの判例は，民法第177条の「第三者」について，当事者又はその包括承継人以外の者であって，登記の欠缺を主張する正当な利益を有する者をいうとする見解（大連判明治41年12月15日民録14輯1276頁等）を前提として，相続分の指定や遺産分割方法の指定は相続を原因とする包括承継であるため，民法第177条の「第三者」に当たらないが，遺贈は意思表示による物権変動であって特定承継であることから，同条の「第三者」に当たると解しているものと考えられる。このような判例の「包括承継・特定承継二分論」の問題についてはＱ135解説(2)参照。

【図表28】 相続と登記に関する判例理論と新法第899条の2

	判　例	新法第899条の2
共同相続と登記	共同相続人の一人が単独名義の相続登記を経由した後，第三者への所有権移転登記をした場合，他の共同相続人は登記なくして自己の持分を対抗することができる（最判昭和38年2月22日民集17巻1号235頁）。	法定相続分を超える部分の承継がないため対抗要件主義の適用はない。 ↓ 判例理論が維持される。
相続放棄と登記	共同相続人の一人が相続放棄をした後，その者の債権者が代位により相続登記をした上で，当該相続人の持分につき仮差押登記をしても，それらの登記は無効であり，他の相続人は登記なくして自己の権利を対抗することができる（最判昭和42年1月20日民集21巻1号16頁）。	同上
遺産分割と登記	遺産分割により相続財産中の不動産につき法定相続分と異なる権利を取得した相続人は，その旨の登記をしなければ，遺産分割後に，当該不動産について権利を取得した第三者に対抗することができない（最判昭和46年1月26日民集25巻1号90頁）。	対抗要件主義の適用を明示 ↓ 判例理論が維持される。
「相続させる」趣旨の遺言と登記	「相続させる」趣旨の遺言によって不動産を取得した相続人は，登記なくしてその権利を第三者に対抗することができる（最判平成14年6月10日家月55巻1号77頁）。	対抗要件主義の適用を明示 ↓ 判例理論が変更される。

260　第 5 章　相続の効力

相続分の指定と登記	遺言により法定相続分を下回る相続分を指定された共同相続人の一人が，法定相続分による共同相続登記がされたことを利用して自己の持分を第三者に譲渡し，その旨の移転登記をしたとしても，他の相続人は指定相続分を上回る部分につき登記なくして対抗することができる（最判平成 5 年 7 月19日家月46巻 5 号23頁）。	対抗要件主義の適用を明示 ↓ 判例理論が変更される。

遺贈による権利の承継

Q133 新法第899条の2が遺贈による権利の承継を対象としていないのはなぜか。

A 遺贈による権利の承継は既に対抗要件主義の適用対象となっているからである。

◀ 解　説 ▶

　新法第899条の2は，相続を原因とする権利変動のうち，意思表示が介在するものについて民法第177条等の特則を設けるものという位置づけをするのが最も適切であるという考え方に基づいて新設されたものである（部会資料17第2補足説明1⑴イ）。遺贈の法的性質は特定承継であるため，既に現行法の下においても，民法第177条，第178条及び第467条等の対抗要件に関する規定の適用対象となっており（不動産の遺贈につき最判昭和39年3月6日民集18巻3号437頁），特則の対象とする必要はない（第17回議事録：満田関係官発言参照）。したがって，新法第899条の2は，遺贈による権利の承継を対象としていない。

遺産分割による権利の承継

Q134 新法第899条の2が遺産分割による権利の承継を対象としているのはなぜか。

遺産分割の遡及効から生じる疑義を解消するためである。

◀ 解　説 ▶

　遺産分割による財産の取得については旧法の下でも，判例上，民法第177条等の適用があるとされていた（最判昭和46年1月26日民集25巻1号90頁）。しかし，この見解に対しては，遺産分割の遡及効（民法第909条本文）との関係で理論的な説明が困難であるとの指摘もされていた。すなわち，遺産分割の効力が相続開始の時にさかのぼるのであれば，当該財産を取得した相続人は被相続人から直接承継したこととなり，法定相続の場合と同様，第三者との間で対抗問題が生じる余地はないのではないかという疑義の指摘である。そこで，相続による権利の承継について対抗要件主義の規定を新たに設けるのであれば，遺産分割についてもその適用の対象に含めて，上記の疑義を解消することが適切であるとされた（部会資料17第2補足説明1(1)イ）。このような理由から，新法第899条の2の規律対象には遺産分割による権利の承継も含まれることとなった。

Q 135 **対抗要件主義の適用対象を拡大する理由**

相続分の指定及び遺産分割方法の指定による権利の承継に対抗要件主義を適用するのはなぜか。

(1)判例理論の問題点，及び，(2)相続分の指定・遺産分割方法の指定の法的性質が改正理由として挙げられる。

◀ 解　　説 ▶

(1) 判例理論の問題点

Q132で紹介したとおり，判例は，相続分の指定又は遺産分割方法の指定（相続させる旨の遺言）による法定相続分を超える権利の承継について登記不要説を採用している。

この判例理論に対しては，以前から次の三つの問題点が指摘されていた。

第一に，判例を前提とすると，遺言がある場合には，遺言がない場合に比べて相続債権者の権利行使（強制執行）を困難にするおそれがあるが，自ら債務を負っていた被相続人が，遺言によりそのような事態を招くことを可能とする権限を有することは相当でない上に，被相続人の法的地位を包括的に承継するという相続の法的性質に照らしても，合理的とはいえない。具体的には，以下のとおりである。

① 相続させる旨の遺言がある場合には，これにより相続人が法定相続分を超える割合の不動産を取得したときでも，登記なくしてこれを第三者に対抗することができるため，相続債権者が代位により法定相続分に従った相続登記をした上で，各相続人の共有持分について差押えをしたとしても，遺言の内容と異なる部分の差押えは無効ということになる。このような結論は，法定相続分による権利の承継があったことを前提として当該相続人に対してされた差押え等の効力が，その後の遺産分割（協議・調停・審判）の結果によって影響を受けないこと（民法第909条た

264 第5章 相続の効力

だし書）との権衡を失する。

② 仮に相続債権者が遺言の存在及び内容を知っていたとしても，遺言による権利変動を前提として権利行使をするには，遺言がない場合と比べかなりの時間と労力を要することになる（部会資料19-1第3-1補足説明1(1)以下参照）。

第二に，判例の考え方によれば，遺言によって法定相続分とは異なる権利の承継がされた場合には，受益相続人は登記なくして第三者に対抗することができることになるため，個別の取引の安全が害されるおそれがあるだけでなく，実体的な権利と公示の不一致が多く生ずることになり，不動産登記制度に対する信頼を害するおそれがある。

第三に，不動産競売等の民事執行手続においても，遺言の存在を知らずに，法定相続分による権利承継を前提として差押えがされ，その目的物が売却された場合には，その買受人は，遺言の内容と異なる部分については権利を取得することができないこととなって，競売における取引の安全が害されるほか，債務者である相続人が無資力である場合には，相続債権者は，競売の目的物が一部他人物であったことを理由に，買受人から担保責任を追及され，代金の一部を返還しなければならなくなるおそれがあるなど（民法第568条第2項），強制執行制度そのものに対する信頼を害するおそれもある。

(2) 相続分の指定・遺産分割方法の指定の法的性質

相続分の指定や遺産分割方法の指定による権利の承継は，その法的性質は包括承継ではあるものの，意思表示が介在しており，被相続人による処分としての性質が認められる。その意味では，「法定相続分の割合に従った包括承継」と「意思表示による特定承継」の中間類型と位置づけることも可能であるから，対抗要件主義の適用対象とすることにも十分な合理性があるものと考えられる（部会資料17第2補足説明1(1)ア）。

【図表29】 相続分の指定・遺産分割方法の指定の法的性質

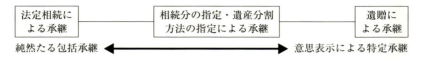

Q136 対抗要件主義の適用範囲

新法第899条の2第1項が対抗要件主義の適用範囲を「法定相続分を超える部分」に限定しているのはなぜか。

法定相続分に相当する部分については対抗関係が生ずる余地がないからである。

◀ 解　説 ▶

　民法第177条などの対抗要件主義を定めた条文の「第三者」とは，権利変動の当事者及びその包括承継人以外の者であって，登記などの対抗要件の欠缺を主張する正当な利益を有するものをいい，無権利者は第三者には含まれないというのが判例（最判昭和34年2月12日民集13巻2号91頁）の立場である。
　この立場を前提として，遺言により法定相続分を超える権利の承継があった場合について考えると，仮に遺言がない場合でも，受益相続人はその法定相続分に相当する権利（持分）を取得することができたのであるから，その部分については，受益相続人以外の者が権利を取得することはあり得ない。換言すれば，権利取得を主張する者がいたとしても，全て無権利者であるということになる。したがって，法定相続分に相当する部分について対抗関係（二重譲渡類似の関係）が生ずる事態は考えられない。新法第899条の2第1項の「法定相続分を超える部分」という限定は，このような理解に基づいて設けられたものである。

Q137 相続分の指定と登記に関する事例問題

新法下で、次の事例におけるBとDの法律関係はどうなるか。

被相続人Aは、「長男Bの相続分を4分の3とし、二男Cの相続分を4分の1とする。」旨の遺言を残して死亡した。Cは、Aの相続財産に属する不動産について、B、C名義の法定相続の登記をした上で、登記記録上の自己の持分（2分の1）を担保目的でDに譲渡し、移転登記を行った（特別受益者、寄与分権者及び遺留分権利者はいないものとする。）。

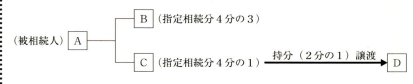

Bは、Dがいわゆる背信的悪意者に該当しない限り、不動産の所有権のうち法定相続分を超える部分について、Dに対抗することができない。

◀ 解　説 ▶

相続分を指定する遺言の効力により、Bは相続開始と同時に本件不動産について持分4分の3を直接Aから取得する（新法第902条第1項）が、このうち、法定相続分を超える部分（4分の1）の取得を第三者に対抗するためには、登記を必要とする（新法第899条の2第1項）。他方、Cの持分を担保目的で譲り受け登記名義を得たDは、不動産所有権のうち、Cの登記記録上の共有持分（2分の1）とCが遺言によって取得した相続分（4分の1）の差に相当する部分（4分の1）について、Bの登記の欠缺を主張する正当な利益を有するから、民法第177条の「第三者」に当たる。したがって、Bは、当該4分の1の部分については、既に登記名義を得ているDに対抗することができないのが原則である。その結果、BとDが持分各2分の1の割合で当

該不動産を共有することになる。ただし、Dがいわゆる背信的悪意者に該当する場合には、Bは、登記なくして法定相続分を超える部分の取得をDに対抗することができる（最判昭和43年8月2日民集22巻8号1571頁）。この場合には、Bが持分4分の3、Dが持分4分の1の割合で、不動産を共有することになる。なぜなら、Cは遺言で指定された相続分4分の1を有しており、これについては、改正の影響を受けることなくDに処分することができるからである。

【図表30】　対抗要件主義の適用範囲

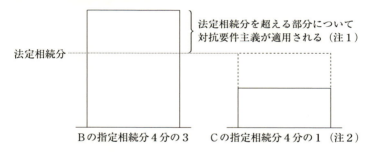

(注1)　従来の判例理論では、この部分について、C及び譲受人Dは無権利者であるから、Bは登記なくしてDに対抗することができた（最判平成5年7月19日家月46巻5号23頁等）。
(注2)　指定相続分4分の1については、Cは正当に処分することができるから、この部分について、Dは改正の影響を受けることなく譲渡担保権を取得することができる。したがって、BD間には当該4分の1の部分をめぐる対抗問題は生じない。

1 共同相続における権利の承継の対抗要件　269

遺産分割方法の指定と登記に関する事例問題

新法下で，次の事例におけるＢとＥの法律関係はどうなるか。

(1) Ａは，次のような内容の遺言を残して死亡した。
　① 物件目録記載の不動産はＢに相続させる。
　② その他の遺産は法定相続分の割合でＢ，Ｃ，Ｄに相続させる。
(2) Ｄの債権者Ｅは，上記の物件目録記載の不動産について，Ｂ，Ｃ，Ｄ名義の法定相続の登記を代位申請した上で，Ｄの持分について仮差押えの手続を行った。

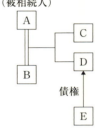

　Ｂは，Ｅがいわゆる背信的悪意者に該当すると認められるような事情がない限り，不動産所有権のうち，Ｄの法定相続分（４分の１）に相当する部分について，Ｅに対抗することができない。

◀ 解　　説 ▶

　不動産を「Ｂに相続させる」旨の遺言（遺産分割方法の指定）の効力により，Ｂは相続開始と同時に本件不動産の所有権を直接Ａから取得する（民法第908条，909条）が，このうち，法定相続分を超える部分（２分の１）の取得を第三者に対抗するためには，登記を必要とする（新法第899条の２第１項）。他方，Ｂ，Ｃ，Ｄ名義の共同相続登記を代位申請し，Ｄの持分について仮差押えの手続を行ったＥは，不動産所有権のうち，Ｄの法定相続分（４分の１）に相当する部分について，Ｂの登記の欠缺を主張する正当な利益を有するから，民法第177条の「第三者」に当たる（差押債権者につき最判昭和39年３月６日民集18巻３号437頁）。したがって，Ｂは，Ｅがいわゆる背信的悪意者に

270 第5章 相続の効力

該当すると認められるような事情がない限り，不動産所有権のうち，Dの法定相続分（4分の1）に相当する部分について，Eに対抗することができない。その結果，B，C，D名義の共同相続登記及びE名義の仮差押えの登記は維持されることとなる。

対抗要件主義と遺言執行者の権限

Q139 新法第899条の2第1項による対抗要件主義の適用範囲の拡大は，遺言執行者の権限にどのような影響を及ぼしたか。

特定財産承継遺言があったときは，財産を承継する共同相続人のために対抗要件具備行為をすることができることとなった。

◀ 解　説 ▶

　新法第899条の2第1項によって，新たに相続分の指定及び遺産分割方法の指定による財産の承継について対抗要件主義が適用されることとなった。このうち，遺産分割方法の指定として遺産に属する特定の財産を共同相続人の一人又は数人に承継させる旨の遺言を，新法では「特定財産承継遺言」と呼び，この遺言があったときは，遺言執行者は，当該共同相続人が新法第899条の2第1項に規定する対抗要件を備えるために必要な行為をすることができることとなった（新法第1014条第2項）。そして，新法第1015条によれば，遺言執行者がその権限内において遺言執行者であることを示してした行為は，相続人に対して直接にその効力を生ずるので，遺言執行者が行った対抗要件具備行為により，当該共同相続人は対抗要件を備えたことになる。

　ただし，被相続人が遺言で別段の意思を表示したとき，例えば，特定財産承継遺言において「対抗要件の具備に必要な行為は財産を承継する相続人のみが行うことができるものとする」等の記載をしたときは，その意思に従わなければならない（新法第1014条第4項）。

債権の相続と対抗要件主義の適用

Q140 債権の承継について、新法の対抗要件主義はどのような場合に適用されるか。

A
①相続分の指定、②「相続させる」旨の遺言又は③遺産分割による債権の承継があった場合である。

◀ 解　説 ▶

　新法の対抗要件主義は、相続による権利の承継のうち、法定相続分を超える部分について適用される（新法第899条の2第1項）。債権の承継についていえば、相続財産に属する債権を相続によって取得した場合のうち、法定相続分を超える部分が生じる場合である。具体的には、次の三つのいずれかによって債権を承継した場合に、債権譲渡と同様の対抗要件（民法第467条）の具備が必要となる。
　① 相続分の指定による債権の承継があった場合
　② 「相続させる」旨の遺言（遺産分割方法の指定）による債権の承継があった場合
　③ 遺産分割による債権の承継があった場合

Q141 債務者対抗要件の具備の方法

法定相続分を超える債権の承継について、債務者対抗要件である債務者への通知は誰がどのようにして行うか。

共同相続人の全員が通知をするのが原則であるが、受益相続人及び遺言執行者に関する特則が設けられている。

◀ 解　説 ▶

　相続分の指定、「相続させる」旨の遺言又は遺産分割による債権の承継について必要な対抗要件の内容は、債権譲渡の場合（民法第467条）と同じである。すなわち、債務者に対する通知又は債務者の承諾によって債務者に対する対抗要件が備わり、その通知又は承諾が確定日付のある証書によりされることによって債務者以外の第三者に対する対抗要件が備わる。このうち、債務者に対する通知に関する新法の内容は次のとおりである。

(1) 原　則

　共同相続人の全員が債務者に通知をするのが、原則的な対抗要件具備の方法である。これは、債権譲渡の場合には譲渡人から通知すべきものとされていることを相続の場合に当てはめた結果である。すなわち、債権譲渡における譲渡人に相当する者は、被相続人の地位を包括的に承継した共同相続人全員であり、譲受人に相当する者は遺言や遺産分割により相続財産に属する債権を取得した受益相続人であると考えられるので、共同相続人全員による通知が原則となる（部会資料24-2第5-1補足説明2）。

(2) 受益相続人に関する特則

　相続分を超えて債権を承継した共同相続人（受益相続人）が、当該債権に係る遺言又は遺産分割の内容を明らかにして債務者にその承継の通知をした

274　第5章　相続の効力

ときは，共同相続人の全員が債務者に通知をしたものとみなされる（新法第899条の2第2項）。

⑶　遺言執行者に関する特則

　遺産分割方法の指定として，遺産に属する特定の財産を共同相続人の一人又は数人に承継させる旨の遺言（特定財産承継遺言）があったときは，遺言執行者は，当該共同相続人が対抗要件を備えるために必要な行為をすることができる（新法第1014条第2項）。したがって，遺産分割方法の指定により法定相続分を超えて債権を取得した共同相続人がいる場合において，遺言執行者が選任されているときは，遺言執行者は，債務者に通知する権限を有する。

Q142 受益相続人に関する特則の趣旨

新法第899条の2第2項が受益相続人による単独通知を認めたのはなぜか。

A

他の共同相続人が通知に協力しない場合にも、簡易迅速に対抗要件を具備できるようにするためである。

◀ 解　説 ▶

債権譲渡の場合には、債務者に対する通知は必ず譲渡人からしなければならず、譲受人による通知は無効とされている（譲受人が譲渡人に代位してした通知につき大判昭和5年10月10日民集9巻948頁）。一方、**Q141**で述べたとおり、相続による債権の承継の場合には、共同相続人全員が債権譲渡の譲渡人に相当するが、受益相続人以外の共同相続人が通知に協力しない場合には、特段の措置を講じなければ、受益相続人は対抗要件を具備するだけのために家庭裁判所に対して遺言執行者の選任を請求するなど、面倒な手続を経なければならなくなる。そのため、受益相続人による単独の通知という簡易な方法で対抗要件を具備することができるようにした（中間試案補足説明第3-2(1)説明2）。

受益相続人による単独通知の方式

Q143 受益相続人が単独で債務者に通知をする際に，遺言書等の書面の交付をする必要はあるか。

書面の交付は不要である。

◀ 解　説 ▶

　部会の審議においては，受益相続人の単独通知の方法について，遺言書等の書面の交付を必須の要件とすることが繰り返し提案されていた（部会資料23-1第5-1(2)ア(ア)等）。その趣旨は，遺言者の意思等に基づいて作成されたものを交付することによって，虚偽通知を防止する点にあった。

　しかし，要綱案（案）を作成する段階で方針が変更され，遺言書等の交付を必須の要件とはせず，債務者において，客観的に遺言の内容を判断することができる方法による通知を認める観点から，「遺言の内容を明らかにして」通知をしなければならないとすることとした。その理由は以下のとおりである（部会資料26-2第5-1補足説明）。

① 遺言書等の書面の交付を要件とすることは，他の相続人のプライバシー保護の観点から問題がある。

② 遺言書等には債権の承継以外の内容も記載されていることからすると，遺言書等の交付を必須の要件とすることは，その開示を望まない相続人にとっては心理的な抵抗が大きいものと考えられる。

③ 遺言書等の交付までは望まない債務者においても，受益相続人から遺言書等の交付があった場合には拒絶することができず，その返還を求められない場合には，保管等が必要となる場合もあり得るなど，実務上の問題が生ずる懸念があるものと考えられる。

④ 遺言書等の交付の趣旨が，虚偽通知の防止にあることからすると，遺言書等の交付を必須の要件とするまでの必要はなく，債務者をして，客

観的に遺言等の有無やその内容を判断できるような方法（例えば，受益相続人が遺言の原本を提示し，債務者の求めに応じて，債権の承継の記載部分について写しを交付する方法）をもって通知することでも足りるものと考えられる。

新法第899条の2第2項の効果

新法第899条の2第2項の「共同相続人の全員が債務者に通知をしたものとみなして，同項の規定を適用する。」とはどういう意味か。

　受益相続人による単独通知によって対抗要件具備が認められる債権の範囲は，譲渡人による通知等を債権譲渡の対抗要件としている債権のみに限られるということを意味している。

◀ 解　　説 ▶

　新法第899条の2第2項の「共同相続人の全員が債務者に通知をしたものとみなして，同項の規定を適用する。」という箇所について，要綱案のたたき台(4)よりも前の部会資料では，「その債権を承継した相続人が債務者にその承継の通知をしたとき（中略）は，（中略）債務者その他の第三者に対抗することができる。」としていた（部会資料24-1第5-1(2)等）。しかし，このような表現によると，不動産の賃貸借のような登記等を対抗要件とする債権（民法第605条，借地借家法第10条第1項）についても，受益相続人による承継の通知によって，第三者対抗要件を具備し得るかのような誤解を招くおそれがあるものと考えられる。そこで，受益相続人による単独通知によって対抗要件具備が認められる債権の範囲を，譲渡人による通知等を債権譲渡の対抗要件としている債権（売買代金債権・貸金債権等）のみに限定することを明らかにする観点から，「共同相続人の全員が債務者に通知をしたものとみなして，同項の規定を適用する。」との表現に変更した（部会資料25-2第5-1補足説明）。

Q145 債権の承継に関する事例問題(1)

新法下で，次の事例におけるＣがＳに対する貸金債権の承継について対抗要件を具備する方法には，どのようなものがあるか。

(1) Ａは，以下のような内容の遺言を残して死亡した。
  ① Ｓに対する4,000万円の貸金債権をＣに相続させる。
  ② Ｘを遺言執行者に指名する。
(2) Ｘは，遺言執行者に就職することを承諾した。
(3) 特別受益者，寄与分権者及び遺留分権利者はいないものとする。
(4) Ｃの法定相続分額は，4,000万円未満である。
(5) Ｄは，Ｓに対する4,000万円の貸金債権のうち，法定相続分に当たる1,000万円分の権利を取得したものとして，これをＥに譲渡した。

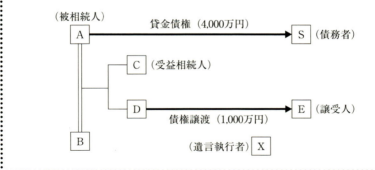

①共同相続人の全員（Ｂ，Ｃ，Ｄ）が債務者Ｓに対して通知をする方法，②Ｃが単独でＳに対して通知をする方法，③遺言執行者ＸがＳに対して通知をする方法，④ＳがＣによる債権の承継を承諾する方法の４通りがある。

280　第5章　相続の効力

◀ **解　説** ▶

(1)　遺言の分析

　Aの遺言のうち，特定の遺産であるSに対する貸金債権を「Cに相続させる」という部分は，遺贈と解すべき特段の事情が認められないため，遺産分割方法の指定に当たる（最判平成14年6月10日家月55巻1号77頁等）。また，Cが承継する貸金債権の額4,000万円は，相続財産の総額に対するCの法定相続分の割合4分の1を超えているから，遺言の当該部分は相続分の指定にも当たる。したがって，Cが法定相続分を超える部分の承継を第三者に対抗するためには，対抗要件を備えなければならない（新法第899条の2）。

(2)　Cが対抗要件を具備する方法

ア　債務者対抗要件

(ア)　債務者Sに対する通知

　①　共同相続人全員（B，C，D）で，Sに対してCが貸金債権を承継した旨の通知をするのが原則的な方法である。

　②　受益相続人（C）は，単独で，遺言の内容を明らかにして，自己が貸金債権を承継した旨の通知をすることができる（新法第899条の2第2項）。

　③　遺言執行者（X）は，本遺言が新法第1014条第1項の定める「特定財産承継遺言」であるため，Cが貸金債権を承継した旨の通知をすることができる（新法第1014条第2項）。

(イ)　債務者の承諾

　債務者Sが，Cの貸金債権承継を承諾すれば，Cの債務者対抗要件が備わる。なお，部会では債務者が承諾をすべき相手方について規定を設ける案が検討されたが，結局見送られたため，債権譲渡における承諾（民法第467条第1項）と同じく，解釈に委ねられる。

イ　第三者対抗要件

　上記アの通知又は承諾は，確定日付のある証書によってしなければ，債務者以外の第三者に対抗することができない（民法第467条第2項）。

Q146 債権の承継に関する事例問題(2)

Q145の事例を前提として，次の各場合における受益相続人C，譲受人E及び債務者Sの法律関係はどうなるか。

> ① Cは債務者対抗要件のみを具備しているのに対して，Eは債務者対抗要件及び第三者対抗要件の双方を具備している場合
> ② C及びEの双方が債務者対抗要件及び第三者対抗要件を具備している場合
> ③ C及びEの双方が債務者対抗要件のみを具備している場合

①の場合：貸金債権4,000万円のうち1,000万円については，原則として，EがCに優先する。
②の場合：CとEの優劣は，両者の確定日付のある通知がSに到達した日時又は確定日付のあるSの承諾の日時の先後によって決まる。
③の場合：Sは，C，Eいずれの請求も拒むことができる。また，Sは，いずれの者に対しても有効な弁済をすることができる。

◀ 解　説 ▶

(1) ①の場合について

ア　原　則

貸金債権4,000万円のうち1,000万円について対抗関係に立つ受益相続人Cと譲受人Eの間では，第三者対抗要件を備えているEが優先する。そして，Eに対抗できないCは債務者Sにも対抗することができず，1,000万円についてはEのみが唯一の債権者となる（大連判大正8年3月28日民録25輯441頁）。したがって，SはEの請求を拒絶することはできないのに対して，Cの請求は拒絶することができる。

また、SがEに対して行った弁済は、1,000万円を限度として有効な弁済となる。Cに対して行った弁済は、原則として無効であるが、債権の準占有者に対する弁済（民法第478条）の要件を満たす場合等には有効な弁済となる。

イ 例 外

判例（大判昭和7年12月6日民集11巻2414頁）によれば、債権が二重に譲渡された場合において、第一の債権譲渡の後に弁済等によって当該債権が消滅し、更に第二の債権譲渡が行われたときは、第二の譲渡について確定日付のある証書による通知がされても、既に債権が消滅している以上、第二譲受人は債権を取得することができない。この判例理論によれば、ＤＥ間で債権譲渡が行われる前に、Ｃが確定日付のない通知又は承諾によって債務者対抗要件を備え、直ちに4,000万円全額の弁済を受けていた場合には、Ｅは債権を取得することができないこととなる。なおこの場合、Ｃは第三者対抗要件を具備していないが、弁済の時点では対抗問題が生じていない以上、Ｓは債務者対抗要件を備えているＣの請求を拒絶することはできないものと解される。

【図表31】昭和7年判例によりＤが債権を取得できないケース

(2) ②の場合について

ア 到達時説

債権が二重に譲渡され、各譲受人がともに確定日付のある証書により対抗要件を具備した場合における譲受人相互の優劣について、判例（最判昭和49年3月7日民集28巻2号174頁）はいわゆる到達時説を採用している。すなわち、譲受人相互の優劣は、確定日付の先後によって決まるのではな

く，両者の確定日付のある通知が債務者に到達した日時又は確定日付のある債務者の承諾の日時の先後によって決まる。この見解によれば，CとEの優劣は，Cが遺言の内容を示してした確定日付のある承継通知がSに到達した日時又はSがCの承継についてした確定日付のある承諾の日時と，譲渡人Dがした確定日付のある譲渡通知がSに到達した日時又はSがEへの譲渡についてした確定日付のある承諾の日時の先後によって決まることとなる。

イ　同時到達の場合

上記の到達時説を前提として，二重譲渡の各譲受人がした確定日付のある譲渡通知が同時に債務者に到達した場合には，各譲受人は債務者に対して譲受債権の全額を請求することができるというのが判例（最判昭和55年1月11日民集34巻1号42頁）の立場である。この立場によれば，Cが遺言の内容を示してした確定日付のある承継通知とDがした確定日付のある譲渡通知が同時にSに到達した場合には，CはSに対して承継債権の全額4,000万円を請求することができ，EはSに対して譲受債権の全額1,000万円を請求することができることとなる。そしてSは，CとEが同順位であることを理由として，弁済の責めを免れることができない。

(3)　③の場合について

債権が二重に譲渡され，各譲受人がともに確定日付のない対抗要件を具備したにとどまる場合には，その具備の先後は法律関係に影響を及ぼさない。なぜなら，いまだ第三者対抗要件を具備せず相互に対抗できない者の間では，優劣や順位は問題とならないからである。この場合には，債務者は，いずれの者からの請求も拒むことができ，かつ，いずれの者に弁済をしても有効な弁済となると解する見解が有力である。この見解によれば，Sは，C，Eいずれも第三者対抗要件を備えていないことを理由として，C又はEの請求を拒絶することができる。また，SがCに対して行った弁済は有効な弁済となり，Eに対して行った弁済は，1,000万円を限度として，有効な弁済となる。

債権の承継と対抗要件主義の適用に関する経過措置

新法施行日前に開始した相続において遺産分割により債権を承継した相続人は，新法施行日後も通知又は承諾の対抗要件を具備することなく，債務者又は第三者に対抗することができるか。

対抗することはできない。

◀ 解　説 ▶

　相続による権利の承継は，遺産の分割によるものかどうかにかかわらず，相続分を超える部分については，登記，登録その他の対抗要件を備えなければ，第三者に対抗することができない（新法第899条の２第１項）。また，相続（遺産の分割）により承継した権利が債権である場合において，相続分を超えて当該債権を承継した共同相続人が当該債権に係る遺産の分割の内容を明らかにして債務者にその承継の通知をしたときは，共同相続人の全員が債務者に通知をしたものとみなされ，上記の新法第899条の２第１項の規定が適用される（新法第899条の２第２項）。そして，新法第899条の２の規定は，新法施行日前に開始した相続に関し遺産の分割により債権の承継がされた場合において，新法施行日以後にその承継の通知がされるときにも，適用される（改正法附則第３条）。したがって，本問の場合には，新法施行日前に開始した相続に関し遺産の分割により相続人が債権を承継していることから，その相続人は，新法施行日後にあっては，通知又は承諾の対抗要件（新法第467条，899条の２第２項）を具備しなければ，債務者又は第三者に対抗することができない。

【図表32】債権の承継と対抗要件主義の適用に関する経過措置

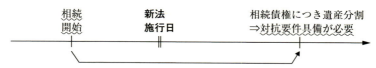

2 相続分の指定がある場合の債権者の権利の行使

新法第902条の2の趣旨

相続分の指定がある場合の債権者の権利行使について，新法第902条の2はどのような内容を定めているか。

平成21年判例を明文化し，遺言による相続分の指定は相続債権者に対しては効力が及ばない旨を定めたのが新法第902条の2本文であり，禁反言の原則に基づいて判例理論を補ったものが同条ただし書である。

◀ 解　説 ▶

【旧】	【新】
（新設）	（相続分の指定がある場合の債権者の権利の行使） 第902条の2　被相続人が相続開始の時において有した債務の債権者は，前条の規定による相続分の指定がされた場合であっても，各共同相続人に対し，第900条及び第901条の規定により算定した相続分に応じてその権利を行使することができる。ただし，その債権者が共同相続人の一人に対してその指定された相続分に応じた債務の承継を承認したときは，この限りでない。

旧法には，被相続人は遺言で共同相続人の相続分を指定できる旨の一般的な規定（民法第902条）があるのみで，相続債務の負担割合についても指定できるのか，指定できるとして債権者との関係はどうなるのかについては明文の規定がなかった。この問題に対する解答を最高裁として初めて示したのが，平成21年3月24日の第三小法廷判決（民集63巻3号427頁）である。その判旨

286　第5章　相続の効力

から読み取ることができる理論のポイントは，以下のとおりである（共同相
続人間の遺留分減殺請求事件であるため遺留分の算定方法についても言及してい
るが，ここでは割愛する。）。

①　財産の全部を共同相続人の一人に「相続させる」旨の遺言の性質は，
　遺産分割方法の指定であり，かつ，相続分の指定でもある。
②　遺言で「財産の全部を相続させる」旨の指定がされた場合には，特
　段の事情のない限り，当該相続人に相続債務も全て相続させる旨の意
　思が表示されたものと解すべきである。
③　共同相続人間では，遺言で指定された相続分の割合に従って債務の
　承継の効力が生ずる。
④　相続分の指定の効力は，その指定に関与していない相続債権者には
　及ばない。
⑤　各相続人は，相続債権者から法定相続分に従った相続債務の履行を
　求められたときには，これに応じなければならない。
⑥　相続債権者は相続分の指定の効力を承認し，各相続人に対して指定
　相続分に従った相続債務の履行を請求することができる。

　上記の判例理論①から⑥までのうち，新法第902条の2で明文化されたの
は④⑤⑥の3項目である。そして，同条ただし書では，判例が明確に述べて
いない問題について立法的解決が図られている。すなわち，一旦相続分の指
定の効力を承認し，共同相続人の一人に対して指定相続分に従った相続債務
の履行を請求した相続債権者が，その後に改めて法定相続分に従った履行を
請求することはできるかという問題について，禁反言の原則に基づき，請求
できないものとされた。
　なお，共同相続人間における相続分の指定の効力（上記判例理論③）につ
いて，中間試案では「相続分の指定又は包括遺贈によって各相続人の承継割
合が定められたときは，各相続人の負担部分は，その承継割合による」旨の
規律を設ける案が提示されていた（中間試案第3－2(2)）が，その後「共同相

続人間の内部的な負担割合に関する規律を新たに設ける必要はない」という方針に変更され（部会資料21第3‐2補足説明2），その方針に沿って法文化された。この方針変更は必ずしも判例理論の実質的な内容を変更する趣旨ではない（部会資料21第3‐2補足説明2）。

Q149 新法第902条の2ただし書の解釈

相続債権者が，相続債務の一部について法定相続分の割合による履行を請求し，相続人からその弁済を受けた後に，残債務について指定相続分の割合による履行を請求することはできるか。できるとした場合，最初に受けた弁済の効力はどうなるか。

原則として請求することができる。その場合，最初に受けた弁済は有効である。ただし，禁反言の原則に反すると認められる事情がある場合には，請求することができない。

◀ 解　説 ▶

(1) 原　則

新法第902条の2本文の規定は，相続債権者が遺言の存在を知らなかった場合はもとより，その内容を知った後に，法定相続分の割合による権利行使をした場合でも，それだけでは当然に指定相続分の割合による権利行使は否定されないことを前提としている。つまり，相続債権者は，どちらの割合による権利行使をするかを選択することができる。したがって，相続債権者が相続債務の一部について法定相続分の割合による履行を請求し，相続人からその弁済等を受けた場合でも，原則として，残債務について指定相続分の割合による権利行使が認められる。また，相続債権者が共同相続人の一人に対して指定相続分の割合による債務の承継を承認した場合，その承認に遡及効は付与されない。したがって，その承認前に相続債権者が相続人から受けた弁済等の効力が遡って覆ることはない。例えば，Aに対して100万円の金銭債務を負担していたBが共同相続人C，D（法定相続分各2分の1）のうちCに「財産の全部を相続させる」旨の遺言を残して死亡した場合において，AがDに対して法定相続分の割合による履行を請求し，その一部である20万円の弁済を受けた後に，Cに対して指定相続分の割合による債務の承継を承

認したときは，Dの弁済により債権額は80万円に減少し，AがCに対して指定相続分の割合による80万円の履行を請求することができる。そして，DはCに対して20万円を求償することができる（部会資料22-2第5-2補足説明）。

【図表33】法定相続分による権利行使後の指定相続分による債務承継の承認

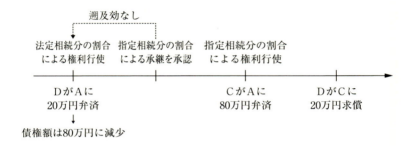

(2) 例 外

Q148で述べたとおり，新法第902条の2ただし書の規定は，禁反言の原則を表したものである。この趣旨に照らすなら，相続債権者が遺言の内容を知った後に，相続人に対し，法定相続分による権利行使しかしない旨を明言していたような場合には，指定相続分による権利行使は，禁反言の原則に反し認められないことになるものと考えられる（部会資料22-2第5-2補足説明(注)）。

290　第５章　相続の効力

相続分の指定がある場合の債権者の権利行使に関する事例問題

Q150 新法下で，次の事例におけるＣ，Ｄ及びＥの法律関係はどうなるか。

① Ａは，Ｅから1,000万円の借入れをした。
② Ａは，「Ｃの相続分を５分の４とし，Ｄの相続分を５分の１とする」旨の遺言を残して死亡した。
③ Ｅは，Ｄに対して，貸金債権1,000万円のうち300万円の支払を請求し，Ｄは，Ｅに300万円を弁済した。

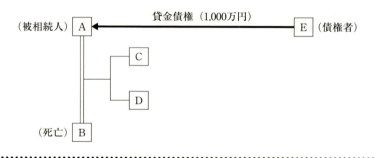

Ｅは，Ｄから300万円の弁済を受けた時点で，遺言による相続分の指定を知っていたかどうかに関わらず，法定相続分の割合による権利行使を続けるか，あるいは指定相続分の割合による権利行使に切り替えるかを選択することができるのが原則である。

◀ 解　説 ▶

(1) 原　則

　新法第902条の２によれば，遺言で相続分の指定が行われた場合であっても，相続債権者は，相続分の指定を知っていたかどうかにかかわらず，法定相続分の割合による権利行使をすることができる。したがって，Ｅは，Ｄか

ら300万円の弁済を受けた後も、C及びDに対して法定相続分の割合による権利行使を続けることができる。また、法定相続分の割合による権利行使から指定相続分の割合による権利行使に切り替えることもできる。Eが指定相続分への切替えを選択し、C又はDに対して指定相続分の割合による義務の承継を承認した場合、その承認に遡及効はないから、Eが既に受けた300万円の弁済のうち、Dの指定相続分の割合を超える部分（100万円）がDとの関係で不当利得となることはない。そして、一旦指定相続分への切替えを選択したときは、新法第902条の2ただし書の規定により、その後に法定相続分による権利行使をすることはできなくなる。

なお、Eが指定相続分の割合による承継を承認するか、承認せずに法定相続分の割合による権利行使を続けるかにかかわらず、CD間では遺言による相続分の指定が効力を生じているから、Dは、弁済額のうち、指定相続分の割合を超える100万円をCに求償することができる。

(2) 例 外

EがDから300万円の弁済を受けた際に、遺言による相続分の指定を知っていただけでなく、相続人（C又はD）に対して「法定相続分による権利行使しかしない」旨を明言していたような場合には、新法第902条の2ただし書の趣旨である禁反言の原則から、その後に指定相続分による権利行使をすることは認められないものと考えられる。

292　第5章　相続の効力

3　遺言執行者がある場合における相続人の行為の効果等

新法第1013条第2項・第3項新設の趣旨
新法第1013条第2項及び第3項が新設された理由は何か。

　遺言執行者がある場合に，相続人がした遺言の執行を妨げる行為の効力を明確にすること，並びに，善意の第三者保護規定及び債権者保護規定により取引の安全保護を図ることが新設された理由である。

◀　解　説　▶

【旧】	【新】
（遺言の執行の妨害行為の禁止） 第1013条　遺言執行者がある場合には，相続人は，相続財産の処分その他遺言の執行を妨げる行為をすることができない。	（遺言の執行の妨害行為の禁止） 第1013条　遺言執行者がある場合には，相続人は，相続財産の処分その他遺言の執行を妨げるべき行為をすることができない。
（新設）	2　前項の規定に違反してした行為は，無効とする。ただし，これをもって善意の第三者に対抗することができない。
（新設）	3　前二項の規定は，相続人の債権者（相続債権者を含む。）が相続財産についてその権利を行使することを妨げない。

(1)　旧法の規定に関する判例理論

　旧法第1013条は，相続人に対して遺言執行者による遺言の執行を妨げる行為を禁じているが，相続人がこれに違反する行為をした場合の効果については明文の規定がなかった。この点について判例は，一方で，遺言執行者がある場合に相続人が相続財産を処分して遺言の執行を妨害する行為は絶対無効であるとしている（大判昭和5年6月16日民集9巻550頁）が，他方で，遺言

者が不動産を第三者に遺贈して死亡した後に，相続人の債権者が当該不動産の差押えをした事案について，受遺者と相続人の債権者とは対抗関係に立つとしている（最判昭和39年3月6日民集18巻3号437頁）。

これらの判例によると，例えば，遺贈がされた場合については，遺言執行者があれば遺贈が絶対的に優先し，対抗関係は生じないのに対し，遺言執行者がなければ対抗関係に立つことになるが，これに対しては，遺言の存否及び内容を知り得ない第三者に不測の損害を与え，取引の安全を害するおそれがあるとの指摘がされていたところである。

(2)　新設された第三者保護規定のポイント

上記の指摘を踏まえて，新法第1013条第2項は，本文において，遺言執行者による遺言の執行を妨げる相続人の行為を無効とした上で，取引の安全保護を図る見地から，ただし書において，その無効を善意の第三者に対抗することができない旨を定めている。第三者保護規定のポイントは以下のとおりである。

ア　善意の意義

新設の第三者保護規定における善意とは，「遺言の存否及び内容を知らないこと」ではなく，「遺言執行者がいることを知らないこと」という意味である（部会資料17第4補足説明2(2)）。なぜなら，善意者保護規定によって治癒されるのは「前主である相続人の無権限」であり，その無権限は遺言執行者の存在によって生じるものだからである。

なお，善意の立証責任は第三者が負担することになる（部会資料17第4補足説明2(1)）。

イ　無過失の要否

第三者は善意のほかに無過失までは要求されない。第三者に無過失を要求することは遺言の内容に関する調査義務を負わせることを意味するが，第三者にそこまでの義務を負わせるのは相当でないからである（中間試案補足説明第3-4(2)説明2）。

ウ　対抗要件の要否

　相続人が処分した財産について対抗要件制度がある場合には，第三者がその対抗要件を具備していることが保護の要件となる。なぜなら，第三者が善意であることによって治癒されるのは，「遺言執行者がある場合には，相続人に処分権限がないこと」に限定すべきであり，それ以上の保護を与える必要はないからである（部会資料17第4補足説明2(1)）。例えば，相続財産に属する不動産が遺贈され，遺言執行者があるにもかかわらず，相続人が法定相続の登記を行い，これを第三者に譲渡した場合には，当該第三者が善意であることによって「相続人には処分権限がない」という瑕疵が治癒されることとなり，受遺者と第三者は二重譲渡の譲受人相互と同様に対抗関係に立つのであって，第三者は善意であるからといって登記をすることなく受遺者に不動産の取得を対抗できるわけではない。

(3)　債権者保護に関する特則

　新法第1013条第3項によれば，相続債権者及び相続人の債権者は，善意か悪意かにかかわらず，権利行使をすることができる。すなわち，相続債権者及び相続人の債権者は，遺言執行者がいる場合であっても対抗要件主義の適用を受け，法定相続分による権利承継を前提として強制執行をすることができる。これは，次のような考え方に基づく規律である（部会資料21第3-3，部会資料22-2第5-3補足説明）。

　相続債権者については，被相続人の生前にできたはずの強制執行などの権利行使が相続という偶然の事情によって困難になるのは不当であるから，相続開始の前後で法的地位が変わらないようにする必要がある。

　相続人の債権者については，相続債権者と同列に保護する必要があるかどうかについて部会で議論された。相続人の債権者は，相続債権者と異なり，相続開始前には被相続人との間に法律関係が有していたわけではないから，相続開始前後の法的地位の変化という問題は生じないというのが否定説の考え方であったが，最終的には肯定説を採用することで落ち着いた。その理由は以下のとおりである。

① 相続債権者と相続人の債権者の実体法上の優先順位については，相続財産破産，限定承認及び財産分離の場合を除き，同順位とされていることからすれば，ここでも，相続債権者の権利行使を認める以上，相続人の債権者の権利行使も認めることとすべきである。

② 旧法の下では，遺言がない場合（遺産分割を要する場合）には，相続債権者及び相続人の債権者のいずれにおいても，遺産分割の結果とは無関係に法定相続分による権利承継を前提とした権利行使が認められていること等に鑑みると，この場合との平仄を考慮すれば，遺言執行者がある場合でも，相続債権者の権利行使を認めることとするのであれば，相続人の債権者についても同様の取扱いをするのが相当である。

⑷ 遺言執行者がいない場合の規律

相続人が遺言の執行を妨げる財産処分行為をした場合において，遺言執行者がいないときは，新設された対抗要件主義の規定（新法第899条の2）などの適用によって法律関係が決まるものと解される。

遺言執行妨害行為の効力に関する事例問題(1)

Q152 新法下で，次の事例におけるBとDの法律関係はどうなるか。

① 被相続人Aは「長男Bにα不動産を相続させる。Bを遺言執行者に指名する。」旨の遺言を残して死亡した。
② Bは遺言執行者に就職することを承諾した。
③ Aの二男Cは，α不動産の所有権のうち法定相続分に当たる2分の1の持分を取得したものとして，これをDに譲渡した（特別受益者，寄与分権者及び遺留分権利者はいないものとする。）。

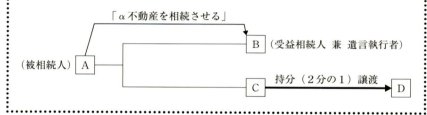

Dが悪意の場合，Bは登記なくしてα不動産の所有権の取得を対抗することができるが，Dが善意の場合，Cが譲渡した2分の1の持分をめぐってBとDは対抗関係に立つこととなる。

◀ 解　説 ▶

(1) **Dが悪意の場合**

遺言執行者がある場合には，Cにはα不動産の処分権限がなく，Cからの譲受人であるDも権利を取得することができない。また，DがCから持分を譲り受けた時に遺言執行者（B）の存在について悪意であった場合には，第三者保護規定の適用もない。したがって，Bは，登記なくしてα不動産の所有権の取得を対抗することができる。

⑵　Dが善意の場合

　DがCから持分を譲り受けた時に遺言執行者（B）の存在について善意で
あった場合には，「Cに処分権限がないこと」という瑕疵が治癒され，法律
上処分権限があったのと同様に取り扱われることになる。その結果，α不動
産の2分の1の持分について，A→B，A→C→Dの二重譲渡があったのと
同様の状態が作出される。したがって，Cが譲渡した2分の1の持分をめ
ぐってBとDは対抗関係に立つこととなる。

Q153 遺言執行妨害行為の効力に関する事例問題(2)

新法下で，次の事例におけるＣ，Ｅ及びＳの法律関係はどうなるか。

(1) Ａは，以下のような内容の遺言を残して死亡した。
  ① Ｓに対する4,000万円の貸金債権は，Ｃに相続させる。
  ② Ｘを遺言執行者に指名する。
(2) Ｘは，遺言執行者に就職することを承諾した。
(3) 特別受益者，寄与分権者及び遺留分権利者はいないものとする。
(4) Ｄは，Ｓに対する4,000万円の貸金債権のうち，法定相続分に当たる1,000万円分の権利を取得したものとして，これをＥに譲渡した。

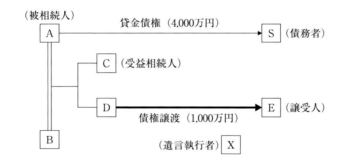

Ｓが遺言執行者の存在について悪意であった場合には，ＳはＣに対して弁済をすべきこととなり，ＥはＳから弁済を受けたＣに対して不当利得返還請求をすることができる。Ｓが善意であった場合には，ＳはＣとＥのどちらが先に第三者対抗要件を具備したかによって弁済をすべき者を判断すべきことになる。

◀ 解　説 ▶

(1)　前提（善意者保護規定の適用方法）

　相続人によって処分された財産が債権である場合には，債権の譲受人（E）及び債務者（S）が善意者保護規定の適用対象となり得る「第三者」であるが，債務者が弁済をすべき相手方を判断するにあたっては，債務者（S）の善意・悪意を基準とすべきである。その理由は，次のとおりである。

　仮に，債務者（S）との関係でも，遺言執行者があることについてEが善意であるときはD→Eの債権譲渡は有効であって，対抗関係に立つが，Eが悪意であるときはD→Eの債権譲渡は無効であるとすると，債務者は，Eが善意であるか悪意であるかによって弁済をすべき相手方が変わり得ることになるが，債務者にこのような判断をさせることは相当でないと考えられる（部会資料21第3－3補足説明(注2)）。

(2)　Sが遺言執行者の存在について悪意であった場合

ア　Sは誰に対して弁済をすべきか

　SがCから債権承継通知を受けた際に明らかにされた遺言の内容（新法第899条の2第2項）等により遺言執行者があることを知っていた場合には，Sとの関係では，D→E間の譲渡は無効ということになり，CとEとはそもそも対抗関係（二重譲渡類似の関係）に立たないことになるから，Sは，Cに対して，弁済をすべきことになるものと考えられる（部会資料21第3－3）。

イ　CとEの法律関係

　上記アの場合において，仮にEが善意であり，Cよりも先に第三者対抗要件を具備していたときは，CとEとの関係では，Eが優先すべきことになるから，Eは，Sから弁済を受けたCに対し，不当利得返還請求をすることができることになるものと考えられる（部会資料21第3－3補足説明(注3)）。

300 第5章 相続の効力

(3) Sが遺言執行者の存在について善意であった場合

ア Sは誰に対して弁済をすべきか

　Sが遺言執行者の存在を知らなかった場合には，Sとの関係では，D→E間の譲渡は有効ということになり，CとEは対抗関係（二重譲渡類似の関係）に立つことになるから，Sは，CとEのどちらが先に第三者対抗要件を具備したかによって弁済をすべき者を判断すべきことになるものと考えられる。

イ CとEの法律関係

　上記アの場合において，仮にEが悪意であり，Cよりも先に第三者対抗要件を具備していたときは，CとEとの関係では，Cが優先すべきことになるから，Cは，Sから弁済を受けたEに対し，不当利得返還請求をすることができることになるものと考えられる。

(4) 遺言執行者がいない場合（補足）

　遺言執行者がいない場合には，債務者（S）は，CとEのいずれが先に第三者対抗要件を具備したかによって弁済をすべき者を判断する必要がある。

3 遺言執行者がある場合における相続人の行為の効果等　*301*

【図表34】遺言による財産処分と抵触する行為の効力

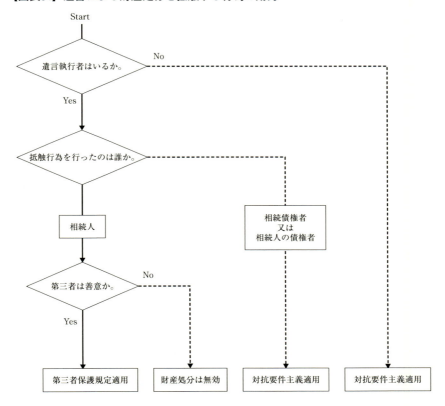

第 6 章　特別の寄与

特別の寄与制度の創設理由

新法第1050条において特別の寄与制度が創設されたのはなぜか。

被相続人の財産の維持又は増加に特別の寄与をした相続人以外の者の地位を法的に保護するためである。

◀ 解　説 ▶

民法上，寄与分は，相続人のみに認められている（民法第904条の2第1項）。したがって，新法施行前においては，例えば，下記事例において，相続人Cの妻Eは，被相続人（夫の父）Aの療養看護に努めることによって，被相続人の財産の維持又は増加に貢献した場合（療養看護を外注した場合に要する費用が節減される場合）であっても，遺産分割手続において，寄与分の主張をし，又は何らかの財産の分配を請求することはできなかった。

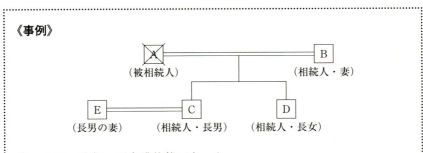

《事例》

① Aは，晩年，要介護状態であった。
② Aの妻Bは，高齢であり，長男Cは，サラリーマンとして多忙であ

304 第6章 特別の寄与

> り，長女Dは，遠方に嫁いでおり，いずれも，Aの介護を十分に行う
> ことができない状態であるため，Aの介護は，専ら（無償で），長男
> の妻Eが行っていた。
> ③ Aは，死亡した。なお，Aの死亡時における（積極）財産は，預貯
> 金及び自宅不動産であった（特段の負債（消極財産）は，存しなかった）。

　この点については，夫の寄与分の中で妻の寄与を考慮することを認める裁判例も存在するが（東京家審平成12年3月8日家月52巻8号35頁），このような取扱いに対しては，寄与した妻ではなく夫がその寄与分を取得できることの法的根拠が明らかではないこと，妻以外の寄与者（例えば，被相続人の兄弟姉妹等）の寄与も同様に認めなければ不公平であること等の指摘もされていた。また，事例において，仮に，相続人Cが死亡している場合には，被相続人Aの療養看護に努めたEは，自己の貢献に見合った相続財産の分配を受けることができない一方で，相続人Dは，被相続人Aの療養看護に一切関与しなかった場合であっても，相続人として，相続財産の分配を受けることとなることから，実質的公平に反することとなり，このことに不公平感を覚える者が多いとの指摘がされていた。

　そこで，被相続人の財産の維持又は増加に特別の寄与をした相続人以外の者の地位を法的に保護するため，新法第1050条において，特別の寄与制度が創設されることとなった。

特別寄与者の要件

Q 155 被相続人の事業に関する労務の提供をした者は，新法第1050条第1項の「特別寄与者」となり得るか。また，被相続人の療養看護の費用を支払った者はどうか。

　事業に関する労務の提供をした者は「特別寄与者」となり得るが，療養看護費を支払った者は「特別寄与者」となり得ない。

◀ 解　説 ▶

　新法第1050条の「特別寄与者」となり得るのは，被相続人に対して無償で療養看護その他の労務の提供をしたことにより被相続人の財産の維持又は増加について特別の寄与をした被相続人の親族である。療養看護は労務の提供の例示であり，労務の提供があれば寄与行為の対象になる。したがって，事業に関する労務の提供も含まれる。ただし，寄与行為は無償のものに限られるので，事業に関する労務の提供について対価を得ていた場合には，「特別寄与者」とはなり得ない。

　他方，新法第1050条においては，相続人の寄与分（民法第904条の２）と異なり，財産上の給付は寄与行為の対象に含まれていない。したがって，療養看護費の支出は財産上の給付であるから，その支出者は「特別寄与者」とはなり得ない（第19回議事録）。

特別寄与者の遺産分割手続への参加

Q156 特別寄与者は遺産分割の手続に参加することができるか。

参加することはできない。

◀ 解　説 ▶

　特別寄与者に認められる権利は，相続人に対する特別寄与料（特別寄与者の寄与に応じた額の金銭）の支払を請求する権利とされている（新法第1050条第1項）。したがって，特別寄与者は，遺産分割手続に当事者として参加することができない。これは，仮に，遺産分割手続中において，特別寄与者が当事者として関与するものとすると，遺産分割に関する紛争が複雑化，長期化するおそれがあるからである。なお，被相続人に相続が発生し，相続人間において遺産分割協議が成立した後，特別寄与者による請求がされた場合であっても，既に成立した遺産分割協議に影響は及ぼされないものと考えられる（部会資料19-1第1補足説明4(4)）。

Q 157 特別寄与者のための裁判制度

特別寄与料の支払をめぐって相続人との間で紛争が生じた場合に，特別寄与者はどのような裁判制度を利用することができるか。

特別寄与者は，家庭裁判所に対して，協議に代わる処分を請求することができる。

◀ 解　説 ▶

特別寄与料の支払について，当事者間に協議が調わないとき，又は協議をすることができないときは，特別寄与者は，家庭裁判所に対して協議に代わる処分を請求することができる（新法第1050条第2項本文）。この場合には，家庭裁判所は，寄与の時期，方法及び程度，相続財産の額その他一切の事情を考慮して，特別寄与料の額を定める（新法第1050条第3項）。そして，この裁判手続については，家事事件手続法に，以下のとおり定められている。

(1) 管　轄

管轄裁判所は，相続が開始した地を管轄する家庭裁判所である（新家事事件手続法第216条の2）。

(2) 給付命令

家庭裁判所は，当事者に対し，金銭の支払を命ずることができる（新家事事件手続法第216条の3）。

(3) 保全処分

家庭裁判所は，強制執行を保全し，又は申立人の急迫の危険を防止するため必要があるときには，申立てにより，仮差押え，仮処分その他の必要な保全処分を命ずることができる（新家事事件手続法第216条の5）。

308 第6章 特別の寄与

　なお，同一の相続に関して，遺産分割事件及び特別寄与事件がある場合に，事件の併合を強制する規定は，設けられていない（新家事事件手続法第216条の2～第216条の5参照）。これは，特別寄与料に関する紛争を遺産分割に関する紛争と分離して解決することができるようにするためである（部会資料7第3-3⑵イ，ウ）。もっとも，家庭裁判所の裁量的判断により遺産分割事件と併合することは当然に可能であり，これによって，遺産分割事件との一回的な解決を図ることもできるものとされている（部会資料7第3-3⑵イ，ウ）。

特別寄与者による通常訴訟の可否

Q158 特別寄与者は相続人を被告として地方裁判所又は簡易裁判所に特別寄与料債権の存在確認の訴えを提起することができるか。

A 訴えを提起することはできない。

◀ 解　説 ▶

　特別寄与者の請求権の法的性質については，財産分与請求権の法的性質（最判昭和55年7月11日民集34巻4号628頁参照）と同様に，特別の寄与，相続の開始といった要件が満たされることにより未確定の権利が生じるが，具体的な権利は，協議又は審判によって初めて形成されることとなるものと考えられる（部会資料19-1第1補足説明2，部会資料22-2第6補足説明1）。このことから，協議又は審判前の特別寄与者には具体的な権利は認められないため，通常の（地方裁判所又は簡易裁判所における）民事事件として，特別の寄与の有無の確認請求や，相続人の特別寄与者に対する債務不存在の確認請求が認められる余地はないものと考えられる（部会資料22-2第6補足説明(注1)，第19回議事録21頁参照）。したがって，特別寄与者は，相続人を被告として，地方裁判所又は簡易裁判所に，特別寄与料債権の存在確認の訴えを提起することはできない。

特別寄与者と数人の相続人との関係

Q159 特別寄与料を負担すべき相続人が二人以上いる場合に、特別寄与者と各相続人との法律関係はどうなるか。

特別寄与者を債権者とし、各相続人を独立の債務者とする数個の法律関係（相続人の人数分の債権債務関係）が成立する。

◀ 解　説 ▶

　相続人が数人ある場合には、各相続人は、特別寄与料の額に当該相続人の相続分を乗じた額を負担する（新法第1050条第5項）。すなわち、特別寄与者の請求権については、各相続人がその相続分に応じて責任を負うことが想定されている。そして、家庭裁判所の審判事項は、特別寄与者の請求権の全相続人に対する総額の決定ではなく、各相続人に対する個別の請求権の決定であるとされている（部会資料22-2第6補足説明1）。これは、前者の決定を家庭裁判所の審判事項とした上で、全相続人を相手方として行う必要的共同審判としてしまうと、①特別寄与者の権利行使が煩雑かつ困難となり、②金銭請求をする意思のない相続人（例えば、特別寄与者の配偶者等）をも相手方とする必要が生ずるという問題が生じてしまうためである（部会資料22-2第6補足説明（注2））。したがって、特別寄与料を負担すべき相続人が二人以上いる場合には、特別寄与料に関して、相続人の人数分の別個独立の債権債務関係が成立することとなる。なお、このことから、請求の相手方となる相続人が複数ある場合には、6か月の権利行使期間（新法第1050条第2項ただし書）は、相続人ごとに個別に計算することが想定されている（部会資料24-2第6補足説明3）。

Q160 特別寄与者の権利行使期間の制限

新法第1050条第2項ただし書の「6か月」及び「1年」の期間制限の法的性質は何か。

A

消滅時効ではなく除斥期間である。

◀ 解　説 ▶

　特別寄与者の権利行使期間の制限については、「特別寄与者が相続の開始及び相続人を知った時から6か月を経過したとき、又は相続開始の時から1年を経過したとき」と定められている（新法第1050条第2項ただし書）。法制審議会の議論のたたき台においては、当初は、「時効」との文言を用いてきたが、協議又は審判により特別寄与料の額が確定する前の段階において、消滅時効の起算点となる「権利を行使することができる時」（民法166条）が到来しているといえるか疑義があるとの指摘があったため、財産分与に関する規定と同様に、いずれの権利行使期間についても除斥期間として定められることとなった（部会資料24-2第6補足説明3）。

Q161 特別寄与者に関する事例問題

新法下で、次の事例1〜5におけるB〜Hのうち、特別寄与者として特別寄与料の支払を請求し得る者は誰か。なお、1〜5の各事例は独立したものであり、相互の関連性はないものとする。

事例1：被相続人Aと前妻との間の長女の夫Bは、Aが経営する事業のために資金を提供した。

事例2：被相続人Aと前妻との間の長男Cは、無償でAの療養看護を行ったが、家庭裁判所に相続放棄の申述をして受理された。また、Cの養子Dは、無償でAの療養看護を行い、Aの死亡を知ってから6か月が経過した後に、家庭裁判所に対して、特別寄与料の支払に関する相続人との協議に代わる処分を請求した。

事例3：被相続人Aと前妻との間の二男の子Eは、二男の死亡後無償でAの療養看護を行った。

事例4：被相続人Aの後妻の連れ子Fは、Aが経営する事業のために労務を提供し、他の従業員と同等の報酬を得た。なお、AとFは養子縁組をしていない。

事例5：被相続人Aの兄の孫G及びその配偶者Hは、無償でAの療養看護を行った。

特別寄与者として特別寄与料の支払を請求し得る者は、事例5のGのみである。

◀ 解　説 ▶

本問の場合には、以下の要件を中心として検討することとなる。

① 親族要件

特別寄与者は，親族（六親等内の血族又は三親等内の姻族（民法第725条））でなければならないとの要件（新法1050条第1項）

② 非相続人等要件

(ⅰ)相続人，(ⅱ)相続の放棄をした者及び(ⅲ)欠格事由（民法第891条）に該当し又は廃除によってその相続権を失った者（以下，本問において「相続人等」という。）は，特別寄与者となることができないとの要件（新法1050条第1項かっこ書）

③ 無償労務提供要件

特別の寄与は，無償の労務の提供でなければならないとの要件（新法1050条第1項）

④ その他の要件（新法1050条第2項ただし書等）

以下においては，各別に検討する。

(1) 事例1‐B

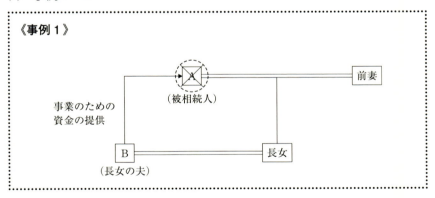

Bは，一親等の姻族であるため，親族要件を満たし，相続人等ではないため，非相続人等要件を満たすが，資金の提供であるため，無償労務提供要件を満たさない。したがって，Bは，相続人に対し，特別寄与料の支払を請求することができない。

(2) 事例2 - C，D

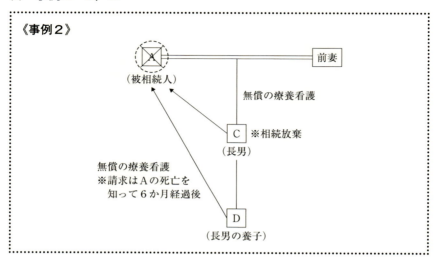

ア　Cについて

　　Cは，一親等の血族であるため，親族要件を満たし，無償の療養看護であるため，無償労務提供要件を満たすが，相続の放棄をした者であるため，非相続人等要件を満たさない。したがって，Cは，相続人に対し，特別寄与料の支払を請求することができない。

イ　Dについて

　　Dは，二親等の血族であるため，親族要件を満たし，相続人等でないため，非相続人等要件を満たし，無償の労務提供であるため，無償労務提供要件を満たしている。ただし，被相続人の死亡を知ってから6か月を経過しているため，Dは，家庭裁判所に対して協議に代わる処分を請求することができない。したがって，Dは，相続人に対し，特別寄与料の支払を請求することができない。

(3) 事例3-E

《事例3》

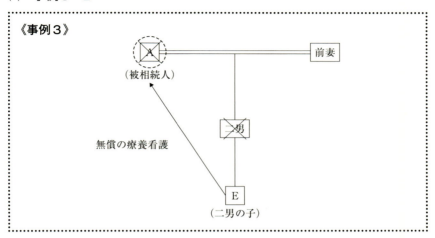

Eは，二親等内の血族であるため，親族要件を満たし，無償の療養看護であるため，無償労務提供要件を満たすが，被相続人の代襲相続人（民法第887条第2項）であるため，非相続人等要件を満たさない。したがって，Eは，相続人に対し，特別寄与料の支払を請求することができない。

(4) 事例4-F

《事例4》

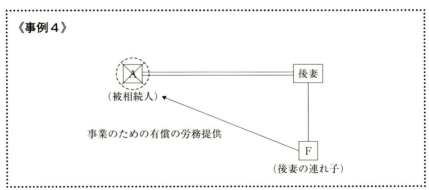

Fは，一親等の姻族であるため，親族要件を満たし，相続人等でないため，非相続人等要件を満たしているが，有償の労務提供であるため，無償労務提

供要件を満たさない。したがって，Fは，相続人に対し，特別寄与料の支払を請求することができない。

(5) 事例5 - G, H

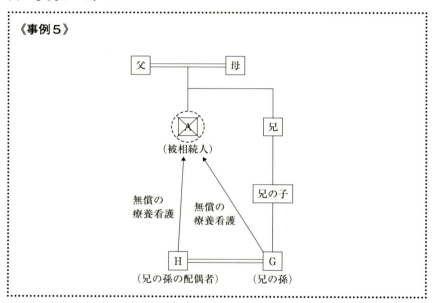

《事例5》

ア Gについて

　Gは，四親等の血族であるため，親族要件を満たし，相続人等でないため，非相続人等要件を満たし，無償の療養看護であるため，無償労務提供要件を満たしている。したがって，Gは，相続人に対し，特別寄与料の支払を請求することができる。

イ Hについて

　Hは，相続人等でないため，非相続人等要件を満たし，無償の療養看護であるため，無償労務提供要件を満たしているが，親族でないため（血族の姻族），親族要件を満たさない。したがって，Hは，相続人に対し，特別寄与料の支払を請求することができない。

　以上についてまとめると，以下のとおりとなる。

第6章　特別の寄与　　*317*

【図表35】 特別寄与者の要件

	親族要件	非相続人等要件	無償労務提供要件	その他
B	○	○	×（資金提供）	
C	○	×（相続放棄者）	○	
D	○	○	○	除斥期間を経過している。
E	○	×（代襲相続人）	○	
F	○	○	×（有償）	
G	○	○	○	
H	×（非親族）	○	○	

特別の寄与に関する経過措置

新法の施行前に特別の寄与をした被相続人の親族は，その施行後に，相続人に対して特別寄与料の支払を請求することができるか。

A
相続の開始が新法の施行前である場合には，請求することができないが，相続の開始が新法の施行後である場合には，請求することができる。

◀ 解　説 ▶

新法の施行日前に開始した相続については，改正法の附則に特別の定めがある場合を除き，なお従前の例によるものとされている（改正法附則第2条）。すなわち，相続の開始が新法の施行前である相続については，新法の規定が適用されず，相続の開始が新法の施行後である相続については，新法の規定が適用されることとなる。したがって，新法の施行前に特別の寄与をした被相続人の親族については，その相続の開始が新法の施行前である場合には，新法の施行後となっても，相続人に対し，特別寄与料の支払を請求することができない（下記の事例①参照）。一方，相続の開始が新法の施行後である場合には，相続人に対し，特別寄与料の支払を請求することができる（下記の事例②参照）。

【図表36】特別の寄与に関する経過措置の事例①

【図表37】特別の寄与に関する経過措置の事例②

改正後の相続法全条文　*319*

付録①　改正後の相続法全条文

（注）　**ゴシック体：改正された条文**
　　　　明朝体：改正されていない条文
　　　　░░░░░░░の中：改正前の条文

民法　第5編　相　続

第1章　総　則

（相続開始の原因）
第882条　相続は，死亡によって開始する。
（相続開始の場所）
第883条　相続は，被相続人の住所において開始する。
（相続回復請求権）
第884条　相続回復の請求権は，相続人又はその法定代理人が相続権を侵害された事実を知った時から5年間行使しないときは，時効によって消滅する。相続開始の時から20年を経過したときも，同様とする。

★第885条第2項を削る。
（相続財産に関する費用）
第885条　相続財産に関する費用は，その財産の中から支弁する。ただし，相続人の過失によるものは，この限りでない。

> （相続財産に関する費用）
> 第885条　（略）
> 2　前項の費用は，遺留分権利者が贈与の減殺によって得た財産をもって支弁することを要しない。

第2章　相続人

（相続に関する胎児の権利能力）
第886条　胎児は，相続については，既に生まれたものとみなす。
2　前項の規定は，胎児が死体で生まれたときは，適用しない。
（子及びその代襲者等の相続権）
第887条　被相続人の子は，相続人となる。

2　被相続人の子が，相続の開始以前に死亡したとき，又は第891条の規定に該当し，若しくは廃除によって，その相続権を失ったときは，その者の子がこれを代襲して相続人となる。ただし，被相続人の直系卑属でない者は，この限りでない。

3　前項の規定は，代襲者が，相続の開始以前に死亡し，又は第891条の規定に該当し，若しくは廃除によって，その代襲相続権を失った場合について準用する。

第888条　削除

（直系尊属及び兄弟姉妹の相続権）

第889条　次に掲げる者は，第887条の規定により相続人となるべき者がない場合には，次に掲げる順序の順位に従って相続人となる。

一　被相続人の直系尊属。ただし，親等の異なる者の間では，その近い者を先にする。

二　被相続人の兄弟姉妹

2　第887条第2項の規定は，前項第2号の場合について準用する。

（配偶者の相続権）

第890条　被相続人の配偶者は，常に相続人となる。この場合において，第887条又は前条の規定により相続人となるべき者があるときは，その者と同順位とする。

（相続人の欠格事由）

第891条　次に掲げる者は，相続人となることができない。

一　故意に被相続人又は相続について先順位若しくは同順位にある者を死亡するに至らせ，又は至らせようとしたために，刑に処せられた者

二　被相続人の殺害されたことを知って，これを告発せず，又は告訴しなかった者。ただし，その者に是非の弁別がないとき，又は殺害者が自己の配偶者若しくは直系血族であったときは，この限りでない。

三　詐欺又は強迫によって，被相続人が相続に関する遺言をし，撤回し，取り消し，又は変更することを妨げた者

四　詐欺又は強迫によって，被相続人に相続に関する遺言をさせ，撤回させ，取り消させ，又は変更させた者

五　相続に関する被相続人の遺言書を偽造し，変造し，破棄し，又は隠匿した者

（推定相続人の廃除）

第892条　遺留分を有する推定相続人（相続が開始した場合に相続人となるべき者をいう。以下同じ。）が，被相続人に対して虐待をし，若しくはこれに重大な侮辱を加えたとき，又は推定相続人にその他の著しい非行があったときは，被相続人は，その推定相続人の廃除を家庭裁判所に請求することができる。

（遺言による推定相続人の廃除）

第893条　被相続人が遺言で推定相続人を廃除する意思を表示したときは，遺言執行者は，その遺言が効力を生じた後，遅滞なく，その推定相続人の廃除を家庭裁判所に請求しなければならない。この場合において，その推定相続人の廃除は，被相続人の死亡の時にさかのぼってその効力を生ずる。

（推定相続人の廃除の取消し）

第894条　被相続人は，いつでも，推定相続人の廃除の取消しを家庭裁判所に請求することができる。

2　前条の規定は，推定相続人の廃除の取消しについて準用する。

（推定相続人の廃除に関する審判確定前の遺産の管理）

第895条　推定相続人の廃除又はその取消しの請求があった後その審判が確定する前に相続が開始したときは，家庭裁判所は，親族，利害関係人又は検察官の請求によって，遺産の管理について必要な処分を命ずることができる。推定相続人の廃除の遺言があったときも，同様とする。

2　第27条から第29条までの規定は，前項の規定により家庭裁判所が遺産の管理人を選任した場合について準用する。

第3章　相続の効力

第1節　総　則

（相続の一般的効力）

第896条　相続人は，相続開始の時から，被相続人の財産に属した一切の権利義務を承継する。ただし，被相続人の一身に専属したものは，この限りでない。

（祭祀に関する権利の承継）

第897条　系譜，祭具及び墳墓の所有権は，前条の規定にかかわらず，慣習に従って祖先の祭祀を主宰すべき者が承継する。ただし，被相続人の指定に従って祖先の祭祀を主宰すべき者があるときは，その者が承継する。

2　前項本文の場合において慣習が明らかでないときは，同項の権利を承継すべき者は，家庭裁判所が定める。

（共同相続の効力）

第898条　相続人が数人あるときは，相続財産は，その共有に属する。

第899条　各共同相続人は，その相続分に応じて被相続人の権利義務を承継する。

★**第899条の次に次の1条を加える。**

（共同相続における権利の承継の対抗要件）

第899条の2　相続による権利の承継は，遺産の分割によるものかどうかにかかわらず，次条及び第901条の規定により算定した相続分を超える部分については，登記，登録その他の対抗要件を備えなければ，第三者に対抗することができない。

2　前項の権利が債権である場合において，次条及び第901条の規定により算定した相続分を超えて当該債権を承継した共同相続人が当該債権に係る遺言の内容（遺産の分割により当該債権を承継した場合にあっては，当該債権に係る遺産の分割の内容）を明らかにして債務者にその承継の通知をしたときは，共同相続人の全員が債務者に通知をしたものとみなして，同項の規定を適用する。

322　付録①

第2節　相続分

（法定相続分）

第900条　同順位の相続人が数人あるときは，その相続分は，次の各号の定めるところによる。

　一　子及び配偶者が相続人であるときは，子の相続分及び配偶者の相続分は，各2分の1とする。

　二　配偶者及び直系尊属が相続人であるときは，配偶者の相続分は，3分の2とし，直系尊属の相続分は，3分の1とする。

　三　配偶者及び兄弟姉妹が相続人であるときは，配偶者の相続分は，4分の3とし，兄弟姉妹の相続分は，4分の1とする。

　四　子，直系尊属又は兄弟姉妹が数人あるときは，各自の相続分は，相等しいものとする。ただし，父母の一方のみを同じくする兄弟姉妹の相続分は，父母の双方を同じくする兄弟姉妹の相続分の2分の1とする。

（代襲相続人の相続分）

第901条　第887条第2項又は第3項の規定により相続人となる直系卑属の相続分は，その直系尊属が受けるべきであったものと同じとする。ただし，直系卑属が数人あるときは，その各自の直系尊属が受けるべきであった部分について，前条の規定に従ってその相続分を定める。

2　前項の規定は，第889条第2項の規定により兄弟姉妹の子が相続人となる場合について準用する。

★第902条第1項ただし書を削る。

（遺言による相続分の指定）

第902条　被相続人は，前二条の規定にかかわらず，遺言で，共同相続人の相続分を定め，又はこれを定めることを第三者に委託することができる。

2　被相続人が，共同相続人中の一人若しくは数人の相続分のみを定め，又はこれを第三者に定めさせたときは，他の共同相続人の相続分は，前二条の規定により定める。

> （遺言による相続分の指定）
> 第902条　被相続人は，前二条の規定にかかわらず，遺言で，共同相続人の相続分を定め，又はこれを定めることを第三者に委託することができる。ただし，被相続人又は第三者は，遺留分に関する規定に違反することができない。
> 2　（略）

★第902条の次に次の1条を加える。

（相続分の指定がある場合の債権者の権利の行使）

第902条の2　被相続人が相続開始の時において有した債務の債権者は，前条の規定による相続分の指定がされた場合であっても，各共同相続人に対し，第900条及び第901条の規定により算定した相続分に応じてその権利を行使することができる。ただし，その債権者が共同相続人の一人に対してその指定された相続分に応じた債務の承継を承認したときは，この限りでない。

★第903条第1項中「前三条」を「第900条から第902条まで」に改め，同条第3項中「その意思表示は，遺留分に関する規定に違反しない範囲内で，その効力を有する」を「その意思に従う」に改め，同条に第4項を加える。
（特別受益者の相続分）
第903条　共同相続人中に，被相続人から，遺贈を受け，又は婚姻若しくは養子縁組のため若しくは生計の資本として贈与を受けた者があるときは，被相続人が相続開始の時において有した財産の価額にその贈与の価額を加えたものを相続財産とみなし，第900条から第902条までの規定により算定した相続分の中からその遺贈又は贈与の価額を控除した残額をもってその者の相続分とする。
2　遺贈又は贈与の価額が，相続分の価額に等しく，又はこれを超えるときは，受遺者又は受贈者は，その相続分を受けることができない。
3　被相続人が前二項の規定と異なった意思を表示したときは，その意思に従う。
4　婚姻期間が20年以上の夫婦の一方である被相続人が，他の一方に対し，その居住の用に供する建物又はその敷地について遺贈又は贈与をしたときは，当該被相続人は，その遺贈又は贈与について第1項の規定を適用しない旨の意思を表示したものと推定する。

> （特別受益者の相続分）
> 第903条　共同相続人中に，被相続人から，遺贈を受け，又は婚姻若しくは養子縁組のため若しくは生計の資本として贈与を受けた者があるときは，被相続人が相続開始の時において有した財産の価額にその贈与の価額を加えたものを相続財産とみなし，前三条の規定により算定した相続分の中からその遺贈又は贈与の価額を控除した残額をもってその者の相続分とする。
> 2　（略）
> 3　被相続人が前二項の規定と異なった意思を表示したときは，その意思表示は，遺留分に関する規定に違反しない範囲内で，その効力を有する。

第904条　前条に規定する贈与の価額は，受贈者の行為によって，その目的である財産が滅失し，又はその価格の増減があったときであっても，相続開始の時においてなお原状のままであるものとみなしてこれを定める。
（寄与分）
第904条の2　共同相続人中に，被相続人の事業に関する労務の提供又は財産上の給付，

324　付録①

被相続人の療養看護その他の方法により被相続人の財産の維持又は増加について特別の
寄与をした者があるときは，被相続人が相続開始の時において有した財産の価額から共
同相続人の協議で定めたその者の寄与分を控除したものを相続財産とみなし，第900条
から第902条までの規定により算定した相続分に寄与分を加えた額をもってその者の相
続分とする。
2　前項の協議が調わないとき，又は協議をすることができないときは，家庭裁判所は，
同項に規定する寄与をした者の請求により，寄与の時期，方法及び程度，相続財産の額
その他一切の事情を考慮して，寄与分を定める。
3　寄与分は，被相続人が相続開始の時において有した財産の価額から遺贈の価額を控除
した残額を超えることができない。
4　第2項の請求は，第907条第2項の規定による請求があった場合又は第910条に規定す
る場合にすることができる。
（相続分の取戻権）
第905条　共同相続人の一人が遺産の分割前にその相続分を第三者に譲り渡したときは，
他の共同相続人は，その価額及び費用を償還して，その相続分を譲り受けることができる。
2　前項の権利は，1箇月以内に行使しなければならない。

第3節　遺産の分割

（遺産の分割の基準）
第906条　遺産の分割は，遺産に属する物又は権利の種類及び性質，各相続人の年齢，職
業，心身の状態及び生活の状況その他一切の事情を考慮してこれをする。

★第906条の次に次の1条を加える。
（遺産の分割前に遺産に属する財産が処分された場合の遺産の範囲）
第906条の2　遺産の分割前に遺産に属する財産が処分された場合であっても，共同相続
人は，その全員の同意により，当該処分された財産が遺産の分割時に遺産として存在す
るものとみなすことができる。
2　前項の規定にかかわらず，共同相続人の一人又は数人により同項の財産が処分された
ときは，当該共同相続人については，同項の同意を得ることを要しない。

★第907条第1項中「遺産の」の下に「全部又は一部の」を加え，同条第2項中「その」
の下に「全部又は一部の」を加え，同項にただし書を加える。
★第907条第3項中「前項」を「前項本文」に改める。
（遺産の分割の協議又は審判等）
第907条　共同相続人は，次条の規定により被相続人が遺言で禁じた場合を除き，いつで
も，その協議で，遺産の全部又は一部の分割をすることができる。
2　遺産の分割について，共同相続人間に協議が調わないとき，又は協議をすることがで
きないときは，各共同相続人は，その全部又は一部の分割を家庭裁判所に請求すること

ができる。ただし，遺産の一部を分割することにより他の共同相続人の利益を害するおそれがある場合におけるその一部の分割については，この限りでない。
3　前項本文の場合において特別の事由があるときは，家庭裁判所は，期間を定めて，遺産の全部又は一部について，その分割を禁ずることができる。

（遺産の分割の協議又は審判等）
第907条　共同相続人は，次条の規定により被相続人が遺言で禁じた場合を除き，いつでも，その協議で，遺産の分割をすることができる。
2　遺産の分割について，共同相続人間に協議が調わないとき，又は協議をすることができないときは，各共同相続人は，その分割を家庭裁判所に請求することができる。
3　前項の場合において特別の事由があるときは，家庭裁判所は，期間を定めて，遺産の全部又は一部について，その分割を禁ずることができる。

（遺産の分割の方法の指定及び遺産の分割の禁止）
第908条　被相続人は，遺言で，遺産の分割の方法を定め，若しくはこれを定めることを第三者に委託し，又は相続開始の時から5年を超えない期間を定めて，遺産の分割を禁ずることができる。
（遺産の分割の効力）
第909条　遺産の分割は，相続開始の時にさかのぼってその効力を生ずる。ただし，第三者の権利を害することはできない。

★第909条の次に次の1条を加える。
（遺産の分割前における預貯金債権の行使）
第909条の2　各共同相続人は，遺産に属する預貯金債権のうち相続開始の時の債権額の3分の1に第900条及び第901条の規定により算定した当該共同相続人の相続分を乗じた額（標準的な当面の必要生計費，平均的な葬式の費用の額その他の事情を勘案して預貯金債権の債務者ごとに法務省令で定める額を限度とする。）については，単独でその権利を行使することができる。この場合において，当該権利の行使をした預貯金債権については，当該共同相続人が遺産の一部の分割によりこれを取得したものとみなす。

（相続の開始後に認知された者の価額の支払請求権）
第910条　相続の開始後認知によって相続人となった者が遺産の分割を請求しようとする場合において，他の共同相続人が既にその分割その他の処分をしたときは，価額のみによる支払の請求権を有する。
（共同相続人間の担保責任）
第911条　各共同相続人は，他の共同相続人に対して，売主と同じく，その相続分に応じて担保の責任を負う。

326　付録①

（遺産の分割によって受けた債権についての担保責任）

第912条　各共同相続人は，その相続分に応じ，他の共同相続人が遺産の分割によって受けた債権について，その分割の時における債務者の資力を担保する。

2　弁済期に至らない債権及び停止条件付きの債権については，各共同相続人は，弁済をすべき時における債務者の資力を担保する。

（資力のない共同相続人がある場合の担保責任の分担）

第913条　担保の責任を負う共同相続人中に償還をする資力のない者があるときは，その償還することができない部分は，求償者及び他の資力のある者が，それぞれその相続分に応じて分担する。ただし，求償者に過失があるときは，他の共同相続人に対して分担を請求することができない。

（遺言による担保責任の定め）

第914条　前三条の規定は，被相続人が遺言で別段の意思を表示したときは，適用しない。

第4章　相続の承認及び放棄

第1節　総　則

（相続の承認又は放棄をすべき期間）

第915条　相続人は，自己のために相続の開始があったことを知った時から3箇月以内に，相続について，単純若しくは限定の承認又は放棄をしなければならない。ただし，この期間は，利害関係人又は検察官の請求によって，家庭裁判所において伸長することができる。

2　相続人は，相続の承認又は放棄をする前に，相続財産の調査をすることができる。

第916条　相続人が相続の承認又は放棄をしないで死亡したときは，前条第1項の期間は，その者の相続人が自己のために相続の開始があったことを知った時から起算する。

第917条　相続人が未成年者又は成年被後見人であるときは，第915条第1項の期間は，その法定代理人が未成年者又は成年被後見人のために相続の開始があったことを知った時から起算する。

（相続財産の管理）

第918条　相続人は，その固有財産におけるのと同一の注意をもって，相続財産を管理しなければならない。ただし，相続の承認又は放棄をしたときは，この限りでない。

2　家庭裁判所は，利害関係人又は検察官の請求によって，いつでも，相続財産の保存に必要な処分を命ずることができる。

3　第27条から第29条までの規定は，前項の規定により家庭裁判所が相続財産の管理人を選任した場合について準用する。

（相続の承認及び放棄の撤回及び取消し）

第919条　相続の承認及び放棄は，第915条第1項の期間内でも，撤回することができない。

2　前項の規定は，第1編（総則）及び前編（親族）の規定により相続の承認又は放棄の取消しをすることを妨げない。

3　前項の取消権は，追認をすることができる時から6箇月間行使しないときは，時効に

よって消滅する。相続の承認又は放棄の時から10年を経過したときも，同様とする。

4　第2項の規定により限定承認又は相続の放棄の取消しをしようとする者は，その旨を家庭裁判所に申述しなければならない。

第2節　相続の承認

第1款　単純承認

（単純承認の効力）

第920条　相続人は，単純承認をしたときは，無限に被相続人の権利義務を承継する。

（法定単純承認）

第921条　次に掲げる場合には，相続人は，単純承認をしたものとみなす。

一　相続人が相続財産の全部又は一部を処分したとき。ただし，保存行為及び第602条に定める期間を超えない賃貸をすることは，この限りでない。

二　相続人が第915条第1項の期間内に限定承認又は相続の放棄をしなかったとき。

三　相続人が，限定承認又は相続の放棄をした後であっても，相続財産の全部若しくは一部を隠匿し，私にこれを消費し，又は悪意でこれを相続財産の目録中に記載しなかったとき。ただし，その相続人が相続の放棄をしたことによって相続人となった者が相続の承認をした後は，この限りでない。

第2款　限定承認

（限定承認）

第922条　相続人は，相続によって得た財産の限度においてのみ被相続人の債務及び遺贈を弁済すべきことを留保して，相続の承認をすることができる。

（共同相続人の限定承認）

第923条　相続人が数人あるときは，限定承認は，共同相続人の全員が共同してのみこれをすることができる。

（限定承認の方式）

第924条　相続人は，限定承認をしようとするときは，第915条第1項の期間内に，相続財産の目録を作成して家庭裁判所に提出し，限定承認をする旨を申述しなければならない。

（限定承認をしたときの権利義務）

第925条　相続人が限定承認をしたときは，その被相続人に対して有した権利義務は，消滅しなかったものとみなす。

（限定承認者による管理）

第926条　限定承認者は，その固有財産におけるのと同一の注意をもって，相続財産の管理を継続しなければならない。

2　第645条，第646条，第650条第1項及び第2項並びに第918条第2項及び第3項の規定は，前項の場合について準用する。

（相続債権者及び受遺者に対する公告及び催告）

第927条　限定承認者は，限定承認をした後5日以内に，すべての相続債権者（相続財産に属する債務の債権者をいう。以下同じ。）及び受遺者に対し，限定承認をしたこと及

328 付録①

び一定の期間内にその請求の申出をすべき旨を公告しなければならない。この場合において，その期間は，2箇月を下ることができない。

2　前項の規定による公告には，相続債権者及び受遺者がその期間内に申出をしないときは弁済から除斥されるべき旨を付記しなければならない。ただし，限定承認者は，知れている相続債権者及び受遺者を除斥することができない。

3　限定承認者は，知れている相続債権者及び受遺者には，各別にその申出の催告をしなければならない。

4　第1項の規定による公告は，官報に掲載してする。

（公告期間満了前の弁済の拒絶）

第928条　限定承認者は，前条第1項の期間の満了前には，相続債権者及び受遺者に対して弁済を拒むことができる。

（公告期間満了後の弁済）

第929条　第927条第1項の期間が満了した後は，限定承認者は，相続財産をもって，その期間内に同項の申出をした相続債権者その他知れている相続債権者に，それぞれその債権額の割合に応じて弁済をしなければならない。ただし，優先権を有する債権者の権利を害することはできない。

（期限前の債務等の弁済）

第930条　限定承認者は，弁済期に至らない債権であっても，前条の規定に従って弁済をしなければならない。

2　条件付きの債権又は存続期間の不確定な債権は，家庭裁判所が選任した鑑定人の評価に従って弁済をしなければならない。

（受遺者に対する弁済）

第931条　限定承認者は，前二条の規定に従って各相続債権者に弁済をした後でなければ，受遺者に弁済をすることができない。

（弁済のための相続財産の換価）

第932条　前三条の規定に従って弁済をするにつき相続財産を売却する必要があるときは，限定承認者は，これを競売に付さなければならない。ただし，家庭裁判所が選任した鑑定人の評価に従い相続財産の全部又は一部の価額を弁済して，その競売を止めることができる。

（相続債権者及び受遺者の換価手続への参加）

第933条　相続債権者及び受遺者は，自己の費用で，相続財産の競売又は鑑定に参加することができる。この場合においては，第260条第2項の規定を準用する。

（不当な弁済をした限定承認者の責任等）

第934条　限定承認者は，第927条の公告若しくは催告をすることを怠り，又は同条第1項の期間内に相続債権者若しくは受遺者に弁済をしたことによって他の相続債権者若しくは受遺者に弁済をすることができなくなったときは，これによって生じた損害を賠償する責任を負う。第929条から第931条までの規定に違反して弁済をしたときも，同様とする。

2　前項の規定は，情を知って不当に弁済を受けた相続債権者又は受遺者に対する他の相続債権者又は受遺者の求償を妨げない。

3　第724条の規定は，前二項の場合について準用する。

（公告期間内に申出をしなかった相続債権者及び受遺者）

第935条　第927条第1項の期間内に同項の申出をしなかった相続債権者及び受遺者で限定承認者に知れなかったものは，残余財産についてのみその権利を行使することができる。ただし，相続財産について特別担保を有する者は，この限りでない。

（相続人が数人ある場合の相続財産の管理人）

第936条　相続人が数人ある場合には，家庭裁判所は，相続人の中から，相続財産の管理人を選任しなければならない。

2　前項の相続財産の管理人は，相続人のために，これに代わって，相続財産の管理及び債務の弁済に必要な一切の行為をする。

3　第926条から前条までの規定は，第1項の相続財産の管理人について準用する。この場合において，第927条第1項中「限定承認をした後5日以内」とあるのは，「その相続財産の管理人の選任があった後10日以内」と読み替えるものとする。

（法定単純承認の事由がある場合の相続債権者）

第937条　限定承認をした共同相続人の一人又は数人について第921条第1号又は第3号に掲げる事由があるときは，相続債権者は，相続財産をもって弁済を受けることができなかった債権額について，当該共同相続人に対し，その相続分に応じて権利を行使することができる。

第3節　相続の放棄

（相続の放棄の方式）

第938条　相続の放棄をしようとする者は，その旨を家庭裁判所に申述しなければならない。

（相続の放棄の効力）

第939条　相続の放棄をした者は，その相続に関しては，初めから相続人とならなかったものとみなす。

（相続の放棄をした者による管理）

第940条　相続の放棄をした者は，その放棄によって相続人となった者が相続財産の管理を始めることができるまで，自己の財産におけるのと同一の注意をもって，その財産の管理を継続しなければならない。

2　第645条，第646条，第650条第1項及び第2項並びに第918条第2項及び第3項の規定は，前項の場合について準用する。

第5章　財産分離

（相続債権者又は受遺者の請求による財産分離）

第941条　相続債権者又は受遺者は，相続開始の時から3箇月以内に，相続人の財産の中

330 付録①

から相続財産を分離することを家庭裁判所に請求することができる。相続財産が相続人の固有財産と混合しない間は，その期間の満了後も，同様とする。

2　家庭裁判所が前項の請求によって財産分離を命じたときは，その請求をした者は，5日以内に，他の相続債権者及び受遺者に対し，財産分離の命令があったこと及び一定の期間内に配当加入の申出をすべき旨を公告しなければならない。この場合において，その期間は，2箇月を下ることができない。

3　前項の規定による公告は，官報に掲載してする。

（財産分離の効力）

第942条　財産分離の請求をした者及び前条第2項の規定により配当加入の申出をした者は，相続財産について，相続人の債権者に先立って弁済を受ける。

（財産分離の請求後の相続財産の管理）

第943条　財産分離の請求があったときは，家庭裁判所は，相続財産の管理について必要な処分を命ずることができる。

2　第27条から第29条までの規定は，前項の規定により家庭裁判所が相続財産の管理人を選任した場合について準用する。

（財産分離の請求後の相続人による管理）

第944条　相続人は，単純承認をした後でも，財産分離の請求があったときは，以後，その固有財産におけるのと同一の注意をもって，相続財産の管理をしなければならない。ただし，家庭裁判所が相続財産の管理人を選任したときは，この限りでない。

2　第645条から第647条まで並びに第650条第1項及び第2項の規定は，前項の場合について準用する。

（不動産についての財産分離の対抗要件）

第945条　財産分離は，不動産については，その登記をしなければ，第三者に対抗することができない。

（物上代位の規定の準用）

第946条　第304条の規定は，財産分離の場合について準用する。

（相続債権者及び受遺者に対する弁済）

第947条　相続人は，第941条第1項及び第2項の期間の満了前には，相続債権者及び受遺者に対して弁済を拒むことができる。

2　財産分離の請求があったときは，相続人は，第941条第2項の期間の満了後に，相続財産をもって，財産分離の請求又は配当加入の申出をした相続債権者及び受遺者に，それぞれその債権額の割合に応じて弁済をしなければならない。ただし，優先権を有する債権者の権利を害することはできない。

3　第930条から第934条までの規定は，前項の場合について準用する。

（相続人の固有財産からの弁済）

第948条　財産分離の請求をした者及び配当加入の申出をした者は，相続財産をもって全部の弁済を受けることができなかった場合に限り，相続人の固有財産についてその権利を行使することができる。この場合においては，相続人の債権者は，その者に先立って

弁済を受けることができる。

（財産分離の請求の防止等）

第949条　相続人は，その固有財産をもって相続債権者若しくは受遺者に弁済をし，又は
これに相当の担保を供して，財産分離の請求を防止し，又はその効力を消滅させること
ができる。ただし，相続人の債権者が，これによって損害を受けるべきことを証明して，
異議を述べたときは，この限りでない。

（相続人の債権者の請求による財産分離）

第950条　相続人が限定承認をすることができる間又は相続財産が相続人の固有財産と混
合しない間は，相続人の債権者は，家庭裁判所に対して財産分離の請求をすることがで
きる。

2　第304条，第925条，第927条から第934条まで，第943条から第945条まで及び第948条
の規定は，前項の場合について準用する。ただし，第927条の公告及び催告は，財産分
離の請求をした債権者がしなければならない。

第6章　相続人の不存在

（相続財産法人の成立）

第951条　相続人のあることが明らかでないときは，相続財産は，法人とする。

（相続財産の管理人の選任）

第952条　前条の場合には，家庭裁判所は，利害関係人又は検察官の請求によって，相続
財産の管理人を選任しなければならない。

2　前項の規定により相続財産の管理人を選任したときは，家庭裁判所は，遅滞なくこれ
を公告しなければならない。

（不在者の財産の管理人に関する規定の準用）

第953条　第27条から第29条までの規定は，前条第1項の相続財産の管理人（以下この章
において単に「相続財産の管理人」という。）について準用する。

（相続財産の管理人の報告）

第954条　相続財産の管理人は，相続債権者又は受遺者の請求があるときは，その請求を
した者に相続財産の状況を報告しなければならない。

（相続財産法人の不成立）

第955条　相続人のあることが明らかになったときは，第951条の法人は，成立しなかった
ものとみなす。ただし，相続財産の管理人がその権限内でした行為の効力を妨げない。

（相続財産の管理人の代理権の消滅）

第956条　相続財産の管理人の代理権は，相続人が相続の承認をした時に消滅する。

2　前項の場合には，相続財産の管理人は，遅滞なく相続人に対して管理の計算をしなけ
ればならない。

（相続債権者及び受遺者に対する弁済）

第957条　第952条第2項の公告があった後2箇月以内に相続人のあることが明らかになら
なかったときは，相続財産の管理人は，遅滞なく，すべての相続債権者及び受遺者に対

し，一定の期間内にその請求の申出をすべき旨を公告しなければならない。この場合において，その期間は，2箇月を下ることができない。

2　第927条第2項から第4項まで及び第928条から第935条まで（第932条ただし書を除く。）の規定は，前項の場合について準用する。

（相続人の捜索の公告）

第958条　前条第1項の期間の満了後，なお相続人のあることが明らかでないときは，家庭裁判所は，相続財産の管理人又は検察官の請求によって，相続人があるならば一定の期間内にその権利を主張すべき旨を公告しなければならない。この場合において，その期間は，6箇月を下ることができない。

（権利を主張する者がない場合）

第958条の2　前条の期間内に相続人としての権利を主張する者がないときは，相続人並びに相続財産の管理人に知れなかった相続債権者及び受遺者は，その権利を行使することができない。

（特別縁故者に対する相続財産の分与）

第958条の3　前条の場合において，相当と認めるときは，家庭裁判所は，被相続人と生計を同じくしていた者，被相続人の療養看護に努めた者その他被相続人と特別の縁故があった者の請求によって，これらの者に，清算後残存すべき相続財産の全部又は一部を与えることができる。

2　前項の請求は，第958条の期間の満了後3箇月以内にしなければならない。

（残余財産の国庫への帰属）

第959条　前条の規定により処分されなかった相続財産は，国庫に帰属する。この場合においては，第956条第2項の規定を準用する。

第7章　遺　言

第1節　総　則

（遺言の方式）

第960条　遺言は，この法律に定める方式に従わなければ，することができない。

（遺言能力）

第961条　15歳に達した者は，遺言をすることができる。

第962条　第5条，第9条，第13条及び第17条の規定は，遺言については，適用しない。

第963条　遺言者は，遺言をする時においてその能力を有しなければならない。

★第964条ただし書を削る。

（包括遺贈及び特定遺贈）

第964条　遺言者は，包括又は特定の名義で，その財産の全部又は一部を処分することができる。

（包括遺贈及び特定遺贈）

改正後の相続法全条文　　*333*

第964条　遺言者は，包括又は特定の名義で，その財産の全部又は一部を処分することができる。ただし，遺留分に関する規定に違反することができない。

（相続人に関する規定の準用）
第965条　第886条及び第891条の規定は，受遺者について準用する。
（被後見人の遺言の制限）
第966条　被後見人が，後見の計算の終了前に，後見人又はその配偶者若しくは直系卑属の利益となるべき遺言をしたときは，その遺言は，無効とする。
2　前項の規定は，直系血族，配偶者又は兄弟姉妹が後見人である場合には，適用しない。

第2節　遺言の方式

第1款　普通の方式
（普通の方式による遺言の種類）
第967条　遺言は，自筆証書，公正証書又は秘密証書によってしなければならない。ただし，特別の方式によることを許す場合は，この限りでない。

★第968条第2項中「自筆証書」の下に「（前項の目録を含む。）」を加え，同項を同条第3項とし，同条第1項の次に第2項を加える。
（自筆証書遺言）
第968条　自筆証書によって遺言をするには，遺言者が，その全文，日付及び氏名を自書し，これに印を押さなければならない。
2　前項の規定にかかわらず，自筆証書にこれと一体のものとして相続財産（第997条第1項に規定する場合における同項に規定する権利を含む。）の全部又は一部の目録を添付する場合には，その目録については，自書することを要しない。この場合において，遺言者は，その目録の毎葉（自書によらない記載がその両面にある場合にあっては，その両面）に署名し，印を押さなければならない。
3　自筆証書（前項の目録を含む。）中の加除その他の変更は，遺言者が，その場所を指示し，これを変更した旨を付記して特にこれに署名し，かつ，その変更の場所に印を押さなければ，その効力を生じない。

（自筆証書遺言）
第968条　（略）
2　自筆証書中の加除その他の変更は，遺言者が，その場所を指示し，これを変更した旨を付記して特にこれに署名し，かつ，その変更の場所に印を押さなければ，その効力を生じない。

（公正証書遺言）

第969条　公正証書によって遺言をするには，次に掲げる方式に従わなければならない。

一　証人二人以上の立会いがあること。

二　遺言者が遺言の趣旨を公証人に口授すること。

三　公証人が，遺言者の口述を筆記し，これを遺言者及び証人に読み聞かせ，又は閲覧させること。

四　遺言者及び証人が，筆記の正確なことを承認した後，各自これに署名し，印を押すこと。ただし，遺言者が署名することができない場合は，公証人がその事由を付記して，署名に代えることができる。

五　公証人が，その証書は前各号に掲げる方式に従って作ったものである旨を付記して，これに署名し，印を押すこと。

（公正証書遺言の方式の特則）

第969条の２　口がきけない者が公正証書によって遺言をする場合には，遺言者は，公証人及び証人の前で，遺言の趣旨を通訳人の通訳により申述し，又は自書して，前条第２号の口授に代えなければならない。この場合における同条第３号の規定の適用については，同号中「口述」とあるのは，「通訳人の通訳による申述又は自書」とする。

２　前条の遺言者又は証人が耳が聞こえない者である場合には，公証人は，同条第３号に規定する筆記した内容を通訳人の通訳により遺言者又は証人に伝えて，同号の読み聞かせに代えることができる。

３　公証人は，前二項に定める方式に従って公正証書を作ったときは，その旨をその証書に付記しなければならない。

★第970条第２項中「第968条第２項」を「第968条第３項」に改める。

（秘密証書遺言）

第970条　秘密証書によって遺言をするには，次に掲げる方式に従わなければならない。

一　遺言者が，その証書に署名し，印を押すこと。

二　遺言者が，その証書を封じ，証書に用いた印章をもってこれに封印すること。

三　遺言者が，公証人一人及び証人二人以上の前に封書を提出して，自己の遺言書である旨並びにその筆者の氏名及び住所を申述すること。

四　公証人が，その証書を提出した日付及び遺言者の申述を封紙に記載した後，遺言者及び証人とともにこれに署名し，印を押すこと。

２　第968条第３項の規定は，秘密証書による遺言について準用する。

（秘密証書遺言）

第970条　（略）

２　第968条第２項の規定は，秘密証書による遺言について準用する。

（方式に欠ける秘密証書遺言の効力）

第971条　秘密証書による遺言は，前条に定める方式に欠けるものがあっても，第968条に定める方式を具備しているときは，自筆証書による遺言としてその効力を有する。

（秘密証書遺言の方式の特則）

第972条　口がきけない者が秘密証書によって遺言をする場合には，遺言者は，公証人及び証人の前で，その証書は自己の遺言書である旨並びにその筆者の氏名及び住所を通訳人の通訳により申述し，又は封紙に自書して，第970条第1項第3号の申述に代えなければならない。

2　前項の場合において，遺言者が通訳人の通訳により申述したときは，公証人は，その旨を封紙に記載しなければならない。

3　第1項の場合において，遺言者が封紙に自書したときは，公証人は，その旨を封紙に記載して，第970条第1項第4号に規定する申述の記載に代えなければならない。

（成年被後見人の遺言）

第973条　成年被後見人が事理を弁識する能力を一時回復した時において遺言をするには，医師二人以上の立会いがなければならない。

2　遺言に立ち会った医師は，遺言者が遺言をする時において精神上の障害により事理を弁識する能力を欠く状態になかった旨を遺言書に付記して，これに署名し，印を押さなければならない。ただし，秘密証書による遺言にあっては，その封紙にその旨の記載をし，署名し，印を押さなければならない。

（証人及び立会人の欠格事由）

第974条　次に掲げる者は，遺言の証人又は立会人となることができない。

一　未成年者

二　推定相続人及び受遺者並びにこれらの配偶者及び直系血族

三　公証人の配偶者，四親等内の親族，書記及び使用人

（共同遺言の禁止）

第975条　遺言は，二人以上の者が同一の証書ですることができない。

第2款　特別の方式

（死亡の危急に迫った者の遺言）

第976条　疾病その他の事由によって死亡の危急に迫った者が遺言をしようとするときは，証人三人以上の立会いをもって，その一人に遺言の趣旨を口授して，これをすることができる。この場合においては，その口授を受けた者が，これを筆記して，遺言者及び他の証人に読み聞かせ，又は閲覧させ，各証人がその筆記の正確なことを承認した後，これに署名し，印を押さなければならない。

2　口がきけない者が前項の規定により遺言をする場合には，遺言者は，証人の前で，遺言の趣旨を通訳人の通訳により申述して，同項の口授に代えなければならない。

3　第1項後段の遺言者又は他の証人が耳が聞こえない者である場合には，遺言の趣旨の口授又は申述を受けた者は，同項後段に規定する筆記した内容を通訳人の通訳によりその遺言者又は他の証人に伝えて，同項後段の読み聞かせに代えることができる。

336 付録①

4　前三項の規定によりした遺言は，遺言の日から20日以内に，証人の一人又は利害関係人から家庭裁判所に請求してその確認を得なければ，その効力を生じない。

5　家庭裁判所は，前項の遺言が遺言者の真意に出たものであるとの心証を得なければ，これを確認することができない。

（伝染病隔離者の遺言）

第977条　伝染病のため行政処分によって交通を断たれた場所に在る者は，警察官一人及び証人一人以上の立会いをもって遺言書を作ることができる。

（在船者の遺言）

第978条　船舶中に在る者は，船長又は事務員一人及び証人二人以上の立会いをもって遺言書を作ることができる。

（船舶遭難者の遺言）

第979条　船舶が遭難した場合において，当該船舶中に在って死亡の危急に迫った者は，証人二人以上の立会いをもって口頭で遺言をすることができる。

2　口がきけない者が前項の規定により遺言をする場合には，遺言者は，通訳人の通訳によりこれをしなければならない。

3　前二項の規定に従ってした遺言は，証人が，その趣旨を筆記して，これに署名し，印を押し，かつ，証人の一人又は利害関係人から遅滞なく家庭裁判所に請求してその確認を得なければ，その効力を生じない。

4　第976条第5項の規定は，前項の場合について準用する。

（遺言関係者の署名及び押印）

第980条　第977条及び第978条の場合には，遺言者，筆者，立会人及び証人は，各自遺言書に署名し，印を押さなければならない。

（署名又は押印が不能の場合）

第981条　第977条から第979条までの場合において，署名又は印を押すことのできない者があるときは，立会人又は証人は，その事由を付記しなければならない。

★第982条中「第968条第2項」を「第968条第3項」に改める。

（普通の方式による遺言の規定の準用）

第982条　第968条第3項及び第973条から第975条までの規定は，第976条から前条までの規定による遺言について準用する。

（普通の方式による遺言の規定の準用）

第982条　第968条第2項及び第973条から第975条までの規定は，第976条から前条までの規定による遺言について準用する。

（特別の方式による遺言の効力）

第983条　第976条から前条までの規定によりした遺言は，遺言者が普通の方式によって遺

言をすることができるようになった時から6箇月間生存するときは，その効力を生じない。

（外国に在る日本人の遺言の方式）

第984条　日本の領事の駐在する地に在る日本人が公正証書又は秘密証書によって遺言をしようとするときは，公証人の職務は，領事が行う。

第3節　遺言の効力

（遺言の効力の発生時期）

第985条　遺言は，遺言者の死亡の時からその効力を生ずる。

2　遺言に停止条件を付した場合において，その条件が遺言者の死亡後に成就したときは，遺言は，条件が成就した時からその効力を生ずる。

（遺贈の放棄）

第986条　受遺者は，遺言者の死亡後，いつでも，遺贈の放棄をすることができる。

2　遺贈の放棄は，遺言者の死亡の時にさかのぼってその効力を生ずる。

（受遺者に対する遺贈の承認又は放棄の催告）

第987条　遺贈義務者（遺贈の履行をする義務を負う者をいう。以下この節において同じ。）その他の利害関係人は，受遺者に対し，相当の期間を定めて，その期間内に遺贈の承認又は放棄をすべき旨の催告をすることができる。この場合において，受遺者がその期間内に遺贈義務者に対してその意思を表示しないときは，遺贈を承認したものとみなす。

（受遺者の相続人による遺贈の承認又は放棄）

第988条　受遺者が遺贈の承認又は放棄をしないで死亡したときは，その相続人は，自己の相続権の範囲内で，遺贈の承認又は放棄をすることができる。ただし，遺言者がその遺言に別段の意思を表示したときは，その意思に従う。

（遺贈の承認及び放棄の撤回及び取消し）

第989条　遺贈の承認及び放棄は，撤回することができない。

2　第919条第2項及び第3項の規定は，遺贈の承認及び放棄について準用する。

（包括受遺者の権利義務）

第990条　包括受遺者は，相続人と同一の権利義務を有する。

（受遺者による担保の請求）

第991条　受遺者は，遺贈が弁済期に至らない間は，遺贈義務者に対して相当の担保を請求することができる。停止条件付きの遺贈についてその条件の成否が未定である間も，同様とする。

（受遺者による果実の取得）

第992条　受遺者は，遺贈の履行を請求することができる時から果実を取得する。ただし，遺言者がその遺言に別段の意思を表示したときは，その意思に従う。

（遺贈義務者による費用の償還請求）

第993条　第299条の規定は，遺贈義務者が遺言者の死亡後に遺贈の目的物について費用を支出した場合について準用する。

338　付録①

2　果実を収取するために支出した通常の必要費は，果実の価格を超えない限度で，その
　償還を請求することができる。
（受遺者の死亡による遺贈の失効）
第994条　遺贈は，遺言者の死亡以前に受遺者が死亡したときは，その効力を生じない。
2　停止条件付きの遺贈については，受遺者がその条件の成就前に死亡したときも，前項
　と同様とする。ただし，遺言者がその遺言に別段の意思を表示したときは，その意思に
　従う。
（遺贈の無効又は失効の場合の財産の帰属）
第995条　遺贈が，その効力を生じないとき，又は放棄によってその効力を失ったときは，
　受遺者が受けるべきであったものは，相続人に帰属する。ただし，遺言者がその遺言に
　別段の意思を表示したときは，その意思に従う。
（相続財産に属しない権利の遺贈）
第996条　遺贈は，その目的である権利が遺言者の死亡の時において相続財産に属しな
　かったときは，その効力を生じない。ただし，その権利が相続財産に属するかどうかに
　かかわらず，これを遺贈の目的としたものと認められるときは，この限りでない。
第997条　相続財産に属しない権利を目的とする遺贈が前条ただし書の規定により有効で
　あるときは，遺贈義務者は，その権利を取得して受遺者に移転する義務を負う。
2　前項の場合において，同項に規定する権利を取得することができないとき，又はこれ
　を取得するについて過分の費用を要するときは，遺贈義務者は，その価額を弁償しなけ
　ればならない。ただし，遺言者がその遺言に別段の意思を表示したときは，その意思に
　従う。

★第998条を次のように改める。
（遺贈義務者の引渡義務）
第998条　遺贈義務者は，遺贈の目的である物又は権利を，相続開始の時（その後に当該
　物又は権利について遺贈の目的として特定した場合にあっては，その特定した時）の状
　態で引き渡し，又は移転する義務を負う。ただし，遺言者がその遺言に別段の意思を表
　示したときは，その意思に従う。

（不特定物の遺贈義務者の担保責任）
第998条　不特定物を遺贈の目的とした場合において，受遺者がこれにつき第三者から
　追奪を受けたときは，遺贈義務者は，これに対して，売主と同じく，担保の責任を負
　う。
2　不特定物を遺贈の目的とした場合において，物に瑕疵があったときは，遺贈義務者
　は，瑕疵のない物をもってこれに代えなければならない。

（遺贈の物上代位）

第999条　遺言者が，遺贈の目的物の滅失若しくは変造又はその占有の喪失によって第三者に対して償金を請求する権利を有するときは，その権利を遺贈の目的としたものと推定する。
2　遺贈の目的物が，他の物と付合し，又は混和した場合において，遺言者が第243条から第245条までの規定により合成物又は混和物の単独所有者又は共有者となったときは，その全部の所有権又は持分を遺贈の目的としたものと推定する。

★第1000条を次のように改める。
第1000条　削除

> （第三者の権利の目的である財産の遺贈）
> 第1000条　遺贈の目的である物又は権利が遺言者の死亡の時において第三者の権利の目的であるときは，受遺者は，遺贈義務者に対しその権利を消滅させるべき旨を請求することができない。ただし，遺言者がその遺言に反対の意思を表示したときは，この限りでない。

（債権の遺贈の物上代位）
第1001条　債権を遺贈の目的とした場合において，遺言者が弁済を受け，かつ，その受け取った物がなお相続財産中に在るときは，その物を遺贈の目的としたものと推定する。
2　金銭を目的とする債権を遺贈の目的とした場合においては，相続財産中にその債権額に相当する金銭がないときであっても，その金額を遺贈の目的としたものと推定する。
（負担付遺贈）
第1002条　負担付遺贈を受けた者は，遺贈の目的の価額を超えない限度においてのみ，負担した義務を履行する責任を負う。
2　受遺者が遺贈の放棄をしたときは，負担の利益を受けるべき者は，自ら受遺者となることができる。ただし，遺言者がその遺言に別段の意思を表示したときは，その意思に従う。
（負担付遺贈の受遺者の免責）
第1003条　負担付遺贈の目的の価額が相続の限定承認又は遺留分回復の訴えによって減少したときは，受遺者は，その減少の割合に応じて，その負担した義務を免れる。ただし，遺言者がその遺言に別段の意思を表示したときは，その意思に従う。

第4節　遺言の執行

（遺言書の検認）
第1004条　遺言書の保管者は，相続の開始を知った後，遅滞なく，これを家庭裁判所に提出して，その検認を請求しなければならない。遺言書の保管者がない場合において，相続人が遺言書を発見した後も，同様とする。

2　前項の規定は，公正証書による遺言については，適用しない。

3　封印のある遺言書は，家庭裁判所において相続人又はその代理人の立会いがなければ，開封することができない。

（過料）

第1005条　前条の規定により遺言書を提出することを怠り，その検認を経ないで遺言を執行し，又は家庭裁判所外においてその開封をした者は，5万円以下の過料に処する。

（遺言執行者の指定）

第1006条　遺言者は，遺言で，一人又は数人の遺言執行者を指定し，又はその指定を第三者に委託することができる。

2　遺言執行者の指定の委託を受けた者は，遅滞なく，その指定をして，これを相続人に通知しなければならない。

3　遺言執行者の指定の委託を受けた者がその委託を辞そうとするときは，遅滞なくその旨を相続人に通知しなければならない。

★第1007条に第2項を加える。

（遺言執行者の任務の開始）

第1007条　遺言執行者が就職を承諾したときは，直ちにその任務を行わなければならない。

2　遺言執行者は，その任務を開始したときは，遅滞なく，遺言の内容を相続人に通知しなければならない。

（遺言執行者の任務の開始）

第1007条　遺言執行者が就職を承諾したときは，直ちにその任務を行わなければならない。

（遺言執行者に対する就職の催告）

第1008条　相続人その他の利害関係人は，遺言執行者に対し，相当の期間を定めて，その期間内に就職を承諾するかどうかを確答すべき旨の催告をすることができる。この場合において，遺言執行者が，その期間内に相続人に対して確答をしないときは，就職を承諾したものとみなす。

（遺言執行者の欠格事由）

第1009条　未成年者及び破産者は，遺言執行者となることができない。

（遺言執行者の選任）

第1010条　遺言執行者がないとき，又はなくなったときは，家庭裁判所は，利害関係人の請求によって，これを選任することができる。

（相続財産の目録の作成）

第1011条　遺言執行者は，遅滞なく，相続財産の目録を作成して，相続人に交付しなければならない。

2　遺言執行者は，相続人の請求があるときは，その立会いをもって相続財産の目録を作成し，又は公証人にこれを作成させなければならない。

★第1012条第1項中「遺言執行者は」の下に「，遺言の内容を実現するため」を加え，同条第2項を同条第3項とし，同条第1項の次に第2項を加える。
（遺言執行者の権利義務）
第1012条　遺言執行者は，遺言の内容を実現するため，相続財産の管理その他遺言の執行に必要な一切の行為をする権利義務を有する。
2　遺言執行者がある場合には，遺贈の履行は，遺言執行者のみが行うことができる。
3　第644条から第647条まで及び第650条の規定は，遺言執行者について準用する。

（遺言執行者の権利義務）
第1012条　遺言執行者は，相続財産の管理その他遺言の執行に必要な一切の行為をする権利義務を有する。
2　第644条から第647条まで及び第650条の規定は，遺言執行者について準用する。

★第1013条に第2項及び第3項を加える。
（遺言の執行の妨害行為の禁止）
第1013条　遺言執行者がある場合には，相続人は，相続財産の処分その他遺言の執行を妨げるべき行為をすることができない。
2　前項の規定に違反してした行為は，無効とする。ただし，これをもって善意の第三者に対抗することができない。
3　前二項の規定は，相続人の債権者（相続債権者を含む。）が相続財産についてその権利を行使することを妨げない。

（遺言の執行の妨害行為の禁止）
第1013条　遺言執行者がある場合には，相続人は，相続財産の処分その他遺言の執行を妨げるべき行為をすることができない。

★第1014条に第2項，第3項及び第4項を加える。
（特定財産に関する遺言の執行）
第1014条　前三条の規定は，遺言が相続財産のうち特定の財産に関する場合には，その財産についてのみ適用する。
2　遺産の分割の方法の指定として遺産に属する特定の財産を共同相続人の一人又は数人に承継させる旨の遺言（以下「特定財産承継遺言」という。）があったときは，遺言執行者は，当該共同相続人が第899条の2第1項に規定する対抗要件を備えるために必要

な行為をすることができる。

3　前項の財産が預貯金債権である場合には，遺言執行者は，同項に規定する行為のほか，その預金又は貯金の払戻しの請求及びその預金又は貯金に係る契約の解約の申入れをすることができる。ただし，解約の申入れについては，その預貯金債権の全部が特定財産承継遺言の目的である場合に限る。

4　前二項の規定にかかわらず，被相続人が遺言で別段の意思を表示したときは，その意思に従う。

（特定財産に関する遺言の執行）

第1014条　前三条の規定は，遺言が相続財産のうち特定の財産に関する場合には，その財産についてのみ適用する。

★第1015条を次のように改める。

（遺言執行者の行為の効果）

第1015条　遺言執行者がその権限内において遺言執行者であることを示してした行為は，相続人に対して直接にその効力を生ずる。

（遺言執行者の地位）

第1015条　遺言執行者は，相続人の代理人とみなす。

★第1016条を次のように改める。

（遺言執行者の復任権）

第1016条　遺言執行者は，自己の責任で第三者にその任務を行わせることができる。ただし，遺言者がその遺言に別段の意思を表示したときは，その意思に従う。

2　前項本文の場合において，第三者に任務を行わせることについてやむを得ない事由があるときは，遺言執行者は，相続人に対してその選任及び監督についての責任のみを負う。

（遺言執行者の復任権）

第1016条　遺言執行者は，やむを得ない事由がなければ，第三者にその任務を行わせることができない。ただし，遺言者がその遺言に反対の意思を表示したときは，この限りでない。

2　遺言執行者が前項ただし書の規定により第三者にその任務を行わせる場合には，相続人に対して，第105条に規定する責任を負う。

（遺言執行者が数人ある場合の任務の執行）

第1017条　遺言執行者が数人ある場合には，その任務の執行は，過半数で決する。ただし，遺言者がその遺言に別段の意思を表示したときは，その意思に従う。

2　各遺言執行者は，前項の規定にかかわらず，保存行為をすることができる。

（遺言執行者の報酬）

第1018条　家庭裁判所は，相続財産の状況その他の事情によって遺言執行者の報酬を定めることができる。ただし，遺言者がその遺言に報酬を定めたときは，この限りでない。

2　第648条第2項及び第3項の規定は，遺言執行者が報酬を受けるべき場合について準用する。

（遺言執行者の解任及び辞任）

第1019条　遺言執行者がその任務を怠ったときその他正当な事由があるときは，利害関係人は，その解任を家庭裁判所に請求することができる。

2　遺言執行者は，正当な事由があるときは，家庭裁判所の許可を得て，その任務を辞することができる。

（委任の規定の準用）

第1020条　第654条及び第655条の規定は，遺言執行者の任務が終了した場合について準用する。

（遺言の執行に関する費用の負担）

第1021条　遺言の執行に関する費用は，相続財産の負担とする。ただし，これによって遺留分を減ずることができない。

第5節　遺言の撤回及び取消し

（遺言の撤回）

第1022条　遺言者は，いつでも，遺言の方式に従って，その遺言の全部又は一部を撤回することができる。

（前の遺言と後の遺言との抵触等）

第1023条　前の遺言が後の遺言と抵触するときは，その抵触する部分については，後の遺言で前の遺言を撤回したものとみなす。

2　前項の規定は，遺言が遺言後の生前処分その他の法律行為と抵触する場合について準用する。

（遺言書又は遺贈の目的物の破棄）

第1024条　遺言者が故意に遺言書を破棄したときは，その破棄した部分については，遺言を撤回したものとみなす。遺言者が故意に遺贈の目的物を破棄したときも，同様とする。

★第1025条ただし書中「その行為が」の下に「錯誤，」を加える。

（撤回された遺言の効力）

第1025条　前三条の規定により撤回された遺言は，その撤回の行為が，撤回され，取り消され，又は効力を生じなくなるに至ったときであっても，その効力を回復しない。ただ

344 付録①

し，その行為が錯誤，詐欺又は強迫による場合は，この限りでない。

（撤回された遺言の効力）

第1025条 前三条の規定により撤回された遺言は，その撤回の行為が，撤回され，取り消され，又は効力を生じなくなるに至ったときであっても，その効力を回復しない。ただし，その行為が詐欺又は強迫による場合は，この限りでない。

（遺言の撤回権の放棄の禁止）

第1026条 遺言者は，その遺言を撤回する権利を放棄することができない。

（負担付遺贈に係る遺言の取消し）

第1027条 負担付遺贈を受けた者がその負担した義務を履行しないときは，相続人は，相当の期間を定めてその履行の催告をすることができる。この場合において，その期間内に履行がないときは，その負担付遺贈に係る遺言の取消しを家庭裁判所に請求することができる。

★第1027条の次に次の14条を加える。

第1028条から第1041条まで　削除

★第７章の次に次の１章を加える（民法及び家事事件手続法の一部を改正する法律第２条）。

第8章　配偶者の居住の権利

第１節　配偶者居住権

（配偶者居住権）

第1028条 被相続人の配偶者（以下この章において単に「配偶者」という。）は，被相続人の財産に属した建物に相続開始の時に居住していた場合において，次の各号のいずれかに該当するときは，その居住していた建物（以下この節において「居住建物」という。）の全部について無償で使用及び収益をする権利（以下この章において「配偶者居住権」という。）を取得する。ただし，被相続人が相続開始の時に居住建物を配偶者以外の者と共有していた場合にあっては，この限りでない。

一　遺産の分割によって配偶者居住権を取得するものとされたとき。

二　配偶者居住権が遺贈の目的とされたとき。

２　居住建物が配偶者の財産に属することとなった場合であっても，他の者がその共有持分を有するときは，配偶者居住権は，消滅しない。

３　第903条第４項の規定は，配偶者居住権の遺贈について準用する。

（審判による配偶者居住権の取得）

第1029条 遺産の分割の請求を受けた家庭裁判所は，次に掲げる場合に限り，配偶者が配偶者居住権を取得する旨を定めることができる。

一　共同相続人間に配偶者が配偶者居住権を取得することについて合意が成立している

とき。

二　配偶者が家庭裁判所に対して配偶者居住権の取得を希望する旨を申し出た場合において，居住建物の所有者の受ける不利益の程度を考慮してもなお配偶者の生活を維持するために特に必要があると認めるとき（前号に掲げる場合を除く。）。

（配偶者居住権の存続期間）

第1030条　配偶者居住権の存続期間は，配偶者の終身の間とする。ただし，遺産の分割の協議若しくは遺言に別段の定めがあるとき，又は家庭裁判所が遺産の分割の審判において別段の定めをしたときは，その定めるところによる。

（配偶者居住権の登記等）

第1031条　居住建物の所有者は，配偶者（配偶者居住権を取得した配偶者に限る。以下この節において同じ。）に対し，配偶者居住権の設定の登記を備えさせる義務を負う。

2　第605条の規定は配偶者居住権について，第605条の4の規定は配偶者居住権の設定の登記を備えた場合について準用する。

（配偶者による使用及び収益）

第1032条　配偶者は，従前の用法に従い，善良な管理者の注意をもって，居住建物の使用及び収益をしなければならない。ただし，従前居住の用に供していなかった部分について，これを居住の用に供することを妨げない。

2　配偶者居住権は，譲渡することができない。

3　配偶者は，居住建物の所有者の承諾を得なければ，居住建物の改築若しくは増築をし，又は第三者に居住建物の使用若しくは収益をさせることができない。

4　配偶者が第1項又は前項の規定に違反した場合において，居住建物の所有者が相当の期間を定めてその是正の催告をし，その期間内に是正がされないときは，居住建物の所有者は，当該配偶者に対する意思表示によって配偶者居住権を消滅させることができる。

（居住建物の修繕等）

第1033条　配偶者は，居住建物の使用及び収益に必要な修繕をすることができる。

2　居住建物の修繕が必要である場合において，配偶者が相当の期間内に必要な修繕をしないときは，居住建物の所有者は，その修繕をすることができる。

3　居住建物が修繕を要するとき（第1項の規定により配偶者が自らその修繕をするときを除く。），又は居住建物について権利を主張する者があるときは，配偶者は，居住建物の所有者に対し，遅滞なくその旨を通知しなければならない。ただし，居住建物の所有者が既にこれを知っているときは，この限りでない。

（居住建物の費用の負担）

第1034条　配偶者は，居住建物の通常の必要費を負担する。

2　第583条第2項の規定は，前項の通常の必要費以外の費用について準用する。

（居住建物の返還等）

第1035条　配偶者は，配偶者居住権が消滅したときは，居住建物の返還をしなければならない。ただし，配偶者が居住建物について共有持分を有する場合は，居住建物の所有者は，配偶者居住権が消滅したことを理由としては，居住建物の返還を求めることができ

346 付録①

ない。

2 　第599条第1項及び第2項並びに第621条の規定は，前項本文の規定により配偶者が相続の開始後に附属させた物がある居住建物又は相続の開始後に生じた損傷がある居住建物の返還をする場合について準用する。

（使用貸借及び賃貸借の規定の準用）

第1036条　第597条第1項及び第3項，第600条，第613条並びに第616条の2の規定は，配偶者居住権について準用する。

第2節　配偶者短期居住権

（配偶者短期居住権）

第1037条　配偶者は，被相続人の財産に属した建物に相続開始の時に無償で居住していた場合には，次の各号に掲げる区分に応じてそれぞれ当該各号に定める日までの間，その居住していた建物（以下この節において「居住建物」という。）の所有権を相続又は遺贈により取得した者（以下この節において「居住建物取得者」という。）に対し，居住建物について無償で使用する権利（居住建物の一部のみを無償で使用していた場合にあっては，その部分について無償で使用する権利。以下この節において「配偶者短期居住権」という。）を有する。ただし，配偶者が，相続開始の時において居住建物に係る配偶者居住権を取得したとき，又は第891条の規定に該当し若しくは廃除によってその相続権を失ったときは，この限りでない。

一　居住建物について配偶者を含む共同相続人間で遺産の分割をすべき場合　遺産の分割により居住建物の帰属が確定した日又は相続開始の時から6箇月を経過する日のいずれか遅い日

二　前号に掲げる場合以外の場合　第3項の申入れの日から6箇月を経過する日

2 　前項本文の場合においては，居住建物取得者は，第三者に対する居住建物の譲渡その他の方法により配偶者の居住建物の使用を妨げてはならない。

3 　居住建物取得者は，第1項第1号に掲げる場合を除くほか，いつでも配偶者短期居住権の消滅の申入れをすることができる。

（配偶者による使用）

第1038条　配偶者（配偶者短期居住権を有する配偶者に限る。以下この節において同じ。）は，従前の用法に従い，善良な管理者の注意をもって，居住建物の使用をしなければならない。

2 　配偶者は，居住建物取得者の承諾を得なければ，第三者に居住建物の使用をさせることができない。

3 　配偶者が前二項の規定に違反したときは，居住建物取得者は，当該配偶者に対する意思表示によって配偶者短期居住権を消滅させることができる。

（配偶者居住権の取得による配偶者短期居住権の消滅）

第1039条　配偶者が居住建物に係る配偶者居住権を取得したときは，配偶者短期居住権は，消滅する。

改正後の相続法全条文　*347*

（居住建物の返還等）

第1040条　配偶者は，前条に規定する場合を除き，配偶者短期居住権が消滅したときは，居住建物の返還をしなければならない。ただし，配偶者が居住建物について共有持分を有する場合は，居住建物取得者は，配偶者短期居住権が消滅したことを理由としては，居住建物の返還を求めることができない。

2　第599条第１項及び第２項並びに第621条の規定は，前項本文の規定により配偶者が相続の開始後に附属させた物がある居住建物又は相続の開始後に生じた損傷がある居住建物の返還をする場合について準用する。

（使用貸借等の規定の準用）

第1041条　第597条第３項，第600条，第616条の２，第1032条第２項，第1033条及び第1034条の規定は，配偶者短期居住権について準用する。

★第８章を第９章とする。

第９章　遺留分

★第1028条中「として」の下に「，次条第１項に規定する遺留分を算定するための財産の価額に」を加え，「に相当する」を「を乗じた」に改め，同条各号中「被相続人の財産の」を削り，同条に第２項を加える。

★第1028条を第1042条とする。

（遺留分の帰属及びその割合）

第1042条　兄弟姉妹以外の相続人は，遺留分として，次条第１項に規定する遺留分を算定するための財産の価額に，次の各号に掲げる区分に応じてそれぞれ当該各号に定める割合を乗じた額を受ける。

一　直系尊属のみが相続人である場合　３分の１

二　前号に掲げる場合以外の場合　２分の１

2　相続人が数人ある場合には，前項各号に定める割合は，これらに第900条及び第901条の規定により算定したその各自の相続分を乗じた割合とする。

（遺留分の帰属及びその割合）

第1028条　兄弟姉妹以外の相続人は，遺留分として，次の各号に掲げる区分に応じてそれぞれ当該各号に定める割合に相当する額を受ける。

一　直系尊属のみが相続人である場合　被相続人の財産の３分の１

二　前号に掲げる場合以外の場合　被相続人の財産の２分の１

★第1029条の前の見出しを削り，同条第１項中「遺留分」を「遺留分を算定するための財産の価額」に，「控除して，これを算定する」を「控除した額とする」に改める。

★第1029条を第1043条とし，同条の前に見出しとして「（遺留分を算定するための財産の

348　付録①

価額）」を付する。

（遺留分を算定するための財産の価額）

第1043条　遺留分を算定するための財産の価額は，被相続人が相続開始の時において有した財産の価額にその贈与した財産の価額を加えた額から債務の全額を控除した額とする。

2　条件付きの権利又は存続期間の不確定な権利は，家庭裁判所が選任した鑑定人の評価に従って，その価格を定める。

（遺留分の算定）

第1029条　遺留分は，被相続人が相続開始の時において有した財産の価額にその贈与した財産の価額を加えた額から債務の全額を控除して，これを算定する。

2　（略）

★第1030条に第2項及び第3項を加える。

★第1030条を第1044条とする。

第1044条　贈与は，相続開始前の1年間にしたものに限り，前条の規定によりその価額を算入する。当事者双方が遺留分権利者に損害を加えることを知って贈与をしたときは，1年前の日より前にしたものについても，同様とする。

2　第904条の規定は，前項に規定する贈与の価額について準用する。

3　相続人に対する贈与についての第1項の規定の適用については，同項中「1年」とあるのは「10年」と，「価額」とあるのは「価額（婚姻若しくは養子縁組のため又は生計の資本として受けた贈与の価額に限る。）」とする。

第1030条　贈与は，相続開始前の1年間にしたものに限り，前条の規定によりその価額を算入する。当事者双方が遺留分権利者に損害を加えることを知って贈与をしたときは，1年前の日より前にしたものについても，同様とする。

★第1031条から第1038条までを削る。

（遺贈又は贈与の減殺請求）

第1031条　遺留分権利者及びその承継人は，遺留分を保全するのに必要な限度で，遺贈及び前条に規定する贈与の減殺を請求することができる。

（条件付権利等の贈与又は遺贈の一部の減殺）

第1032条　条件付きの権利又は存続期間の不確定な権利を贈与又は遺贈の目的とした場合において，その贈与又は遺贈の一部を減殺すべきときは，遺留分権利者は，第1029条第2項の規定により定めた価格に従い，直ちにその残部の価額を受贈者又は受遺者に給付しなければならない。

改正後の相続法全条文　　349

（贈与と遺贈の減殺の順序）

第1033条　贈与は，遺贈を減殺した後でなければ，減殺することができない。

（遺贈の減殺の割合）

第1034条　遺贈は，その目的の価額の割合に応じて減殺する。ただし，遺言者がその遺言に別段の意思を表示したときは，その意思に従う。

（贈与の減殺の順序）

第1035条　贈与の減殺は，後の贈与から順次前の贈与に対してする。

（受贈者による果実の返還）

第1036条　受贈者は，その返還すべき財産のほか，減殺の請求があった日以後の果実を返還しなければならない。

（受贈者の無資力による損失の負担）

第1037条　減殺を受けるべき受贈者の無資力によって生じた損失は，遺留分権利者の負担に帰する。

（負担付贈与の減殺請求）

第1038条　負担付贈与は，その目的の価額から負担の価額を控除したものについて，その減殺を請求することができる。

★第1039条の見出しを削り，同条中「これを贈与」を「当該対価を負担の価額とする負担付贈与」に改め，同条後段を削り，同条を同条第2項とし，同条に第1項を加える。

★第1039条を第1045条とする。

第1045条　負担付贈与がされた場合における第1043条第1項に規定する贈与した財産の価額は，その目的の価額から負担の価額を控除した額とする。

2　不相当な対価をもってした有償行為は，当事者双方が遺留分権利者に損害を加えることを知ってしたものに限り，当該対価を負担の価額とする負担付贈与とみなす。

（不相当な対価による有償行為）

第1039条　不相当な対価をもってした有償行為は，当事者双方が遺留分権利者に損害を加えることを知ってしたものに限り，これを贈与とみなす。この場合において，遺留分権利者がその減殺を請求するときは，その対価を償還しなければならない。

★第1045条の次に次の2条を加える。

（遺留分侵害額の請求）

第1046条　遺留分権利者及びその承継人は，受遺者（特定財産承継遺言により財産を承継し又は相続分の指定を受けた相続人を含む。以下この章において同じ。）又は受贈者に対し，遺留分侵害額に相当する金銭の支払を請求することができる。

2　遺留分侵害額は，第1042条の規定による遺留分から第1号及び第2号に掲げる額を控

除し，これに第３号に掲げる額を加算して算定する。

一　遺留分権利者が受けた遺贈又は第903条第１項に規定する贈与の価額

二　第900条から第902条まで，第903条及び第904条の規定により算定した相続分に応じて遺留分権利者が取得すべき遺産の価額

三　被相続人が相続開始の時において有した債務のうち，第899条の規定により遺留分権利者が承継する債務（次条第３項において「遺留分権利者承継債務」という。）の額

（受遺者又は受贈者の負担額）

第1047条　受遺者又は受贈者は，次の各号の定めるところに従い，遺贈（特定財産承継遺言による財産の承継又は相続分の指定による遺産の取得を含む。以下この章において同じ。）又は贈与（遺留分を算定するための財産の価額に算入されるものに限る。以下この章において同じ。）の目的の価額（受遺者又は受贈者が相続人である場合にあっては，当該価額から第1042条の規定による遺留分として当該相続人が受けるべき額を控除した額）を限度として，遺留分侵害額を負担する。

一　受遺者と受贈者とがあるときは，受遺者が先に負担する。

二　受遺者が複数あるとき，又は受贈者が複数ある場合においてその贈与が同時にされたものであるときは，受遺者又は受贈者がその目的の価額の割合に応じて負担する。ただし，遺言者がその遺言に別段の意思を表示したときは，その意思に従う。

三　受贈者が複数あるとき（前号に規定する場合を除く。）は，後の贈与に係る受贈者から順次前の贈与に係る受贈者が負担する。

2　第904条，第1043条第２項及び第1045条の規定は，前項に規定する遺贈又は贈与の目的の価額について準用する。

3　前条第１項の請求を受けた受遺者又は受贈者は，遺留分権利者承継債務について弁済その他の債務を消滅させる行為をしたときは，消滅した債務の額の限度において，遺留分権利者に対する意思表示によって第１項の規定により負担する債務を消滅させることができる。この場合において，当該行為によって遺留分権利者に対して取得した求償権は，消滅した当該債務の額の限度において消滅する。

4　受遺者又は受贈者の無資力によって生じた損失は，遺留分権利者の負担に帰する。

5　裁判所は，受遺者又は受贈者の請求により，第１項の規定により負担する債務の全部又は一部の支払につき相当の期限を許与することができる。

★第1040条及び第1041条を削る。

（受贈者が贈与の目的を譲渡した場合等）

第1040条　減殺を受けるべき受贈者が贈与の目的を他人に譲り渡したときは，遺留分権利者にその価額を弁償しなければならない。ただし，譲受人が譲渡の時において遺留分権利者に損害を加えることを知っていたときは，遺留分権利者は，これに対しても減殺を請求することができる。

改正後の相続法全条文　*351*

2　前項の規定は，受贈者が贈与の目的につき権利を設定した場合について準用する。
（遺留分権利者に対する価額による弁償）
第1041条　受贈者及び受遺者は，減殺を受けるべき限度において，贈与又は遺贈の目的の価額を遺留分権利者に弁償して返還の義務を免れることができる。
2　前項の規定は，前条第1項ただし書の場合について準用する。

★第1042条の見出し中「減殺請求権」を「遺留分侵害額請求権」に改め，同条中「減殺の」を「遺留分侵害額の」に，「減殺すべき」を「遺留分を侵害する」に改める。
★第1042条を第1048条とする。
（遺留分侵害額請求権の期間の制限）
第1048条　遺留分侵害額の請求権は，遺留分権利者が，相続の開始及び遺留分を侵害する贈与又は遺贈があったことを知った時から1年間行使しないときは，時効によって消滅する。相続開始の時から10年を経過したときも，同様とする。

（減殺請求権の期間の制限）
第1042条　減殺の請求権は，遺留分権利者が，相続の開始及び減殺すべき贈与又は遺贈があったことを知った時から1年間行使しないときは，時効によって消滅する。相続開始の時から10年を経過したときも，同様とする。

★第1043条を第1049条とする。
（遺留分の放棄）
第1049条　相続の開始前における遺留分の放棄は，家庭裁判所の許可を受けたときに限り，その効力を生ずる。
2　共同相続人の一人のした遺留分の放棄は，他の各共同相続人の遺留分に影響を及ぼさない。

（遺留分の放棄）
第1043条　相続の開始前における遺留分の放棄は，家庭裁判所の許可を受けたときに限り，その効力を生ずる。
2　共同相続人の一人のした遺留分の放棄は，他の各共同相続人の遺留分に影響を及ぼさない。

★第1044条を削る。

（代襲相続及び相続分の規定の準用）

352 付録①

> 第1044条　第887条第2項及び第3項，第900条，第901条，第903条並びに第904条の規定は，遺留分について準用する。

★本則に第9章を加える（民法及び家事事件手続法の一部を改正する法律第1条）。
第9章　特別の寄与
★第9章を第10章とする（民法及び家事事件手続法の一部を改正する法律第2条）。

第10章　特別の寄与

第1050条　被相続人に対して無償で療養看護その他の労務の提供をしたことにより被相続人の財産の維持又は増加について特別の寄与をした被相続人の親族（相続人，相続の放棄をした者及び第891条の規定に該当し又は廃除によってその相続権を失った者を除く。以下この条において「特別寄与者」という。）は，相続の開始後，相続人に対し，特別寄与者の寄与に応じた額の金銭（以下この条において「特別寄与料」という。）の支払を請求することができる。

2　前項の規定による特別寄与料の支払について，当事者間に協議が調わないとき，又は協議をすることができないときは，特別寄与者は，家庭裁判所に対して協議に代わる処分を請求することができる。ただし，特別寄与者が相続の開始及び相続人を知った時から6箇月を経過したとき，又は相続開始の時から1年を経過したときは，この限りでない。

3　前項本文の場合には，家庭裁判所は，寄与の時期，方法及び程度，相続財産の額その他一切の事情を考慮して，特別寄与料の額を定める。

4　特別寄与料の額は，被相続人が相続開始の時において有した財産の価額から遺贈の価額を控除した残額を超えることができない。

5　相続人が数人ある場合には，各相続人は，特別寄与料の額に第900条から第902条までの規定により算定した当該相続人の相続分を乗じた額を負担する。

法務局における遺言書の保管等に関する法律　　*353*

付録②　法務局における遺言書の保管等に関する法律

（平成30年7月13日法律第73号）

（趣旨）

第1条　この法律は，法務局（法務局の支局及び出張所，法務局の支局の出張所並びに地方法務局及びその支局並びにこれらの出張所を含む。次条第1項において同じ。）における遺言書（民法（明治29年法律第89号）第968条の自筆証書によってした遺言に係る遺言書をいう。以下同じ。）の保管及び情報の管理に関し必要な事項を定めるとともに，その遺言書の取扱いに関し特別の定めをするものとする。

（遺言書保管所）

第2条　遺言書の保管に関する事務は，法務大臣の指定する法務局が，遺言書保管所としてつかさどる。

2　前項の指定は，告示してしなければならない。

（遺言書保管官）

第3条　遺言書保管所における事務は，遺言書保管官（遺言書保管所に勤務する法務事務官のうちから，法務局又は地方法務局の長が指定する者をいう。以下同じ。）が取り扱う。

第4条　遺言者は，遺言書保管官に対し，遺言書の保管の申請をすることができる。

2　前項の遺言書は，法務省令で定める様式に従って作成した無封のものでなければならない。

3　第1項の申請は，遺言者の住所地若しくは本籍地又は遺言者が所有する不動産の所在地を管轄する遺言書保管所（遺言者の作成した他の遺言書が現に遺言書保管所に保管されている場合にあっては，当該他の遺言書が保管されている遺言書保管所）の遺言書保管官に対してしなければならない。

4　第1項の申請をしようとする遺言者は，法務省令で定めるところにより，遺言書に添えて，次に掲げる事項を記載した申請書を遺言書保管官に提出しなければならない。

一　遺言書に記載されている作成の年月日

二　遺言者の氏名，出生の年月日，住所及び本籍（外国人にあっては，国籍）

三　遺言書に次に掲げる者の記載があるときは，その氏名又は名称及び住所

　イ　受遺者

　ロ　民法第1006条第1項の規定により指定された遺言執行者

5　前項の申請書には，同項第2号に掲げる事項を証明する書類その他法務省令で定める書類を添付しなければならない。

6　遺言者が第1項の申請をするときは，遺言書保管所に自ら出頭して行わなければならない。

（遺言書保管官による本人確認）

第5条　遺言書保管官は，前条第1項の申請があった場合において，申請人に対し，法務省令で定めるところにより，当該申請人が本人であるかどうかの確認をするため，当該申請人を特定するために必要な氏名その他の法務省令で定める事項を示す書類の提示若しくは提出又はこれらの事項についての説明を求めるものとする。

（遺言書の保管等）

第6条　遺言書の保管は，遺言書保管官が遺言書保管所の施設内において行う。

2　遺言者は，その申請に係る遺言書が保管されている遺言書保管所（第4項及び第8条において「特定遺言書保管所」という。）の遺言書保管官に対し，いつでも当該遺言書の閲覧を請求することができる。

3　前項の請求をしようとする遺言者は，法務省令で定めるところにより，その旨を記載した請求書に法務省令で定める書類を添付して，遺言書保管官に提出しなければならない。

4　遺言者が第2項の請求をするときは，特定遺言書保管所に自ら出頭して行わなければならない。この場合においては，前条の規定を準用する。

5　遺言書保管官は，第1項の規定による遺言書の保管をする場合において，遺言者の死亡の日（遺言者の生死が明らかでない場合にあっては，これに相当する日として政令で定める日）から相続に関する紛争を防止する必要があると認められる期間として政令で定める期間が経過した後は，これを廃棄することができる。

（遺言書に係る情報の管理）

第7条　遺言書保管官は，前条第1項の規定により保管する遺言書について，次項に定めるところにより，当該遺言書に係る情報の管理をしなければならない。

2　遺言書に係る情報の管理は，磁気ディスク（これに準ずる方法により一定の事項を確実に記録することができる物を含む。）をもって調製する遺言書保管ファイルに，次に掲げる事項を記録することによって行う。

一　遺言書の画像情報

二　第4条第4項第1号から第3号までに掲げる事項

三　遺言書の保管を開始した年月日

四　遺言書が保管されている遺言書保管所の名称及び保管番号

3　前条第5項の規定は，前項の規定による遺言書に係る情報の管理について準用する。この場合において，同条第5項中「廃棄する」とあるのは，「消去する」と読み替えるものとする。

（遺言書の保管の申請の撤回）

第8条　遺言者は，特定遺言書保管所の遺言書保管官に対し，いつでも，第4条第1項の申請を撤回することができる。

2　前項の撤回をしようとする遺言者は，法務省令で定めるところにより，その旨を記載した撤回書に法務省令で定める書類を添付して，遺言書保管官に提出しなければならない。

3　遺言者が第1項の撤回をするときは，特定遺言書保管所に自ら出頭して行わなければ

ならない。この場合においては，第5条の規定を準用する。

4 遺言書保管官は，遺言者が第1項の撤回をしたときは，遅滞なく，当該遺言者に第6
条第1項の規定により保管している遺言書を返還するとともに，前条第2項の規定により管理している当該遺言書に係る情報を消去しなければならない。

（遺言書情報証明書の交付等）

第9条 次に掲げる者（以下この条において「関係相続人等」という。）は，遺言書保管
官に対し，遺言書保管所に保管されている遺言書（その遺言者が死亡している場合に限
る。）について，遺言書保管ファイルに記録されている事項を証明した書面（第5項及
び第12条第1項第3号において「遺言書情報証明書」という。）の交付を請求すること
ができる。

一 当該遺言書の保管を申請した遺言者の相続人（民法第891条の規定に該当し又は廃
除によってその相続権を失った者及び相続の放棄をした者を含む。以下この条におい
て同じ。）

二 前号に掲げる者のほか，当該遺言書に記載された次に掲げる者又はその相続人（ロ
に規定する母の相続人の場合にあっては，ロに規定する胎内に在る子に限る。）

イ 第4条第4項第3号イに掲げる者

ロ 民法第781条第2項の規定により認知するものとされた子（胎内に在る子にあっ
ては，その母）

ハ 民法第893条の規定により廃除する意思を表示された推定相続人（同法第892条に
規定する推定相続人をいう。以下このハにおいて同じ。）又は同法第894条第2項に
おいて準用する同法第893条の規定により廃除を取り消す意思を表示された推定相
続人し

ニ 民法第897条第1項ただし書の規定により指定された祖先の祭祀を主宰すべき者

ホ 国家公務員災害補償法（昭和26年法律第191号）第17条の5第3項の規定により
遺族補償一時金を受けることができる遺族のうち特に指定された者又は地方公務員
災害補償法（昭和42年法律第121号）第37条第3項の規定により遺族補償一時金を
受けることができる遺族のうち特に指定された者

ヘ 信託法（平成18年法律第108号）第3条第2号に掲げる方法によって信託がされ
た場合においてその受益者となるべき者として指定された者若しくは残余財産の帰
属すべき者となるべき者として指定された者又は同法第89条第2項の規定による受
益者指定権等の行使により受益者となるべき者

ト 保険法（平成20年法律第56号）第44条第1項又は第73条第1項の規定による保険
金受取人の変更により保険金受取人となるべき者

チ イからトまでに掲げる者のほか，これらに類するものとして政令で定める者

三 前二号に掲げる者のほか，当該遺言書に記載された次に掲げる者

イ 第4条第4項第3号ロに掲げる者

ロ 民法第830条第1項の財産について指定された管理者

ハ 民法第839条第1項の規定により指定された未成年後見人又は同法第848条の規定

　　　　により指定された未成年後見監督人
　　ニ　民法第902条第1項の規定により共同相続人の相続分を定めることを委託された
　　　　第三者，同法第908条の規定により遺産の分割の方法を定めることを委託された第
　　　　三者又は同法第1006条第1項の規定により遺言執行者の指定を委託された第三者
　　ホ　著作権法（昭和45年法律第48号）第75条第2項の規定により同条第1項の登録に
　　　　ついて指定を受けた者又は同法第116条第3項の規定により同条第1項の請求につ
　　　　いて指定を受けた者
　　ヘ　信託法第3条第2号に掲げる方法によって信託がされた場合においてその受託者
　　　　となるべき者，信託管理人となるべき者，信託監督人となるべき者又は受益者代理
　　　　人となるべき者として指定された者
　　ト　イからヘまでに掲げる者のほか，これらに類するものとして政令で定める者
2　前項の請求は，自己が関係相続人等に該当する遺言書（以下この条及び次条第1項に
　おいて「関係遺言書」という。）を現に保管する遺言書保管所以外の遺言書保管所の遺
　言書保管官に対してもすることができる。
3　関係相続人等は，関係遺言書を保管する遺言書保管所の遺言書保管官に対し，当該関
　係遺言書の閲覧を請求することができる。
4　第1項又は前項の請求をしようとする者は，法務省令で定めるところにより，その旨
　を記載した請求書に法務省令で定める書類を添付して，遺言書保管官に提出しなければ
　ならない。
5　遺言書保管官は，第1項の請求により遺言書情報証明書を交付し又は第3項の請求に
　より関係遺言書の閲覧をさせたときは，法務省令で定めるところにより，速やかに，当
　該関係遺言書を保管している旨を遺言者の相続人並びに当該関係遺言書に係る第4条第
　4項第3号イ及びロに掲げる者に通知するものとする。ただし，それらの者が既にこれ
　を知っているときは，この限りでない。
　（遺言書保管事実証明書の交付）
第10条　何人も，遺言書保管官に対し，遺言書保管所における関係遺言書の保管の有無並
　びに当該関係遺言書が保管されている場合には遺言書保管ファイルに記録されている第
　7条第2項第2号（第4条第4項第1号に係る部分に限る。）及び第4号に掲げる事項
　を証明した書面（第12条第1項第3号において「遺言書保管事実証明書」という。）の
　交付を請求することができる。
2　前条第2項及び第4項の規定は，前項の請求について準用する。
　（遺言書の検認の適用除外）
第11条　民法第1004条第1項の規定は，遺言書保管所に保管されている遺言書については，
　適用しない。
　（手数料）
第12条　次の各号に掲げる者は，物価の状況のほか，当該各号に定める事務に要する実費
　を考慮して政令で定める額の手数料を納めなければならない。
　一　遺言書の保管の申請をする者　遺言書の保管及び遺言書に係る情報の管理に関する

事務

二　遺言書の閲覧を請求する者　遺言書の閲覧及びそのための体制の整備に関する事務

三　遺言書情報証明書又は遺言書保管事実証明書の交付を請求する者　遺言書情報証明書又は遺言書保管事実証明書の交付及びそのための体制の整備に関する事務

2　前項の手数料の納付は，収入印紙をもってしなければならない。

（行政手続法の適用除外）

第13条　遺言書保管官の処分については，行政手続法（平成5年法律第88号）第2章の規定は，適用しない。

（行政機関の保有する情報の公開に関する法律の適用除外）

第14条　遺言書保管所に保管されている遺言書及び遺言書保管ファイルについては，行政機関の保有する情報の公開に関する法律（平成11年法律第42号）の規定は，適用しない。

（行政機関の保有する個人情報の保護に関する法律の適用除外）

第15条　遺言書保管所に保管されている遺言書及び遺言書保管ファイルに記録されている保有個人情報（行政機関の保有する個人情報の保護に関する法律（平成15年法律第58号）第2条第5項に規定する保有個人情報をいう。）については，同法第4章の規定は，適用しない。

（審査請求）

第16条　遺言書保管官の処分に不服がある者又は遺言書保管官の不作為に係る処分を申請した者は，監督法務局又は地方法務局の長に審査請求をすることができる。

2　審査請求をするには，遺言書保管官に審査請求書を提出しなければならない。

3　遺言書保管官は，処分についての審査請求を理由があると認め，又は審査請求に係る不作為に係る処分をすべきものと認めるときは，相当の処分をしなければならない。

4　遺言書保管官は，前項に規定する場合を除き，3日以内に，意見を付して事件を監督法務局又は地方法務局の長に送付しなければならない。この場合において，監督法務局又は地方法務局の長は，当該意見を行政不服審査法（平成26年法律第68号）第11条第2項に規定する審理員に送付するものとする。

5　法務局又は地方法務局の長は，処分についての審査請求を理由があると認め，又は審査請求に係る不作為に係る処分をすべきものと認めるときは，遺言書保管官に相当の処分を命じ，その旨を審査請求人のほか利害関係人に通知しなければならない。

6　法務局又は地方法務局の長は，審査請求に係る不作為に係る処分についての申請を却下すべきものと認めるときは，遺言書保管官に当該申請を却下する処分を命じなければならない。

7　第1項の審査請求に関する行政不服審査法の規定の適用については，同法第29条第5項中「処分庁等」とあるのは「審査庁」と，「弁明書の提出」とあるのは「法務局における遺言書の保管等に関する法律（平成30年法律第73号）第16条第4項に規定する意見の送付」と，同法第30条第1項中「弁明書」とあるのは「法務局における遺言書の保管等に関する法律第16条第4項の意見」とする。

（行政不服審査法の適用除外）

第17条 行政不服審査法第13条，第15条第六項，第18条，第21条，第25条第2項から第7項まで，第29条第1項から第4項まで，第31条，第37条，第45条第3項，第46条，第47条，第49条第3項（審査請求に係る不作為が違法又は不当である旨の宣言に係る部分を除く。）から第5項まで及び第52条の規定は，前条第1項の審査請求については，適用しない。

（政令への委任）

第18条 この法律に定めるもののほか，遺言書保管所における遺言書の保管及び情報の管理に関し必要な事項は，政令で定める。

　　　　附　則

　この法律は，公布の日から起算して2年を超えない範囲内において政令で定める日から施行する。

事 項 索 引

【あ】

空き家問題······················143

【い】

遺言執行者···············4, 179, 271, 292
遺言執行妨害行為··············296, 298
遺言書情報証明書··············210, 214
遺言書の閲覧請求··················208
遺言書保管官···················6, 203
遺言書保管官による通知··········217
遺言書保管事実証明書·······210, 211, 214
遺言書保管所·············6, 200, 203
遺言書保管制度··················198
遺言書保管ファイル··············200
遺言書保管法······················6
遺言能力························202
遺言の執行······················292
遺産の一部分割··················138
遺産分割························262
遺産分割方法の指定··············257
遺贈····························261
遺贈義務者······················177
遺贈の履行······················182
一部算入説······················229
一部分割·····················2, 138
一身専属権····················30, 78
遺留分······················111, 219
遺留分額························246
遺留分減殺請求権··················233
遺留分権利者承継債務··········241, 253
遺留分侵害額················233, 241
遺留分超過額説··················252
印鑑証明書························54

【か】

確認訴訟························161

家督相続························219
仮払い制度················2, 116, 120
仮分割の仮処分··················123
関係遺言書······················210
関係遺言書の閲覧請求··············211
関係相続人等····················210

【き】

共同申請·························46
共有建物·························40
居住用不動産···················95, 105
寄与分·························303
禁反言の原則··············285, 288, 289

【く】

具体的相続分説··················244

【け】

経過措置
　·······115, 137, 176, 181, 184, 197, 284, 318
欠格事由························74
検認·························6, 200
現物給付························238

【こ】

公証役場························200
公正証書遺言····················200
婚姻期間························103

【さ】

債権の準占有者に対する弁済··········282
財産目録······················169, 171
債務者対抗要件··················273

【し】

事業承継························220
自働債権························254

360　事項索引

自筆証書遺言 ……………… 3, 6, 169, 198, 200
収入印紙 …………………………………… 207
受益相続人 ………………………………… 273
出頭主義 …………………………………… 205
受働債権 …………………………………… 254
使用借権 …………………………………… 72
使用収益権能 ……………………………… 79
使用貸借 …………………………… 66, 92
消滅時効 …………………………………… 311
除斥期間 …………………………………… 311
所有者不明土地問題 …………… 143, 188

【す】

推定 ………………………………… 95, 109

【せ】

善意 ………………………………… 292, 293
全額算入説 ………………………………… 229
占有補助者 …………………………… 79, 91

【そ】

相殺 ………………………………………… 253
相殺適状 …………………………………… 254
相続債権者 ………………………………… 294
相続させる旨の遺言 …………………… 190
相続人の債権者 ………………………… 294
相続の放棄 ………………………………… 75
相続分の指定 ……………………… 257, 285
相当の期限の許与 ……………………… 90
即時権利移転の効力 …………………… 187
存続期間（配偶者居住権の設定の登
記）…………………………………………… 52

【た】

第一次的修繕権 ………………………… 78
対抗要件具備行為 ……………………… 185
対抗要件主義 ……………………… 257, 263
第三者弁済 ………………………………… 253
代物弁済 …………………………………… 240
単独申請 …………………………………… 46

担保責任 …………………………………… 177

【ち】

賃借権 ……………………………………… 28
賃貸借 …………………………………… 66, 92

【つ】

通常の必要費 …………………… 30, 78, 90
通知義務 …………………………………… 179

【て】

添付情報
　（配偶者居住権の設定の登記）……… 53
　（配偶者居住権の抹消の登記）……… 57

【と】

登記原因
　（配偶者居住権の設定の登記）……… 50
　（配偶者居住権の抹消の登記）……… 57
登記原因証明情報 ……………………… 53
登記識別情報 ……………………… 54, 57
登記申請情報
　（配偶者居住権の設定の登記）……… 55
　（配偶者居住権の抹消の登記）……… 58
登記請求権 ………………………………… 234
登記の目的
　（配偶者居住権の設定の登記）……… 50
　（配偶者居住権の抹消の登記）……… 57
登記の連続性 ……………………… 45, 60
到達時説 …………………………………… 282
登録免許税
　（配偶者居住権の設定の登記）……… 53
　（配偶者居住権の抹消の登記）……… 58
特定遺言書保管所 ……………………… 208
特定財産承継遺言 ……… 185, 271, 274
特定承継 …………………………………… 259
特定物 ……………………………………… 177
特別寄与者 ………………………………… 305
特別寄与料 ………………………………… 307
特別受益の持戻し ……………………… 95

事項索引　　361

特別受益の持戻し免除 ···················· *36*
特別の寄与 ································· *303*
特別の必要費 ······························ *30*
特別方式の遺言 ··························· *201*

【は】

配偶者居住権 ··························· *23, 28*
配偶者居住権の設定登記 ················· *45*
配偶者短期居住権 ····················· *23, 68*
配偶者の自己使用義務 ···················· *91*
配偶者の相続分 ···························· *42*
廃除 ······································· *74*
破産手続開始決定 ······················· *234*
判決による登記 ···························· *46*

【ひ】

秘密証書遺言 ····························· *200*

【ふ】

復任権 ··································· *193*
不相当な対価による有償行為 ··········· *231*
負担付贈与 ······························· *229*
普通方式の遺言 ··························· *200*
物権的効力 ·························· *219, 233*
不特定物 ································· *177*

【ほ】

包括承継 ································· *259*
法定債権 ······························ *28, 72*
法定責任説 ······························· *177*
法定相続分 ······························· *101*
法定相続分説 ····························· *244*
法務局 ··································· *198*
本案係属要件 ····························· *129*
本人申請主義 ····························· *205*
本分割 ··································· *129*

【み】

未成年者 ································· *202*

【む】

無過失 ··································· *293*

【め】

免責的債務引受 ··························· *253*

【ゆ】

有益費 ································· *30, 90*

【よ】

預貯金債権 ····················· *116, 164, 192*

【り】

履行補助者 ································ *85*

執筆者紹介

東京司法書士会　民法改正対策委員会

木村勇一郎（きむら　ゆういちろう）
　　平成22年登録　千代田支部所属

古藤　嘉麿（ことう　よしまろ）
　　平成16年登録　中野支部所属

坂本　龍治（さかもと　りゅうじ）
　　平成23年登録　城北支部所属

杉山　潤一（すぎやま　じゅんいち）
　　平成24年登録　渋谷支部所属

向田　恭平（むかいだ　きょうへい）
　　平成24年登録　渋谷支部所属

（五十音順）

Q&Aでマスターする相続法改正と司法書士実務
重要条文ポイント解説162問

2018年12月3日　初版発行
2022年1月18日　初版第4刷発行

編　者　東京司法書士会
　　　　民法改正対策委員会

発行者　和　田　　裕

発行所　日本加除出版株式会社
本　社　郵便番号 171-8516
　　　　東京都豊島区南長崎3丁目16番6号
　　　　ＴＥＬ　(03)3953-5757（代表）
　　　　　　　　(03)3952-5759（編集）
　　　　ＦＡＸ　(03)3953-5772
　　　　ＵＲＬ　www.kajo.co.jp
営業部　郵便番号 171-8516
　　　　東京都豊島区南長崎3丁目16番6号
　　　　ＴＥＬ　(03)3953-5642
　　　　ＦＡＸ　(03)3953-2061

組版　㈱郁文　／　印刷・製本（POD）　京葉流通倉庫㈱

落丁本・乱丁本は本社でお取替えいたします。
★定価はカバー等に表示してあります。
Ⓒ 東京司法書士会民法改正対策委員会 2018
Printed in Japan
ISBN978-4-8178-4532-0

JCOPY 〈出版者著作権管理機構　委託出版物〉
　本書を無断で複写複製（電子化を含む）することは，著作権法上の例外を除き，禁じられています。複写される場合は，そのつど事前に出版者著作権管理機構（JCOPY）の許諾を得てください。
　また本書を代行業者等の第三者に依頼してスキャンやデジタル化することは，たとえ個人や家庭内での利用であっても一切認められておりません。

〈JCOPY〉　ＨＰ：https://www.jcopy.or.jp，e-mail：info@jcopy.or.jp
　　　　　　電話：03-5244-5088，FAX：03-5244-5089

Q&Aでマスターする民法・不動産登記法改正と司法書士実務

重要条文ポイント解説152問

東京司法書士会民法改正対策委員会 編
2021年10月刊 A5判 432頁 定価4,620円(本体4,200円)
978-4-8178-4759-1

商品番号：40890
略　　号：民改司

● 所有者不明土地問題対策としての民法・不動産登記法改正が実務に与える影響を、司法書士の視点からポイント解説。「相続・名変登記の義務化」「遺産分割」「土地所有権の国庫帰属」「新たな財産管理制度」「共有制度」「相隣関係」といった多岐にわたる改正内容をおさえ、今後の制度の運用に備えるための一冊。

Q&Aでマスターする民法改正と登記実務

債権関係の重要条文ポイント解説77問

東京司法書士会民法改正対策委員会 編
2016年9月刊 A5判 376頁 定価3,740円(本体3,400円)
978-4-8178-4331-9

商品番号：40642
略　　号：民改登

● 民法（債権関係）改正が司法書士業務にどのような影響を与えるかを徹底解説。
● 登記原因証明情報や登記申請情報のひな形を多数交え、改正後の実務を解説。
● 特に実務に影響の大きい改正については、具体的な設例に基づきQ&A形式で解説。

〒171-8516　東京都豊島区南長崎3丁目16番6号
TEL（03）3953-5642　FAX（03）3953-2061（営業部）
www.kajo.co.jp